2025年度版

福岡県・福岡市・北九州市の 音楽科

過 去 問

協同教育研究会 編

協同出版

本書には，福岡県・福岡市・北九州市の教員採用試験の過去問題を収録しています。各問題ごとに，以下のように5段階表記で，難易度，頻出度を示しています。

難 易 度

非常に難しい ☆☆☆☆☆
やや難しい ☆☆☆☆
普通の難易度 ☆☆☆
やや易しい ☆☆
非常に易しい ☆

頻 出 度

◎ ほとんど出題されない
◎◎ あまり出題されない
◎◎◎ 普通の頻出度
◎◎◎◎ よく出題される
◎◎◎◎◎ 非常によく出題される

※本書の過去問題における資料，法令文等の取り扱いについて
　本書の過去問題で使用されている資料や法令文の表記や基準は，出題された当時の内容に準拠しているため，解答・解説も当時のものを使用しています。ご了承ください。

はじめに～「過去問」シリーズ利用に際して～

　教育を取り巻く環境は変化しつつあり，日本の公教育そのものも，教員免許更新制の廃止やGIGAスクール構想の実現などの改革が進められています。また，現行の学習指導要領では「主体的・対話的で深い学び」を実現するため，指導方法や指導体制の工夫改善により，「個に応じた指導」の充実を図るとともに，コンピュータや情報通信ネットワーク等の情報手段を活用するために必要な環境を整えることが示されています。

　一方で，いじめや体罰，不登校，暴力行為など，教育現場の問題もあいかわらず取り沙汰されており，教員に求められるスキルは，今後さらに高いものになっていくことが予想されます。

　本書の基本構成としては，出題傾向と対策，過去5年間の出題傾向分析表，過去問題，解答および解説を掲載しています。各自治体や教科によって掲載年数をはじめ，「チェックテスト」や「問題演習」を掲載するなど，内容が異なります。

　また原則的には一般受験を対象としております。特別選考等については対応していない場合があります。なお，実際に配布された問題の順番や構成を，編集の都合上，変更している場合があります。あらかじめご了承ください。

　最後に，この「過去問」シリーズは，「参考書」シリーズとの併用を前提に編集されております。参考書で要点整理を行い，過去問で実力試しを行う，セットでの活用をおすすめいたします。

　みなさまが，この書籍を徹底的に活用し，教員採用試験の合格を勝ち取って，教壇に立っていただければ，それはわたくしたちにとって最上の喜びです。

協同教育研究会

CONTENTS

第1部

福岡県・福岡市・北九州市の音楽科出題傾向分析

福岡県・福岡市・北九州市の音楽科 傾向と対策

　福岡県・福岡市・北九州市の試験について，福岡市は福岡県の記述を除いた部分が，北九州市は福岡県と同一の問題が出題される。よって以下，福岡県について傾向と対策を述べる。

　福岡県の音楽科は問題数の多さが特徴で，範囲もまんべんなく出題されている。構成は，学習指導要領の内容に関する語句の穴埋め，楽典問題，日本伝統音楽，世界の民族音楽の専門的な語句を答える問題，西洋音楽史の問題，教科書教材による総合問題，和楽器やリコーダーの奏法の問題等が主である。その他，学習指導要領関連の論述問題や，共通教材の旋律を楽譜に書く問題なども出題される。2024年度は22問中5問が記述式の出題形式であった。記述式の問題は，著作権に関するものからリズムアンサンブルの創作に関するものや移調，伝統音楽に関するものまで多岐に及んだ。これは選択式の問題とも単元がかぶるので，どちらの形式でも解答できるように準備しておくことが必要となる。

　以上の傾向からみて，次のような対策が必要であることが分かる。

　まず学習指導要領に関しては，内容を緻密に暗記することで対処できると思われるが，分量が多いので混乱しないよう細かく整理しながら覚えることが必要である。学習指導要領にはキーワードとなる語句がいくつかあり，特に改訂の際にポイントとなる語句を中心に，単なる暗記ではなく内容を説明できるくらい整理しながら覚えよう。日本伝統音楽，民族音楽については，出題傾向分析に挙げた項目について，専門的な語句や代表的な人名を中心に総合的に学習しておくことが必要である。教科書教材による総合問題は，作詞者・作曲者名を正確に覚え，歌唱教材の場合は歌詞も書けるようにしておこう。また速度や強弱など，ふさわしい表現について問われる場合もあるので，教材研究を充実させておこう。2019年度より会話形式で特定の分野についての知識や指導を問う問題が出題されており，2024年度はこの形式で2問出題された。2024年度は，箏の縦譜から五線譜への書き換えや篠笛の運指を書く問題であった。

楽器奏法の問題は和楽器やリコーダー，ギターについての出題が多い。特に和楽器については部位の名称や調弦法まで押さえておきたい。2022年度は正倉院の楽器についての名称を答えさせる問題も出題された。歴史的な知識や運指や伝統楽譜の読み方についても正確に覚えることが必要である。作曲家と作品に対する知識については，毎年その作曲家の生まれた年や国，また作品との組み合わせが出題される。幅広い作曲家と作品に対する知識を持ちつつ，一人の作曲家の生涯についても作品を通して整理しておくとよいだろう。また著作権法についての出題は2024年度はなかったが，今後出題される可能性はあるので，教科内容だけなく，それに関する指示や法律などにも範囲を広げて知識を得ておく必要がある。

　また，過去には旋律を書かせるものや語句説明，論述問題が出題されていた。これらは再び出題される可能性もあるので，過去問を使って学習しておくことをおすすめしたい。特に学習活動の具体例を書く問題などは，日頃から学習指導要領と実践のつながりをイメージしていないと難しいので，実際に文章を書く学習は怠らずに行っておきたい。

過去5年間の出題傾向分析

●…福岡県　▲…福岡市

分類	主な出題事項		2020年度	2021年度	2022年度	2023年度	2024年度
A 音楽理論・楽典	音楽の基礎知識		●	●▲	●▲	●▲	●▲
	調と音階		●	●▲	●▲	●▲	●▲
	音楽の構造			●▲	●▲		
B 音楽史	作曲家と作品の知識を問う問題		●	●▲	●▲	●▲	●▲
	音楽様式，音楽形式の知識を問う問題		●	●▲	●▲		
	文化的背景との関わりを問う問題		●	●			
	近現代の作曲家や演奏家についての知識		●				●▲
C 総合問題	オーケストラスコアによる問題		●				
	小編成アンサンブルのスコア，大譜表（ピアノ用楽譜）による問題						
	単旋律による問題			●			●▲
D 楽器奏法	リコーダー			●▲	●▲	●▲	
	ギター			●▲	●▲		
	楽器分類						
E 日本伝統音楽	雅楽			●▲			●▲
	能・狂言			●	●		●▲
	文楽		●		●		
	歌舞伎					●▲	
	長唄等					●▲	
	楽器（箏，尺八，三味線）		●	●▲	●▲	●▲	●▲
	民謡・郷土芸能		●	●▲	●▲		●▲
	総合問題						
F 民族音楽	音楽のジャンルと様式	(1)アジア（朝鮮，ガムラン，インド，トルコ）			●		●▲
		(2)アフリカ　打楽器					
		(3)ヨーロッパ，中南米					
		(4)ポピュラー					
	楽器	(1)楽器分類（体鳴，気鳴，膜鳴，弦鳴）					
		(2)地域と楽器			●▲	●▲	●▲

分類		主な出題事項	2020年度	2021年度	2022年度	2023年度	2024年度
G 学習指導要領	(A)中学校	目標	●			● ▲	● ▲
		各学年の目標と内容	●	● ▲	● ▲	● ▲	● ▲
		指導計画と内容の取扱い	●	● ▲	● ▲	● ▲	● ▲
		指導要領と実践のつながり					
	(B)高校	目標					●
		各学年の目標と内容		●	●		●
		指導計画と内容の取扱い				●	●
H 教科書教材		総合問題		● ▲			● ▲
		旋律を書かせたりする問題			●	● ▲	● ▲
		学習指導要領と関連させた指導法を問う問題	●				
I 作曲・編曲		旋律, 対旋律を作曲					
		クラスの状況をふまえた編成に編曲	●				
		新曲を作曲					
J 学習指導案		完成学習指導案の作成					
		部分の指導案の完成					
		指導についての論述					

第 2 部

福岡県・福岡市・
北九州市の
教員採用試験
実施問題

2024年度　実施問題

※**福岡市を志望する場合は,【中高共通】の【1】～【9】,【中学校】の【1】～【4】を解答してください。**

【中高共通】

【1】次の各2音間の音程を答えたとき，正しい組合せを選びなさい。

A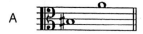

B

C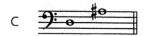

D

E

	A	B	C	D	E
①	短7度	長6度	増5度	減5度	短6度
②	減7度	減6度	増5度	増5度	短6度
③	短7度	長6度	減5度	増5度	減6度
④	減7度	減6度	増5度	減5度	減6度
⑤	短7度	減6度	減5度	減5度	減6度

(☆◯◯◯◯)

【2】次のア～オの関係調について,「ある調」の正しい組合せを選びなさい。

ア 「ある調」の下属調の平行調の同主調の属調はf mollである。

イ 「ある調」の同主調の平行調の属調の属調はH durである。

ウ 「ある調」の平行調の同主調の下属調の下属調の平行調はd mollである。

エ 「ある調」の属調の属調の同主調の下属調の平行調はcis mollである。

オ 「ある調」の平行調の同主調の下属調の平行調の同主調はG durである。

	ア	イ	ウ	エ	オ
①	d moll	c moll	e moll	a moll	f moll
②	d moll	c moll	B dur	A dur	f moll
③	b moll	Fis dur	e moll	a moll	f moll
④	b moll	c moll	B dur	A dur	As dur
⑤	d moll	Fis dur	B dur	a moll	As dur

(☆☆☆◎◎◎)

【3】次のア～エは,速度に関する用語である。左から遅い順に正しく配列したものを選びなさい。

ア Andante　　イ Moderato　　ウ Animato　　エ Andantino

①	エ→ア→イ→ウ
②	イ→ア→ウ→エ
③	ア→エ→イ→ウ
④	ア→イ→ウ→エ
⑤	イ→エ→ア→ウ

(☆◎◎◎◎)

【4】次の音楽や楽器と，つながりの深い国名の正しい組合せを選びなさい。

	モリンホール	サウンガウ	アーヴァーズ	メヘテルハーネ
①	モンゴル	中国	ボリビア	トルコ
②	ベトナム	ミャンマー	ボリビア	トルコ
③	モンゴル	ミャンマー	イラン	トルコ
④	ベトナム	ミャンマー	ボリビア	ブルガリア
⑤	モンゴル	中国	イラン	ブルガリア

(☆☆◎◎◎◎)

【5】次のア〜オを交響詩と交響組曲に分けたとき，正しい組合せを選びなさい。

ア

イ

ウ

エ

オ

	交響詩	交響組曲
①	ア，イ，ウ	エ，オ
②	ア，ウ，エ，オ	イ
③	イ，ウ	ア，エ，オ
④	イ，ウ，エ	ア，オ
⑤	エ，オ	ア，イ，ウ

(☆☆☆○○○○)

【6】次のア～オは，ある混声合唱曲の各楽章の冒頭部分である。各楽章
のタイトルの正しい組合せを選びなさい。

ア

イ

ウ

エ

オ

13

	ア	イ	ウ	エ	オ
①	川の祭	天地の怒り	銀の魚	あづまやの	祖国の土
②	もぐらもち	天地の怒り	農夫と土	地上の祈り	祖国の土
③	もぐらもち	死の灰	農夫と土	あづまやの	ダムにて
④	川の祭	天地の怒り	農夫と土	あづまやの	ダムにて
⑤	もぐらもち	死の灰	銀の魚	地上の祈り	祖国の土

(☆☆☆☆◎◎◎◎)

【7】次の文は，ジョルジュ・ビゼー作曲のオペラ「カルメン」について説明したものである。文中の(A)～(E)に当てはまる数字や語句の正しい組合せを選びなさい。

> カルメンは，(A)幕からなるフランスのオペラで，その音楽は色彩豊かで劇的効果が高く，人気の高い演目の一つとなっている。主な登場人物として，カルメン，ホセ，エスカミーリョ，ミカエラが登場し，カルメンの声の種類は(B)であり，ホセは(C)である。第1幕でカルメンが歌う「(D)」は，(E)の舞曲や歌の名称である。

	A	B	C	D	E
①	3	ソプラノ	テノール	ハバネラ	キューバ
②	4	メッゾ・ソプラノ	テノール	ハバネラ	キューバ
③	4	ソプラノ	バリトン	パソ・ドブレ	スペイン
④	4	ソプラノ	テノール	パソ・ドブレ	スペイン
⑤	3	メッゾ・ソプラノ	バリトン	ハバネラ	スペイン

(☆☆☆◎◎◎◎)

14

【8】次は，鑑賞の授業後の太郎さんと花子さんの対話である。対話中の
（ A ）〜（ D ）に当てはまる語句の正しい組合せを選びなさい。た
だし，同じ記号には同じ語句が入る。

> 花子さん，今日の授業で鑑賞した「（ A ）」は，プロムナードが
> 繰り返されるよね。曲想が変化していくところが魅力的だったね。 — 太郎

> そうだね！曲想の変化と音楽の構成との関わりがよく理解できたわ。
> もともとはピアノ独奏曲なんだって。 — 花子

> ぼくは，この曲を管弦楽に編曲した人について調べてみたんだけど，
> その人が作曲した楽曲の中に，聴いたことがある曲があったよ。 — 太郎

> もしかして，曲の冒頭が ♯ のリズム
> から始まる曲のことかな？ — 花子

> そうだよ！曲の最初は，旋律を（ B ）が演奏していて，その次
> にクラリネットなんだよね。同じ旋律でも音色が違うと雰囲気も変わ
> るんだよ。 — 太郎

> 私もその曲はよく知っているよ！この曲のもう一つの旋律の
> の部分の音階は
> （ C ）になっているんだよ。これは，教会旋法の１つだね。 — 花子

> よく知っているね！（ C ）が使われているこの旋律を最初に
> 演奏する楽器は，（ D ）だよね。 — 太郎

	A	B	C	D
①	展覧会の絵	ヴァイオリン	ドリア	ファゴット
②	展覧会の絵	フルート	ドリア	オーボエ・ダモーレ
③	ボレロ	ヴァイオリン	ドリア	ファゴット
④	展覧会の絵	フルート	ミクソリディア	ファゴット
⑤	ボレロ	ヴァイオリン	ミクソリディア	オーボエ・ダモーレ

(☆☆☆◎◎◎◎)

【9】次は，雅楽や能についての次郎さんと優子さんの対話である。対話中の（　A　）〜（　D　）に当てはまる語句の正しい組合せを選びなさい。

> この前の雅楽の授業は面白かったね！色々な楽器の音色があって，ぼくは好きだったな。　次郎

> 優子　そうだね！わたしは特に打楽器の音が好きだよ。雅楽では（　A　）があるよね。

> ぼくも打楽器は好きだよ！（　A　）は（　B　）を決めたり，終わりの合図を出したりする役割をもっているよね！　次郎

> 優子　そうだったね！打楽器って役割があって奥が深いよね！わたしは能に使われている打楽器にも興味があるよ。

> そうなんだね。能の囃子で主に使われるのは，笛や（　C　）などの楽器だね。　次郎

> 優子　そうそう！特に（　C　）は，主に神や鬼など人間ではない役が活躍する場面で用いられるんだって！

> 音で色々な事を表現するのは面白いよね！能は，雅楽や文楽，（　D　）などとともに「ユネスコ無形文化遺産」に登録されているんだよ。　次郎

> 優子　知らなかった！（　D　）も登録されているんだね。（　D　）も伝統芸能で，せりふ，音楽，舞踊などの要素で構成される歌舞劇だよね。音楽の歌詞には，琉歌が用いられているよ。

	A	B	C	D
①	鞨鼓	強弱	大鼓	狂言
②	鞨鼓	強弱	大鼓	組踊
③	鉦鼓	速度	大鼓	組踊
④	鉦鼓	強弱	太鼓	狂言
⑤	鞨鼓	速度	太鼓	組踊

(☆☆☆◎◎◎)

【10】次の文は，ある作曲家の作品について解説したものである。作曲家の名前を答えなさい。

> この作曲家の作品「Smile」は，ある映画の中でオーケストラにより演奏され，歌われることはなかったが，後にジャズ・シンガーのナット・キング・コールがカヴァーする際に歌詞が付けられた。マイケル・ジャクソンによるカヴァーでも，よく知られている。
>
> 歌詞の中では，語尾や語頭が同一の響きをもつ言葉を一定の場所に繰り返し配置する「ライム」により，詩にリズムが生まれているのが特徴的である。

(☆☆☆☆◎◎◎)

【11】次の楽譜を八本調子の篠笛で演奏できるように，運指を表す数字を音符の下に書きなさい。

(☆☆☆☆◎◎◎)

17

【12】次の楽譜は，箏曲「六段の調」から「初段」の冒頭の楽譜である。
この部分を五線譜に表したとき，以下の楽譜に続きを書きなさい。

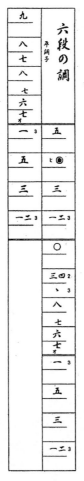

(☆☆☆◎◎◎◎)

【13】次の文は，中学校学習指導要領解説音楽編(平成29年文部科学省)「第2章　音楽科の目標及び内容」「第1節　音楽科の目標」「1　教科の目標」の一部及び高等学校学習指導要領解説芸術(音楽　美術　工芸書道)編　音楽編　美術編(平成30年文部科学省)「第2章　各科目」「第1節　音楽Ⅰ」「2　目標」の一部を抜粋したものである。文中の(A)～(C)に当てはまる語句を答えなさい。ただし，同じ記号には同じ語句が入る。

> 音楽の(A)性について理解するとは，単に多くの音楽があることを知るだけではなく，人々の暮らしとともに音楽文化があり，そのことによって様々な特徴をもつ音楽が存在していることを理解することである。その理解は，自らの音楽に対する価値意識を広げ，人類の音楽文化の豊かさに気付き，尊重することにつながっていく。生徒が音楽の(A)性を理解できるようにするためには，表現や鑑賞の活動を通して，個々の音楽の特徴を捉え，さらに複数の音楽を比較したり関連付けたりするなどして，それぞれの音楽の(B)性や(C)性を捉え，理解できるようにすることが大切である。その際，既習の音楽と関連付けたり複数の曲を教材にしたりして題材を構想するなどの工夫が必要である。

(☆☆○○○○○)

【14】次は，ある歌唱共通教材の冒頭の旋律のリズム譜である。調号と音高と1番の歌詞を加え，以下の楽譜に続きを書き表しなさい。また，この曲の作曲者名をひらがなで答えなさい。

(☆☆☆☆○○○○)

19

【中学校】

【1】次の文は，中学校学習指導要領解説音楽編(平成29年文部科学省)「第2章　音楽科の目標及び内容」「第1節　音楽科の目標」「2　学年の目標」「(2)　各学年の目標の趣旨」『③　「学びに向かう力，人間性等」の涵養に関する目標』の一部を抜粋したものである。文中の(A)～(E)に当てはまる語句の正しい組合せを選びなさい。ただし，同じ記号には同じ語句が入る。

主体的・(A)的には，表現及び鑑賞の学習に取り組む姿勢，心構えなどを示している。従前，第1学年において「音や音楽への(B)を養い」，第2学年及び第3学年において「音や音楽への(B)を高め」と示していた。ここでは，(B)を養い，高めることによって，音楽科の学習に，また身の回りにある音や音楽に生徒が主体的に関わっていくことのできる態度の育成を目指しており，今回の改訂では，その趣旨を一層明確にした。また，(A)的としているのは，音楽科の学習の多くが，他者との関わりの中で行われることを大切にしているからである。これまでも，合唱や合奏など，他者とともに一つの音楽表現をつくっていく体験を通して，(C)を伝え合ったり，(D)する喜びを感じたりすることのできる指導を大切にしてきた。ここでの「(D)」は，力を合わせて合唱や合奏によって一つの音楽表現をつくり上げることなどを指している。このことの成果を踏まえつつ，今回の改訂では，合唱や合奏などにおける「(D)」に留まらず，表現及び鑑賞の学習において，生徒一人一人が自らの考えを他者と交流したり，互いの気付きを共有し，感じ取ったことなどに共感したりしながら個々の学びを深め，音楽表現を生み出したり音楽を(E)してよさや美しさを味わって聴いたりできるようにすることを重視し，(A)的とした。

	A	B	C	D	E
①	対話	感性	イメージ	協力	知覚・感受
②	協働	感性	表現の工夫	協同	評価
③	協働	興味・関心	イメージ	協力	知覚・感受
④	協働	興味・関心	イメージ	協同	評価
⑤	対話	感性	表現の工夫	協同	知覚・感受

(☆☆○○○○○)

【2】次の文は，中学校学習指導要領(平成29年3月告示)「第2章　各教科」「第5節　音楽」「第3　指導計画の作成と内容の取扱い」の一部を抜粋したものである。文中の(a)～(e)に当てはまる語句の正しい組合せを選びなさい。ただし，同じ記号には同じ語句が入る。

---

(3) 各学年の「A表現」の(2)の器楽の指導に当たっては，次のとおり取り扱うこと。

ア　器楽教材は，次に示すものを取り扱うこと。

(ア) 我が国及び(a)の様々な音楽のうち，指導のねらいに照らして適切で，生徒にとって親しみがもてたり意欲が高められたり，生活や社会において音楽が果たしている(b)が感じ取れたりできるもの。

イ　生徒や学校，地域の実態などを考慮した上で，指導上の必要に応じて和楽器，弦楽器，管楽器，打楽器，鍵盤楽器，(c)及び世界の諸民族の楽器を適宜用いること。なお，3学年間を通じて1種類以上の和楽器を取り扱い，その表現活動を通して，生徒が我が国や郷土の伝統音楽のよさを味わい，愛着をもつことができるよう工夫すること。

(4) 歌唱及び器楽の指導における合わせて歌ったり演奏したりする表現形態では，他者と共に一つの音楽表現をつくる(d)を大切にするとともに，生徒一人一人が，担当する声部の(b)と(e)について考え，主体的に創意工夫できるよう指導を工夫すること。

---

	a	b	c	d	e
①	諸外国	役割	電子楽器	目的	奏法との関わり
②	諸外国	効果	創作楽器	目的	全体の響き
③	諸外国	役割	電子楽器	過程	全体の響き
④	アジア地域	効果	創作楽器	過程	全体の響き
⑤	アジア地域	役割	創作楽器	過程	奏法との関わり

(☆☆○○○○○)

【3】次の文は，中学校学習指導要領解説音楽編(平成29年文部科学省)「第2章　音楽科の目標及び内容」「第2節　音楽科の内容」「2　各領域及び〔共通事項〕の内容」「(3)　〔共通事項〕の内容」「③　音楽を共有する方法としての用語や記号など」の一部を抜粋したものである。文中の（　A　）～（　E　）に当てはまる語句の正しい組合せを選びなさい。

> 音楽に関する用語や記号などを理解し用いることは，音楽についての（　A　）などを他者と（　B　）し伝え合うとともに，一人一人の生活において，（　C　）音楽に関わっていくことを支え，自らの（　D　）を充実させる。このことは，身の回りや世界に存在する多種多様な音楽に対する理解を促すこととなり，音楽文化の（　E　）を可能にするものである。

	A	B	C	D	E
①	評価	共感	生涯にわたって	知覚や感受	拡がり
②	解釈	共感	豊かに	表現や鑑賞の活動	拡がり
③	解釈	共有	生涯にわたって	知覚や感受	拡がり
④	解釈	共有	生涯にわたって	表現や鑑賞の活動	継承，発展，創造
⑤	評価	共感	豊かに	表現や鑑賞の活動	継承，発展，創造

(☆☆○○○○○)

【4】次の文は，中学校学習指導要領(平成29年3月告示)「第2章　各教科」「第5節　音楽」「第2　各学年の目標及び内容」〔第2学年及び第3学年〕「2　内容」の一部を抜粋したものである。文中の(a)〜(e)に当てはまる語句の正しい組合せを選びなさい。

A　表現
(1)　歌唱の活動を通して，次の事項を身に付けることができるよう指導する。
ア　歌唱表現に関わる知識や技能を(a)しながら，(b)歌唱表現を創意工夫すること。
イ　次の(ア)及び(イ)について理解すること。
(ア)　曲想と音楽の構造や歌詞の内容及び(c)との関わり
(イ)　声の音色や響き及び言葉の特性と(d)発声との関わり
ウ　次の(ア)及び(イ)の技能を身に付けること。
(ア)　創意工夫を生かした表現で歌うために必要な発声，言葉の発音，身体の使い方などの技能
(イ)　創意工夫を生かし，全体の響きや各声部の声などを(e)他者と合わせて歌う技能

	a	b	c	d	e
①	得たり生かしたり	曲にふさわしい	曲の背景	曲種に応じた	聴きながら
②	習得	自己のイメージをもって	文化的・歴史的背景	曲種に応じた	聴きながら
③	得たり生かしたり	曲にふさわしい	曲の背景	頭声	聴きながら
④	習得	曲にふさわしい	文化的・歴史的背景	頭声	重ねながら
⑤	得たり生かしたり	自己のイメージをもって	文化的・歴史的背景	曲種に応じた	重ねながら

(☆☆○○○○○)

【高等学校】

【1】次の文は，高等学校学習指導要領(平成30年3月告示)「第2章　各学科に共通する各教科」「第7節　芸術」「第2款　各科目」「第1　音楽Ⅰ」「3　内容の取扱い」の一部を抜粋したものである。文中の(a)〜(e)に当てはまる語句の正しい組合せを選びなさい。

> (5)　内容の「A表現」の指導に当たっては，生徒の(a)を考慮し，視唱と視奏及び(b)の指導を含めるものとする。
>
> (6)　内容の「A表現」の指導に当たっては，我が国の伝統的な歌唱及び(c)を含めて扱うようにする。
>
> (略)
>
> (7)　内容の「A表現」の(3)の指導に当たっては，即興的に音を出しながら音のつながり方を試すなど，音を(d)することを重視するとともに，作品を(e)方法を工夫させるものとする。

	a	b	c	d	e
①	学習状況等	聴唱と聴奏	和楽器	まとまりのある音楽に	記録する
②	学習状況等	読譜と記譜	和楽器	まとまりのある音楽に	演奏する
③	特性等	読譜と記譜	和楽器	音楽への構成	記録する
④	特性等	聴唱と聴奏	口唱歌	音楽への構成	記録する
⑤	特性等	読譜と記譜	口唱歌	まとまりのある音楽に	演奏する

(☆☆○○○○○)

【2】次の文は，高等学校学習指導要領解説芸術(音楽　美術　工芸　書道)編　音楽編　美術編(平成30年文部科学省)「第2章　各科目」「第1節　音楽Ⅰ」「3　内容」「B　鑑賞」の一部を抜粋したものである。文中の(a)〜(e)に当てはまる語句の正しい組合せを選びなさい。ただし，同じ記号には同じ語句が入る。

> 鑑賞に関する資質・能力を次のとおり育成する。
>
> (略)
>
> イ　次の(ア)から(ウ)までについて理解すること。

> (ア)曲想や表現上の(a)と音楽の構造との関わり

　この事項は，鑑賞領域における「知識」に関する資質・能力である，曲想や表現上の(a)と音楽の構造との関わりを理解できるようにすることをねらいとしている。

(略)

　表現上の(a)とは，その音楽作品や演奏に施されている様々な工夫によってもたらされるものである。同じ曲であっても，個々の演奏者が(b)をどのように受け止めたかによって，当然ながら演奏された音楽表現は異なってくる。

　音楽の構造とは，音楽を形づくっている要素そのものや(c)関わり方及び音楽全体がどのように成り立っているかなど，音や要素の表れ方や関係性，音楽の構成や(d)などのことである。

　曲想や表現上の(a)と音楽の構造との関わりについて理解するためには，〔共通事項〕と関わらせた指導によって，生徒が曲想や表現上の(a)を感じ取り，感じ取った理由を，音楽の構造の視点から(e)捉えていく過程が必要である。

	a	b	c	d	e
①	効果	作曲者による表現上の工夫	要素と曲想との	テクスチュア	自分自身で
②	イメージ	曲や演奏に対する評価	要素と曲想との	展開の有り様	客観的に
③	イメージ	作曲者による表現上の工夫	要素と曲想との	展開の有り様	客観的に
④	効果	曲や演奏に対する評価	要素同士の	テクスチュア	客観的に
⑤	効果	作曲者による表現上の工夫	要素同士の	展開の有り様	自分自身で

(☆☆○○○○○)

【3】次の文は，高等学校学習指導要領解説芸術(音楽　美術　工芸　書道)編　音楽編　美術編(平成30年文部科学省)「第2章　各科目」「第2節　音楽Ⅱ」「2　目標」の一部を抜粋したものである。文中の(A)～(E)に当てはまる語句の正しい組合せを選びなさい。ただし，同じ記号には同じ語句が入る。

　　音楽の(A)を通して，音楽的な見方・考え方を働かせ，生活や社会の中の音や音楽，音楽文化と(B)関わる資質・能力を次のとおり育成することを目指す。
　(1)　曲想と音楽の構造や文化的・歴史的背景などとの関わり及び音楽の多様性について理解を深めるとともに，創意工夫を生かした音楽表現をするために必要な技能を身に付けるようにする。
　(2)　(C)音楽表現を創意工夫することや，音楽を評価しながらよさや美しさを(B)味わって聴くことができるようにする。
　(3)　主体的・(D)的に音楽の(A)に取り組み，生涯にわたり音楽を愛好する心情を育むとともに，(E)を高め，音楽文化に親しみ，音楽によって生活や社会を明るく豊かなものにしていく態度を養う。

	A	B	C	D	E
①	諸活動	豊かに	創造性をもって	対話	感性
②	諸活動	深く	個性豊かに	協働	感性
③	諸活動	深く	個性豊かに	協働	音楽性
④	幅広い活動	豊かに	個性豊かに	対話	音楽性
⑤	幅広い活動	豊かに	創造性をもって	協働	感性

(☆☆○○○○○)

【4】次の文は，高等学校学習指導要領(平成30年3月告示)「第2章　各学科に共通する各教科」「第7節　芸術」「第2款　各科目」「第1　音楽Ⅰ」「2　内容」「A　表現」の一部を抜粋したものである。文中の(a)～

(e)に当てはまる語句の正しい組合せを選びなさい。

表現に関する資質・能力を次のとおり育成する。

(略)

(3) 創作

　創作に関する次の事項を身に付けることができるよう指導する。

　ア　創作表現に関わる知識や技能を(a)しながら，自己のイメージをもって創作表現を創意工夫すること。

　イ　音素材，音を(b)ときの響き，音階や音型などの特徴及び構成上の特徴について，表したいイメージと関わらせて理解すること。

　ウ　創意工夫を生かした創作表現をするために必要な，次の(ア)から(ウ)までの技能を身に付けること。

　　(ア)　反復，変化，対照などの(c)を活用して音楽をつくる技能

　　(イ)　旋律をつくったり，つくった旋律に副次的な旋律や(d)などを付けた音楽をつくったりする技能

　　(ウ)　音楽を形づくっている要素の働きを変化させ，(e)技能

---

	a	b	c	d	e
①	習得	組み合わせた	手法	伴奏	曲を展開させる
②	習得	組み合わせた	理論	和音	曲を展開させる
③	得たり生かしたり	組み合わせた	理論	伴奏	変奏や編曲をする
④	得たり生かしたり	連ねたり重ねたりした	手法	和音	変奏や編曲をする
⑤	得たり生かしたり	連ねたり重ねたりした	手法	伴奏	曲を展開させる

(☆☆○○○○○)

解答・解説

【中高共通】

【1】②

〈解説〉Aはシ♯とラで減7度，Bはファ♯とレ♭で減6度，Cはレとラ♯で増5度，Dはド♭とソで増5度，Eはレ♯とシで短6度である。

【2】⑤

〈解説〉アは，f mollを属調とするのはb moll，その同主調はB dur，その平行調はg moll，それを下属調とするのはd mollとなる。イは，H durを属調とするのはE dur，それを属調とするのはA dur，その平行調はfis mollであり，同主調はFis durである。ウは，d mollの平行調はF dur，それを下属調とするのはC dur，それを下属調とするのはG dur，その同主調はg moll，その平行調はB durである。エは，cis mollの平行調はE dur，それを下属調とするのはH dur，その同主調はh moll，それを属調とするのはe moll，それを属調とするのはa mollである。オは，G durの同主調はg moll，その平行調はB dur，それを下属調とするのはF dur，その同主調はf moll，その平行調はAs durである。

【3】③

〈解説〉速度記号は速さの順番に並べられるようにしておくこと。接尾語がついているものについて特に気をつけること。

【4】③

〈解説〉モリンホールは馬頭琴とも呼ばれる擦弦楽器，サウンガウは曲がった琴を意味する弦楽器，アーヴァーズは歌唱法のことで自由なリズムによるもの，メヘテルハーネはトルコの軍楽隊のことである。民族音楽について，幅広く学習しておくこと。

【5】②

〈解説〉アはレスピーギの交響詩「ローマの松」の第1曲「ボルケーゼ荘の松」，イはリムスキー・コルサコフの交響組曲「シェエラザード」の第4楽章の祭の主題，ウはデュカスの交響詩「魔法使いの弟子」，エはスメタナの連作交響詩「我が祖国」第2曲「ブルタバ」の「聖ヨハネの急流」の部分，オはシベリウスの交響詩「フィンランディア」である。

【6】②

〈解説〉この曲は大木惇夫作詞，佐藤眞作曲の混声合唱とオーケストラのためのカンタータ「土の歌」である。アは第4楽章，イは第5楽章，ウは第1楽章，エ第6楽章，オは第2楽章である。よく歌われるのは第7楽章の「大地讃頌」である。

【7】②

〈解説〉主要なオペラの物語の内容と，それぞれの役の声種は覚えておきたい。また代表的なアリアは楽譜を見て曲名を判断できるようにしておきたい。

【8】④

〈解説〉「展覧会の絵」と「ボレロ」は授業でも取り上げることが多く，問題としても頻出である。スコアも確認し，「ボレロ」については，ボレロのリズムと，曲の展開と楽器の関連，教会旋法について，「展覧会の絵」は絵の題名と旋律の組み合わせ，サクソフォンの使用について理解しておくこと。

【9】⑤

〈解説〉雅楽，能の楽器の配置と役割は覚えておくこと。また，映像や音源で実際の音を確認しておくこと。ユネスコ無形文化遺産に登録されている芸能については，すべて確認しておくこと。

【10】チャールズ・チャップリン(C.チャップリン，チャップリン，チャプリン，Charles Chaplin)

〈解説〉チャップリンの映画「モダン・タイムズ」で用いられたテーマ曲である。ロック，フォーク，ジャズ，またミュージカルなど，近現代の音楽についても学習しておくこと。

【11】

〈解説〉篠笛の運指を表す数字と，実際の穴の塞ぎ方を覚えておくこと。低い音域の呂の音は漢数字，甲の音は算用数字で表される。

【12】

〈解説〉縦譜に記号として書かれた様々な奏法や音高，音の長さを正確に読み取ることが必要である。平調子は一の糸から，レ・ソ・ラ・シ♭・レ・ミ♭・ソ・ラ・シ♭・レ・ミ♭・ソ・ラである。「オ」は押し手で1音高くなる。2小節目1拍目の白丸は休符を表す。三味線や箏など和楽器の楽譜から五線譜への書き換えは時間をかけずにできるように学習しておきたい。

【13】A　多様　　B　共通　　C　固有

〈解説〉中学校学習指導要領解説の教科の目標についての解説部分から語句の穴埋め記述式の問題である。目標については，教科の目標，学年の目標について違いを理解し文言は覚え，解説により内容の理解を深めること。

【14】

な ない ろ の た に を こ え て

作曲者…だん　いくま

〈解説〉中学校学習指導要領に示されている歌唱共通教材は全部で7曲ある。「赤とんぼ」は4分の3,「荒城の月」は4分の4,「早春譜」と「浜辺の歌」は8分の6,「夏の思い出」と「花」は4分の4,「花の街」だけが4分の2である。すべての曲の作詞・作曲者名,歌詞と旋律は覚えること。

【中学校】

【1】④

〈解説〉中学校学習指導要領解説より,学年の目標についての解説部分から,語句の穴埋め選択式の問題である。目標は(1)～(3)で示されており,ここでは(3)の学びに向かう力,人間性等の涵養に関する目標について問われた。

【2】③

〈解説〉中学校学習指導要領の指導計画の作成と内容の取扱いより,内容の取扱いについての配慮事項(3)と(4)から出題された。内容の取扱いについての配慮事項は全部で10項目あり,いずれも具体的で重要な内容なので,文言を覚えるのはもちろん,内容についての理解を深めておくこと。

【3】④

〈解説〉中学校学習指導要領解説より,各領域及び〔共通事項〕の内容から〔共通事項〕について問われた。共通事項は,①音楽の構造の原理,②知覚と感受との関わり,③音楽を共有する方法としての用語や記号

などの三つの観点から捉えられており，ここでは③から出題された。
指導計画の作成と内容の取扱いの，内容の取扱いについての配慮事項
(10)と関わりが深いので確認しておくこと。

【4】①

〈解説〉中学校学習指導要領の第2学年及び第3学年のA表現　歌唱の内容
から出題された。学年ごとの違いを確認し，整理して覚えること。
A表現の器楽，創作，B鑑賞の内容についても同様である。

【高等学校】

【1】③

〈解説〉高等学校学習指導要領，各学科に共通する各教科芸術の音楽Ⅰの
内容の取扱いから，語句の穴埋め選択式の問題である。ここでは
(5)(6)(7)の項目から出題されたが，全部で11項目あるので確認してお
くこと。

【2】⑤

〈解説〉高等学校学習指導要領解説の音楽ⅠのB鑑賞についての解説部分
から出題された。鑑賞に関する資質・能力については，アとして思考
力，判断力，表現力等に関する資質・能力，イとして知識に関する資
質・能力を示しており，ここではイの知識の部分から(ア)の項目の解
説である。(イ)は音楽の特徴と文化的・歴史的背景，他の芸術との関
わり，(ウ)は我が国や郷土の伝統音楽の種類とそれぞれの特徴があげ
られているので確認しておくこと。

【3】②

〈解説〉音楽Ⅱの目標の解説部分から出題された。学年の違いを確認し，
整理して覚えること。

【4】④

〈解説〉音楽ⅠのA表現　創作の内容について問われた。A表現　歌唱,
　器楽,　B鑑賞の内容についても確認しておくこと。

2023年度　実施問題

※**福岡市を志望する場合は，【1】～【13】を解答してください。**

【中学校】

【1】次の文は，中学校学習指導要領解説音楽編(平成29年文部科学省)「第2章　音楽科の目標及び内容」「第1節　音楽科の目標」「1　教科の目標」の一部を抜粋したものである。文中の(A)～(E)に当てはまる語句の正しい組合せを選びなさい。

> このように，音楽的な見方・考え方は，音楽科の(A)に応じた，物事を捉える視点や考え方であり，音楽科を学ぶ本質的な意義の中核をなすものである。
>
> 生徒が自ら，音楽に対する(B)を働かせ，音や音楽を，音楽を形づくっている要素とその(C)の視点で捉え，捉えたことと，自己のイメージや感情，生活や社会，伝統や文化などとを関連付けて考えているとき，音楽的な見方・考え方が働いている。音楽的な見方・考え方を働かせて学習をすることによって，実感を伴った理解による「知識」の習得，必要性の実感を伴う「技能」の習得，質の高い「思考力，判断力，表現力等」の育成，人生や社会において学びを生かそうとする意識をもった「学びに向かう力，人間性等」の涵養が実現する。このことによって，生活や社会の中の音や音楽，音楽文化と(D)関わる資質・能力は育成されるのである。
>
> なお，音楽的な見方・考え方は，音楽的な見方・考え方を働かせた音楽科の学習を積み重ねることによって広がったり深まったりするなどし，(E)においても生きて働くものとなる。

	A	B	C	D	E
①	特質	感性	働き	幅広く	その後の人生
②	分野	情操	働き	豊かに	その他の教科等
③	分野	感性	変化	幅広く	その他の教科等
④	特質	感性	働き	豊かに	その後の人生
⑤	分野	情操	変化	幅広く	その後の人生

(☆○○○○○)

【2】次の文は，中学校学習指導要領解説音楽編(平成29年文部科学省)「第3章　各学年の目標及び内容」「第1節　第1学年の目標と内容」「2　内容」「(1)　A表現」の一部を抜粋したものである。文中の(A)～(D)に当てはまる語句の正しい組合せを選びなさい。

> (イ)　声の音色や響き及び言葉の特性と曲種に応じた発声との関わり
>
> この事項は，歌唱分野における「(A)」に関する資質・能力である，声の音色や響き及び言葉の特性と曲種に応じた発声との関わりを理解できるようにすることをねらいとしている。
>
> 民謡，長唄などの我が国の伝統的な歌唱及び諸外国の様々な歌唱には，その曲種に応じた声の出し方などによる声の音色や響きがある。
>
> 言葉の特性には，言葉の(B)，アクセント，リズム，(C)の扱い，言語のもつ音質，(D)などが挙げられる。また，それらが旋律やリズム，曲の構成などと深く関わり合って音楽を成り立たせている。
>
> 曲種とは音楽の種類のことである。曲種に応じた発声とは，民謡，長唄などの我が国の伝統的な歌唱を含む我が国や諸外国の様々な音楽の特徴を表現することができるような発声のことである。

	A	B	C	D
①	知識	抑揚	子音や母音	語感
②	技能	役割	子音や母音	背景
③	技能	抑揚	子音や母音	語感
④	知識	抑揚	音節や韻	背景
⑤	知識	役割	音節や韻	背景

(☆○○○○○)

【3】次の文は，中学校学習指導要領解説音楽編(平成29年文部科学省)「第2章　音楽科の目標及び内容」「第2節　音楽科の内容」「2　各領域及び〔共通事項〕の内容」「(3)〔共通事項〕の内容」の一部を抜粋したものである。文中の(A)～(E)に当てはまる語句の正しい組合せを選びなさい。

③　音楽を共有する方法としての用語や記号など

　音楽活動は，本来，音による(A)を基盤としたものである。音楽は実際に鳴り響く音そのものが全てを表しており，演奏が終了すると，その音楽は事実上，音響として存在しなくなる。こうした音や音楽の世界を他者と伝え合い，共有する方法の一つとして，音楽に関する用語や記号などが様々に工夫され用いられてきた。

　適切な用語や記号などを用いて音楽の内容について解釈や説明をしたり，五線譜などのような楽譜を書いて表したりそれを読み解いたりすることは，音楽を他者と共有するための基盤となり，結果として，一人一人の音楽に対する理解を深めていく。

　このような観点から，歌唱や器楽の活動では楽譜から(B)を読み取って他者と一緒に表現を工夫すること，創作の活動では表現したい内容を(C)したりイメージなどを適切な用語を用いて伝え合ったりすること，鑑賞の活動では音楽の(D)などについて音楽に関する用語などを用いて(E)説明したり，それを基に話し合ったりすることなどの学習が意味をもつ。

36

	A	B	C	D	E
①	交流	作曲者の意図	描写	よさや美しさ	言葉で
②	交流	思いや意図	描写	意味や価値	言葉で
③	コミュニケーション	作曲者の意図	記譜	意味や価値	自分なりに
④	コミュニケーション	作曲者の意図	記譜	よさや美しさ	言葉で
⑤	コミュニケーション	思いや意図	描写	よさや美しさ	自分なりに

(☆☆◎◎◎◎◎)

【4】次の文は，中学校学習指導要領(平成29年3月告示)「第2章　各教科」「第5節　音楽」「第3　指導計画の作成と内容の取扱い」の一部を抜粋したものである。文中の(A)～(E)に当てはまる語句の正しい組合せを選びなさい。

> 2　第2の内容の取扱いについては，次の事項に配慮するものとする。
>
> (1)　各学年の「A表現」及び「B鑑賞」の指導に当たっては，次のとおり取り扱うこと。
>
> ア　音楽活動を通して，それぞれの(A)等に応じ，音や音楽が生活に果たす役割を考えさせるなどして，生徒が音や音楽と生活や社会との関わりを実感できるよう指導を工夫すること。なお，適宜，(B)などについても取り扱い，音環境への関心を高めることができるよう指導を工夫すること。
>
> (略)
>
> ウ　(C)との関わりを基に音楽の特徴を捉えたり，思考，判断の過程や結果を表したり，それらについて他者と共有，共感したりする際には，適宜，(D)活動も取り入れるようにすること。
>
> エ　生徒が様々な感覚を関連付けて音楽への理解を深めたり，(E)に学習に取り組んだりすることができるようにするため，コンピュータや教育機器を効果的に活用でき

37

> るよう指導を工夫すること。

	A	B	C	D	E
①	発達段階	人工音や電子音	知覚したことと感受したこと	体を動かす	教科等横断的
②	教材	自然音や環境音	知覚したことと感受したこと	対話的な	主体的
③	発達段階	自然音や環境音	曲想と音楽の構造	対話的な	教科等横断的
④	教材	人工音や電子音	曲想と音楽の構造	体を動かす	教科等横断的
⑤	教材	自然音や環境音	知覚したことと感受したこと	体を動かす	主体的

(☆☆○○○○○)

【5】弦を振動させて音を鳴らす楽器の正しい組合せを選びなさい。

①	ズルナ	ウード	タブラー	楽琵琶
②	ズルナ	ウード	タブラー	篳篥
③	シタール	バラフォン	タブラー	楽琵琶
④	シタール	ウード	ピーパー	楽琵琶
⑤	シタール	バラフォン	ピーパー	篳篥

(☆☆○○○○)

【6】次のア～オの音楽用語の中から，速度に関する用語と発想に関する用語を選んだとき，正しい組合せを選びなさい。

ア　ritenuto　　イ　dolce　　ウ　espressivo　　エ　allargando
オ　leggiero

	速度に関する用語	発想に関する用語
①	ア，ウ，オ	イ，エ
②	イ，エ	ア，ウ，オ
③	ア，エ	イ，ウ，オ
④	ウ，エ，オ	ア，イ
⑤	イ，オ	ア，ウ，エ

(☆☆○○○○○)

【7】 G.ヴェルディ作曲　歌劇「アイーダ」の，主な登場人物とその役柄
の声の種類との正しい組合せを選びなさい。

	エチオピア王	アイーダ	ラダメス	アムネリス	エジプト王
①	テノール	ソプラノ	バリトン	メッゾ・ソプラノ	バス
②	テノール	ソプラノ	バリトン	ソプラノ	バリトン
③	バリトン	メッゾ・ソプラノ	テノール	ソプラノ	バス
④	テノール	メッゾ・ソプラノ	テノール	メッゾ・ソプラノ	バリトン
⑤	バリトン	ソプラノ	テノール	メッゾ・ソプラノ	バス

(☆☆◎◎◎◎)

【8】 次のア～オの調の正しい組合せを選びなさい。

ア　ハ短調の属調の平行調　　イ　f-mollの同主調の下属調

ウ　ヘ長調の属調の同主調　　エ　G-durの同主調の属調

オ　E-durの下属調の平行調

	ア	イ	ウ	エ	オ
①	変ロ長調	B-dur	ハ短調	d-moll	fis-moll
②	変ロ長調	es-moll	ハ長調	d-moll	cis-moll
③	変ホ長調	es-moll	ハ短調	B-dur	fis-moll
④	変ホ長調	B-dur	ハ短調	B-dur	cis-moll
⑤	変ロ長調	B-dur	ハ長調	B-dur	fis-moll

(☆☆◎◎◎◎)

【9】 太郎さんと花子さんは器楽の授業で，息を入れて音を鳴らす楽器を
演奏した。次は，その授業を終えての感想を話す2人の対話である。
対話中の（　A　）～（　D　）に当てはまる語句の正しい組合せを選びな
さい。ただし，同じ記号には同じ語句が入る。

花子さん，今日の授業は楽しかったね。色々な奏法があって面白かった
よ！特に「（　A　）奏法」が難しかったけど，楽しかったよ。　　太郎

花子　「（　A　）奏法」は，音と音の間に短い隙間をつくって演奏するんだっ
たよね。

> そうだったね！他にも楽譜にスラーの記号で書き表されている「（　B　）奏法」もあったね。
>
> ―太郎

> 花子
>
> 今日の授業で使った楽器と同じように，息を入れて音を鳴らす篠笛という楽器があるよ。篠笛について少し調べてみたよ。

> ぼくも知っているよ。実は吹いたことがあるんだ。篠笛も楽器に穴が空いているのは同じだけど，奏法に違いがあるよ。特に（　C　）という奏法は大きな違いだね。
>
> ―太郎

> 花子
>
> そうみたいだね！（　C　）は，同じ音が続くときに，押さえている指を指孔から一瞬離して，すぐにふさぐ奏法だね。

> 篠笛って（　D　）楽器なんだよ。篠笛の特徴的な奏法だよね。
>
> ―太郎

	A	B	C	D
①	ノンレガート	レガート	指打ち	タンギングをしない
②	アポヤンド	アル アイレ	指打ち	1音ずつタンギングをする
③	ノンレガート	レガート	押放	タンギングをしない
④	アポヤンド	レガート	押放	1音ずつタンギングをする
⑤	アポヤンド	アル アイレ	押放	タンギングをしない

（☆☆○○○○）

【10】次の音階と高音部譜表の正しい組合せを選びなさい。

　ア　嬰ヘ音から始まる全音音階　　　イ　ハ音を主音とする沖縄音階
　ウ　Fを主音とする和声的長音階　　　エ　Cを主音とする律音階
　オ　ヘ音を主音とする和声的短音階

40

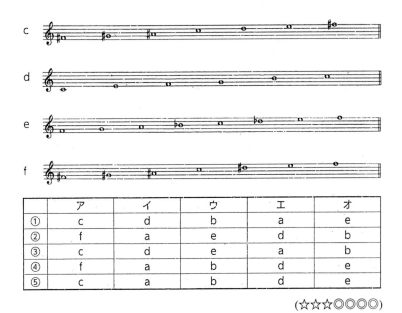

	ア	イ	ウ	エ	オ
①	c	d	b	a	e
②	f	a	e	d	b
③	c	d	e	a	b
④	f	a	b	d	e
⑤	c	a	b	d	e

(☆☆☆○○○○)

【11】 次は，著作権についての次郎先生と優子先生の対話である。文中の
（ A ）～（ E ）に当てはまる語句の正しい組合せを選びなさい。

> 優子先生，この前の校内合唱コンクールでの生徒たちの姿は素晴らし
> かったですね。録音した音源を生徒に配付するのは，問題ないですか
> ね？
> 　　　　　　　　　　　　　　　　　　　　　　　　　　　　次郎

> 著作権法を確認したらよいでしょうね。中学校学習指導要領解説音楽編
> （平成29年文部科学省）には，「知的な（ A ）によって何かをつくり
> 出した人に対して付与される他人に無断で利用されない権利」として知
> 的財産権が示されていますね。
> 優子

> そうでしたね。例えば，インターネットを通じて配信されている音楽は，
> 著作権が（ B ）ということは生徒と確認した方がよいでしょうね。
> 　　　　　　　　　　　　　　　　　　　　　　　　　　　　次郎

> 優子：著作権法上の学校における例外措置はいくつかありますので，よく確認しておく必要がありますよ。

> 中学校学習指導要領解説音楽編（平成29年文部科学省）には，「著作物や著作者の（　C　）を尊重する態度を形成することにつながり」と明記されていますね。
> 次郎

> 優子：そうです。さらに，この態度を形成することが「音楽文化の（　D　），（　E　），創造を支えていることへの理解につながる」と明記されていますね。

	A	B	C	D	E
①	創作活動	存在しない	思いや意図	継承	発展
②	音楽活動	存在しない	創造性	醸成	発展
③	創作活動	存在する	創造性	継承	発展
④	音楽活動	存在しない	創造性	醸成	享受
⑤	創作活動	存在する	思いや意図	醸成	享受

(☆☆○○○○)

【12】次のア～オの作品を作曲した人物として，正しい組合せを選びなさい。

ア　オペラ「夕鶴」　　イ　二つの群の為に　　ウ　トリプティーク
エ　かちどきと平和　　オ　涅槃交響曲

	ア	イ	ウ	エ	オ
①	團伊玖磨	中山晋平	武満徹	山田耕筰	黛敏郎
②	團伊玖磨	沢井忠夫	武満徹	宮城道雄	三善晃
③	滝廉太郎	沢井忠夫	武満徹	山田耕筰	三善晃
④	團伊玖磨	沢井忠夫	芥川也寸志	山田耕筰	黛敏郎
⑤	滝廉太郎	中山晋平	芥川也寸志	宮城道雄	三善晃

(☆☆☆○○○)

【13】次の文は, 尺八について説明したものである。文中の(A)～
(E)に当てはまる語句や数字として, 正しい組合せを選びなさい。

> 尺八は, 日本を代表する管楽器の一つです。江戸時代, 尺八を
> 吹くことは, 宗教的な(A)の一つとされてきました。明治時代
> になると, 一般の人々にも広く普及しました。尺八という名前は,
> 標準的な楽器の全長が一尺八寸, 約(B)cmであることから付
> いたといわれています。尺八で演奏する音楽のことを(C)とい
> います。指孔が少ないシンプルな楽器ですが, (D)や(E)
> など, 息や指の使い方, 首の動きで様々な音をつくることができ
> ます。

	A	B	C	D	E
①	修行	55	尺八楽	スリ上げ	タマネ
②	修行	35	尺八楽	ツヨ吟	タマネ
③	祭事	55	文楽	スリ上げ	サワリ
④	祭事	35	文楽	ツヨ吟	タマネ
⑤	祭事	55	尺八楽	ツヨ吟	サワリ

(☆☆☆◎◎◎)

【14】次の文は, 「著作権法」(昭和45年法律第48号)の一部を抜粋したも
のである。文中の(A)～(D)に当てはまる語句を答えなさい。
ただし, 同じ記号には同じ語句が入る。

> 第35条 (A)その他の教育機関(営利を目的として設置されて
> いるものを除く。)において(B)を担任する者及び(C)を
> 受ける者は, その(C)の過程における使用に供することを目
> 的とする場合には, 必要と認められる限度において, 公表され
> た著作物を(D)することができる。ただし, 当該著作物の種
> 類及び用途並びにその(D)の部数及び態様に照らし著作権者
> の利益を不当に害することとなる場合は, この限りではない。

(☆☆☆◎◎◎)

43

【15】授業において，三木露風作詞・山田耕筰作曲の「赤とんぼ」を歌唱
　　していたが，生徒の実態を考慮すると，音域を少し上げたほうが，よ
　　りよく歌えそうだったので，楽譜を書き換えることにした。次の点に
　　注意して楽譜を書きなさい。
　　・次に示す楽譜(楽曲の冒頭の部分)を，半音高く，調号を用いて書く
　　　こと
　　・楽譜の下に，2番の歌詞をつけること

　　　　　　　　　　　　　　　　　　　　　　　　　(☆☆○○○○○)

【16】以下は，リズムアンサンブルをつくる創作の授業における，太郎さ
　　んがつくったリズムパターンと花子さんとの対話である。2人の対話
　　を基に，完成したリズムアンサンブルを楽譜に表しなさい。ただし，
　　花子さんのリズムパターンは解答者自身で創作することとし，太郎さ
　　んのものとは異なったものであればよい。

太郎さんのつくったリズムパターン	花子さんのつくったリズムパターン
	※解答者自身で創作

花子さん，今日は4小節のリズムアンサンブルをつくるんだったよね。
2人が会話しているようなリズムアンサンブルにしたいな。　　太郎

花子　2人が会話しているようなリズムアンサンブルにするためには，太郎さ
んの後に私のつくったリズムパターンをもってくるとよさそうだね。

> そうだね。最初の2小節を交互に演奏することで，会話しているように感じることができそうだね。 太郎

試しに演奏してみる

> いい感じだね。残りの2小節はどうしようかな。最後は盛り上げたいので，音を重ねるのはどうかな。 太郎

> 花子 たしかに音を重ねると，音が強くなって盛り上がりそうだね。3小節目は，太郎さんだけにして，4小節目で重ねようよ。

試しに演奏してみる

> 花子 たしかに最後に音を重ねると，盛り上がる感じになったね。これで4小節のリズムアンサンブルが完成したね。

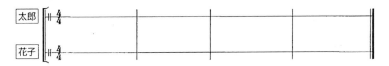

（☆☆○○○○○）

【17】 次は，「勧進帳」を鑑賞した後の歌舞伎と長唄についての太郎さんと花子さんの対話である。以下の①～③の問いに答えなさい。

> 「勧進帳」面白かったね！特に左右交互に片足で3歩ずつ飛ぶように歩いていく（ ア ）は迫力があったね。 太郎

> 花子 歌舞伎は，演目によってさまざまな種類の音楽が用いられているね。「長唄」や「義太夫節」，「常磐津節」などがあるね。

そうだね，どれも⑦同じ楽器が使われているね。 太郎

花子 同じ楽器なんだけど，「長唄」で使われている楽器と「義太夫節」で使われる楽器では，①棹の太さと音色が違うよね。

① （ ア ）に入る語句を答えなさい。

② 下線⑦の楽器名を答えなさい。

③ 下線①の違いについて説明しなさい。

(☆☆☆○○○○)

【18】次は，ある歌唱共通教材の旋律のリズム譜である。音高と1番の歌詞を加え，調号を用いて楽譜に書き表しなさい。

(☆☆☆○○○○○)

解答・解説

【中学校】

【1】④

〈解説〉中学校学習指導要領解説より，教科の目標について解説した箇所から，語句の穴埋め選択式の出題である。中学校学習指導要領の教科の目標，各学年の目標の文言は違いを整理して必ず覚えること。

【2】①

〈解説〉A表現の歌唱の内容の項目についての解説部分から出題された。A表現の器楽と創作，B鑑賞についても中学校学習指導要領解説で学習し，理解を深めておくこと。

【3】④

〈解説〉共通事項について解説された項目から出題された。A表現とB鑑賞に共通して5つの観点から指導内容を捉えられる。①音楽の素材としての音，②音楽の構造，③音楽によって喚起されるイメージや感情，④音楽の表現(鑑賞)における技能，⑤音楽の背景となる文化や歴史などである。共通事項の内容は3つの観点から捉えられる。①音楽の構造の原理，②知覚と感受との関わり，③音楽を共有する方法としての用語や記号などである。

【4】⑤

〈解説〉指導計画の作成と内容の取扱いの，内容の取扱いについての配慮事項(1)から出題された。指導計画の作成についての配慮事項が6項目，内容の取扱いについての配慮事項が10項目示されているので，文言を覚えるだけでなく理解を深めておくこと。

【5】④

〈解説〉ズルナ・篳篥は木管楽器，シタール・ウード・楽琵琶・ピーパーは弦楽器，タブラーは打楽器，バラフォンは木琴の一種である。

【6】③

〈解説〉アは直ちに速度を緩める，イは甘くやわらかに，ウは表情豊かに，エはだんだん強く遅く，オは軽く優美に，の意味である。

【7】⑤

〈解説〉主なオペラ作品の物語の内容，アリア，人物の声種は覚えておき

たい。

【8】①

〈解説〉アは，ハ短調の属調はト短調で，その平行調は変ロ長調。イは，f-mollの同主調はF-durで，その下属調はB-dur。ウは，ヘ長調の属調はハ長調で，その同主調はハ短調。エは，G-durの同主調はg-mollで，その属調はd-moll。オは，E-durの下属調はA-durで，その平行調はfis-moll。

【9】①

〈解説〉リコーダーの演奏をしたときの感想と推測できる。リコーダーでは音の区切りはタンギングで行うが，篠笛は舌を使わないので，指打ちで区切る。タンギングも使用しない。選択肢にある，アポヤンドとアル　アイレはクラシック・ギターの奏法，押放は箏の奏法である。

【10】③

〈解説〉全音音階は全音のみで1オクターブを6等分した音階である。日本の音階の沖縄音階，律音階，民謡音階，都節音階の4つは楽譜に書けるようにしておきたい。

【11】③

〈解説〉著作権に関する出題は近年増えている。中学校学習指導要領解説の著作権に関する箇所と，著作権法を確認すること。また，著作権法上の例外措置について，使用の許諾が必要な場合と必要としない場合を明確に理解しておくこと。

【12】④

〈解説〉日本人作曲家の作品について，日本の近代音楽史とあわせて理解しておきたい。

【13】①

〈解説〉尺八のルーツは普化尺八といわれる宗教音楽である。江戸時代には虚無僧がお経のかわりに尺八を吹き各地を回った。尺八の奏法と記譜法，各部の名称など学習しておくこと。また，箏や三味線についても同様に学習しておきたい。

【14】A　学校　　B　教育　　C　授業　　D　複製

〈解説〉著作権法の第2章第3節第5款より，第35条は学校その他の教育機関における複製等についての著作権の制限について述べられている。

【15】

〈解説〉楽譜はEs-durなので，半音上げて調号♯4つのE-durに転調する。歌唱共通教材の歌詞はすべて覚えること。

【16】

〈解説〉対話をよく確認し，会話をしているようなアンサンブルになるように注意する。最初の2小節は交互に演奏する。3小節目は太郎さんだけにする，4小節目で重ねるなどの言葉から判断する。

【17】①　飛び六方(六方)　　②　三味線　　③　・長唄は，細棹が使われており，音色が鋭くて歯切れがよい。　　・義太夫節は，太棹が使われており，低音の豊かな響きと余韻が特徴的である。

〈解説〉飛び方は，同じ方向に手足を動かして走っていく様子を表す演技である。歌舞伎，能楽，文楽の主要な演目の物語の内容，見どころ，

舞台の配置，使用する音楽と楽器，演出などについて学習しておきたい。三味線は3種類あり，長唄には高音で繊細な細棹，義太夫節には重厚な音色の太棹，常盤津節には人の声と合わせやすい音色の中棹が用いられる。

【18】

は　る　はな　の　み　の　かぜ　の　のさむさ　や　―

〈解説〉このリズムの曲は早春賦である。歌唱共通教材はすべて，歌詞は覚え，旋律を楽譜に書けるようにしておくこと。教科書では調号♭3つのEs-durで掲載されている。

2022年度　実施問題

※福岡市を志望する場合は，【中高共通】の【1】～【9】，【中学校】の【1】～【4】を解答してください。

【中高共通】

【1】次の記音と実音をもつ楽器の正しい組合せを選びなさい。

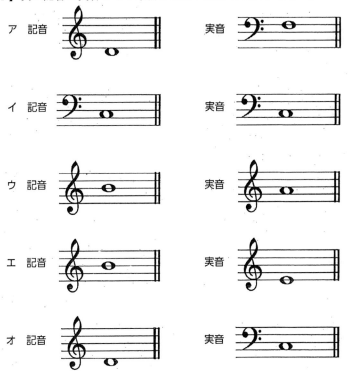

	ア	イ	ウ	エ	オ
①	Alto Saxophone	Bassoon	Oboe	Tenor Saxophone	Alto Clarinet
②	Alto Saxophone	Baritone Saxophone	Cornet	Tenor Saxophone	Bass Clarinet
③	Alto Saxophone	Bassoon	Cornet	English horn	Bass Clarinet
④	Horn	Baritone Saxophone	Cornet	English horn	Alto Clarinet
⑤	Horn	Bassoon	Oboe	English horn	Bass Clarinet

(☆☆☆☆○○○○)

【2】次の構成音とコードネームの正しい組合せを選びなさい。ただし，以下の表の○には共通する音名が入るものとする。

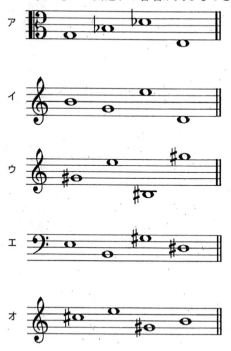

	ア	イ	ウ	エ	オ
①	○dim7	○dim	○mM7	○M7	○7
②	○dim7	○m7	○aug	○9	○6
③	○m6	○dim	○mM7	○9	○6
④	○m6	○m7	○mM7	○9	○7
⑤	○dim7	○m7	○aug	○M7	○6

(☆☆○○○○)

【3】次の和楽器と関係の深い用語の正しい組合せを選びなさい。

	和太鼓	箏	尺八	三味線	篠笛
①	スクイ	根緒	カリ	勘所	指打ち
②	地打ち	引き色	カリ	勘所	指打ち
③	地打ち	根緒	カリ	雲角	押放
④	地打ち	引き色	サワリ	雲角	指打ち
⑤	スクイ	引き色	サワリ	勘所	押放

(☆☆○○○○)

【4】次の国名と関係の深い音楽や楽器の正しい組合せを選びなさい。

	中国	イラン	パキスタン	インド
①	ガムラン	サントゥール	ホーミー	シタール
②	アルフー	パンソリ	ホーミー	ケチャ
③	アルフー	サントゥール	カッワーリー	シタール
④	ガムラン	パンソリ	カッワーリー	ケチャ
⑤	アルフー	パンソリ	ホーミー	シタール

(☆☆○○○○)

【5】次は，ギターの授業を終えての感想と，その後，弦楽器について調べた太郎さんと花子さんの対話である。対話中の（　ア　）～（　オ　）に当てはまる語句の正しい組合せを選びなさい。ただし，同じ記号には同じ語句が入る。

花子さん，ギターの授業楽しかったね。色々な奏法があって面白かったね！特に（　ア　）奏法で，きれいな音が鳴ったから嬉しかったよ！　太郎

花子　（　ア　）奏法は，弦を弾いた後，指は隣の弦に触れない奏法だったね。アルペッジョで弾くときに適しているよね。

そうだったね！他にも（　イ　）奏法は，弦を弾いた後，指を隣の弦に当てて止めるんだったね。奏法によって音色が変わっていくのが面白いよね！　太郎

花子　授業の後に調べてみたんだけど，世界には，ギターと同じように弦を弾いて音を鳴らす楽器があったよ。（　ウ　）や（　エ　）などがあるよ！

どちらも弦を弾いて音を鳴らす楽器だけど，楽器によって音色が違うところも面白いね！弦を押さえる場所を変えて鳴らすことで，音が変わるよね。　太郎

花子　そうだね！指を押さえないで鳴らすと，「ＥＡＤＧＢＥ（ミラレソシミ）」だよね。

第1弦は「Ｅ（ミ）」の音で，第5弦は（　オ　）の音だよね。　太郎

	ア	イ	ウ	エ	オ
①	アル・アイレ	アポヤンド	リュート	ピーパー	A（ラ）
②	ノンレガート	ポルタート	リュート	ズルナ	B（シ）
③	ノンレガート	ポルタート	リュート	ピーパー	A（ラ）
④	アル・アイレ	アポヤンド	バーンスリー	ズルナ	B（シ）
⑤	ノンレガート	アポヤンド	バーンスリー	ズルナ	A（ラ）

(☆☆◎◎◎◎)

【6】次のA〜Dのそれぞれのグループの中に混ざっている質の異なる言葉を選んだとき,正しい組合せを選びなさい。

A　ア　stringendo　　イ　ritenuto　　ウ　con sordino
　　エ　allargando

B　ア　meno　　　イ　poco　　　ウ　alla
　　エ　tanto

C　ア　dolce　　　イ　cantabile　　ウ　furioso
　　エ　arcato

D　ア　registration　イ　adagio　　ウ　animato
　　エ　larghetto

	A	B	C	D
①	ウ	エ	エ	ウ
②	イ	ウ	ウ	ウ
③	ウ	エ	ウ	ア
④	イ	エ	エ	ウ
⑤	ウ	ウ	エ	ア

(☆☆☆◎◎◎◎)

【7】次の作品と関係の深い演奏楽器や演奏形態の正しい組合せを選びなさい。

	武満徹 「ノヴェンバー・ステップス」	ロドリーゴ 「アランフェス協奏曲」	シュトックハウゼン 「コンタクテ」	シェーンベルク 「月に憑かれたピエロ」
①	琵琶	ギター	パイプオルガン	女声独唱
②	琵琶	ギター	電子音楽	混声合唱
③	三味線	マンドリン	パイプオルガン	混声合唱
④	三味線	マンドリン	電子音楽	混声合唱
⑤	琵琶	ギター	電子音楽	女声独唱

(☆☆☆☆◎◎)

【8】次は,創作の授業の際の,太郎さんと花子さんの対話である。対話中の(ア)〜(オ)に当てはまる語句の正しい組合せを選びなさい。ただし,同じ記号には同じ語句が入る。

	ア	イ	ウ	エ	オ
①	平調子	三味線	乃木調子	五	二部形式
②	本調子	三味線	二上り	八	三部形式
③	平調子	箏	乃木調子	五	三部形式
④	平調子	箏	二上り	八	三部形式
⑤	本調子	三味線	二上り	五	二部形式

(☆☆☆◯◯◯)

【9】次の日本の民謡を，生まれた背景で分類した際に，同じ種類となる民謡の正しい組合せを選びなさい。

	谷茶前	銚子大漁節	黒田節	かりぼし切り歌
①	佐渡おけさ	南部牛追唄	江差追分	こきりこ
②	安来節	祝いめでた	江差追分	こきりこ
③	佐渡おけさ	南部牛追唄	木曽節	こきりこ
④	佐渡おけさ	祝いめでた	江差追分	斎太郎節
⑤	安来節	南部牛追唄	木曽節	斎太郎節

(☆☆☆◎◎◎)

【10】次の文は，中学校学習指導要領(平成29年3月告示)「第2章　各教科」「第5節　音楽」「第3　指導計画の作成と内容の取扱い」の一部及び高等学校学習指導要領(平成30年3月告示)「第2章　各学科に共通する各教科」「第7節　芸術」「第2款　各科目」「第1　音楽Ⅰ」「3　内容の取扱い」の一部を抜粋したものである。文中の(a)～(c)に当てはまる語句を答えなさい。

> 2　第2の内容の取扱いについては，次の事項に配慮するものとする。
> (1)　各学年の「A表現」及び「B鑑賞」の指導に当たっては，次のとおり取り扱うこと。
> 〈3　内容の取扱い〉
> (略)
> カ〈(11)〉自己や他者の著作物及びそれらの著作者の(a)を尊重する態度の形成を図るとともに，必要に応じて，音楽に関する(b)について触れるようにすること。また，こうした態度の形成が，(c)の継承，発展，創造を支えていることへの理解につながるよう配慮すること。

※～～～の表記は中学校学習指導要領

　　　　　　　　　　　※〈　　　〉の表記は高等学校学習指導要領
　　　　　　　　　　　　　　　　　　　　　　　　　　（☆☆〇〇〇〇〇）

【11】次の曲を演奏するとき，演奏時間を全部で60秒にするためには，8分の6拍子のAを何小節にすればよいか答えなさい。

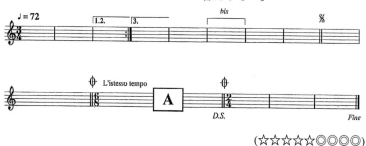

　　　　　　　　　　　　　　　　　　　　　　（☆☆☆☆☆〇〇〇〇）

【12】次のリズム譜を，全て♩=76の$\frac{4}{4}$拍子に統一して書き換えた楽譜の空欄にあてはまる音符及び休符を書きなさい。

　　　　　　　　　　　　　　　　　　　　　　　（☆☆☆☆〇〇）

【13】次は，能と文楽についての太郎さんと花子さんの対話である。以下の①〜③の各問いに答えなさい。

58

> 能も文楽も，日本の伝統芸能だね。能と文楽では音楽に少し違いがあるようだね。　太郎

花子　能は，謡と（　ア　）の部分からできているね。（　ア　）では，小鼓，大鼓，笛，（　イ　）の4種類の楽器が使われているよ。

同じ伝統芸能でも，文楽で使われている楽器とは違うんだね！　太郎

花子　舞台の様子にも違いがあるんだよ。文楽には「舟底」や「床」など，特徴的な部分が見られるね。

① 対話文中の（　ア　），（　イ　）に当てはまる語句をそれぞれ，ひらがなで答えなさい。ただし，同じ記号には同じ語句が入る。

② 文楽において，太夫の横で演奏される楽器を答えなさい。

③ 次の図は，文楽の舞台を真上から見た図である。下線部の「舟底」，「床」の場所を図中のA〜Dから選びなさい。また，「床」が配置されている位置の理由について，その音楽的な効果を踏まえて説明しなさい。

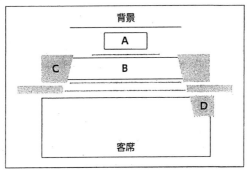

（☆☆☆◎◎◎）

【14】次は，中学生の太郎さんと小学生の次郎さんがそれぞれのリコーダーを持ち寄り，武島羽衣作詞・滝廉太郎作曲の「花」を二重奏しようとした際の対話とその楽譜の一部である。ただし，二人はソプラノリ

コーダーもしくはアルトリコーダーのいずれかを使用している。以下の①～②の各問いに答えなさい。

【楽譜】

あれっ？はじめの音は，同じ音のはずなのに，聴こえてくる音の高さが合っていないね。　太郎

次郎　そうだね？どうしてなのかな？

① 対話文中の波線部の状況が生じた理由について，考えられる2つの状況を説明しなさい。

② 楽譜内の上の声部を，アルトリコーダーで演奏する際の運指について，次の運指表を参考に，解答方法に従って答えなさい。ただし，⑥，⑦はそれぞれ2つのトーンホールがあるが，1つでも閉じる場合は，解答方法の閉じる(●)と同様とする。

【運指表】

リコーダーの指番号		
右手	⑦	小 指
	⑥	薬 指
	⑤	中 指
	④	人さし指
左手	③	薬 指
	②	中 指
	①	人さし指
	⓪	親 指

【解答方法】

開ける　◯
閉じる　●
サミング　⊘

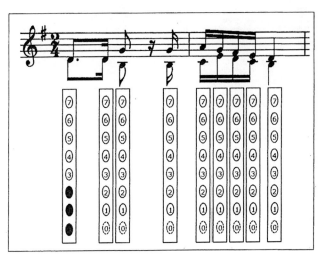

(☆☆☆○○○○)

【15】授業において，土井晩翠作詞・滝廉太郎作曲の「荒城の月」を歌唱していたが，生徒の実態を考慮すると，音域を少し上げたほうが，よりよく歌うことができそうだったので，楽譜を書き換えることにした。次の点に注意して楽譜を書きなさい。

・　次に示す楽譜(楽曲の冒頭の部分)を，半音高く，調号を用いて書くこと。

・　楽譜の下に，2番の歌詞をつけること。

(☆☆☆○○○○)

【16】次は，中学生の恵美さんと優子さんが，音楽文化の伝播について対話している様子である。以下の①〜②の各問いに答えなさい。

> これはおもしろい写真だね。（　ア　）を弾いている埴輪だよ！　——恵美

> 優子　本当だね。この時代には日本固有の音楽や楽器が存在していたと書いてあるよ。この後，アジア各地の音楽が日本に伝わるようになったんだね。

> そう考えると，日本の（　ア　）と朝鮮半島のカヤグムは楽器の形や構造が似ているね。楽器や音楽が大陸から伝わってきていることが感じられるね。　——恵美

> 優子　そうだね。シルクロードを通って，様々な文化が大陸を横断して伝わっているのはすごいね。

> 正倉院には奈良時代に伝来した古代の楽器があるらしいね。　——恵美

> 優子　（　イ　）だね。聖武天皇が愛用したみたいだね。装飾も美しいし，どんな音がするのか，一度でいいからその音色を聴いてみたいね。

> ちょうど同じ頃に，西洋では多声音楽が生まれているんだね。　——恵美

① 対話文中の（　ア　）と（　イ　）にあてはまる楽器をひらがなで答えなさい。ただし，同じ記号には同じ文字が入る。

② 対話文中の波線部について，どのように多声音楽が生まれたのか，「新たな声部」という言葉を用いて簡潔に答えなさい。

(☆☆☆☆◎◎)

※　【中学校】は，中高併願者のうち，中学校を第一希望とする者を含む。
※　【高等学校】は，中高併願者のうち，高等学校を第一希望とする者を含む。

【中学校】

【1】次の文は，中学校学習指導要領(平成29年3月告示)「第2章　各教科」「第5節　音楽」「第2　各学年の目標及び内容」〔第2学年及び第3学年〕「2　内容」の一部を抜粋したものである。文中の（　a　）～（　e　）に当てはまる語句の正しい組合せを選びなさい。

A 表現

(略)

(2) 器楽の活動を通して，次の事項を身に付けることができるよう指導する。

　ア　器楽表現に関わる知識や技能を得たり生かしたりしながら，曲に(a)器楽表現を創意工夫すること。

　イ　次の(ア)及び(イ)について理解すること。

　　(ア)　曲想と音楽の構造や(b)との関わり

　　(イ)　楽器の(c)と奏法との関わり

　ウ　次の(ア)及び(イ)の技能を身に付けること。

　　(ア)　創意工夫を生かした表現で演奏するため(d)奏法，身体の使い方などの技能

　　(イ)　創意工夫を生かし，全体の響きや各声部の音などを(e)他者と合わせて演奏する技能

	a	b	c	d	e
①	合った	楽器の成り立ち	構造上の特徴	に必要な	聴きながら
②	ふさわしい	楽器の成り立ち	音色や響き	の適切な	確かめながら
③	ふさわしい	曲の背景	音色や響き	に必要な	聴きながら
④	ふさわしい	曲の背景	構造上の特徴	に必要な	確かめながら
⑤	合った	楽器の成り立ち	音色や響き	の適切な	聴きながら

(☆○○○○○)

【2】次の表は，中学校学習指導要領解説音楽編(平成29年文部科学省)「第2章　音楽科の目標及び内容」「第1節　音楽科の目標」「2　学年の目標」「(1)学年の目標の構成」の一部を抜粋したものである。表中の(A)～(E)に当てはまる語句の正しい組合せを選びなさい。

	第1学年
知識及び技能	(1)　曲想と音楽の構造などとの関わり及び音楽の（　A　）について理解するとともに，創意工夫を生かした音楽表現をするために必要な歌唱，器楽，創作の技能を身に付けるようにする。
思考力，判断力，表現力等	(2)　音楽表現を創意工夫することや，音楽を（　B　）に（　C　）しながらよさや美しさを味わって聴くことができるようにする。
学びに向かう力，人間性等	(3)　（　D　）に表現及び鑑賞の学習に取り組み，音楽活動の楽しさを体験することを通して，音楽文化に親しむとともに，音楽によって生活を明るく豊かなものにしていく（　E　）を養う。

	A	B	C	D	E
①	多様性	多面的	感受	主体的・対話的	態度
②	固有性	自分なり	評価	主体的・協働的	態度
③	固有性	自分なり	感受	主体的・対話的	情操
④	多様性	自分なり	評価	主体的・協働的	態度
⑤	固有性	多面的	感受	主体的・協働的	情操

(☆☆○○○○○)

【3】次の文は，中学校学習指導要領解説音楽編(平成29年文部科学省)「第4章　指導計画の作成と内容の取扱い」「2　内容の取扱いと指導上の配慮事項」の一部を抜粋したものである。文中の(　A　)～(　E　)に当てはまる語句の正しい組合せを選びなさい。

2　第2の内容の取扱いについては，次の事項に配慮するものとする。

(略)

(5)　読譜の指導に当たっては，小学校における学習を踏まえ，♯や♭の調号としての意味を理解させるとともに，3学年間を通じて，（　A　）程度をもった調号の楽譜の(　B　)に慣れさせるようにすること。

(略)

(6)　我が国の伝統的な歌唱や和楽器の指導に当たっては，（　C　）と音楽との関係，（　D　）の使い方についても配慮するとともに，適宜，（　E　)を用いること。

	A	B	C	D	E
①	2#, 2♭	視唱や視奏	歴史	姿勢や身体	口唱歌
②	2#, 2♭	記譜	言葉	日本語	縦譜
③	1#, 1♭	視唱や視奏	歴史	日本語	口唱歌
④	1#, 1♭	視唱や視奏	言葉	姿勢や身体	口唱歌
⑤	1#, 1♭	記譜	歴史	姿勢や身体	縦譜

(☆○○○○○)

【4】次の文は，中学校学習指導要領解説音楽編(平成29年文部科学省)「第2章　音楽科の目標及び内容」「第2節　音楽科の内容」「2　各領域及び〔共通事項〕の内容」「(2)鑑賞領域の内容」の一部を抜粋したものである。文中の(A)～(E)に当てはまる語句の正しい組合せを選びなさい。

---

④　音楽の鑑賞における批評

　音楽の鑑賞は，音楽を聴いてそれを享受するという意味から(A)な行為と捉えられることがある。しかし，音楽科における鑑賞領域の学習は，音楽によって喚起されたイメージや感情などを，自分なりに言葉で言い表したり書き表したりして音楽を評価するなどの(B)な活動によって成立する。

　音楽のよさや美しさなどについて，言葉で表現し他者と伝え合い，論じ合うことが音楽科における批評である。このように自分の考えなどを表現することは，本来，生徒にとって楽しいものと言える。ただし，それが他者に理解されるためには，(C)な理由を基にして，自分にとってどのような価値があるのかといった評価をすることが重要となる。ここに学習として大切な意味がある。評価の根拠をもって批評することは(D)な行為であり，それは，漠然と感想を述べたり単なる感想文を書いたりすることとは異なる活動である。

　このような学習は，(E)に対する理解を深めていくとともに，生徒が自らの感性を豊かに働かせて，その音楽のよさや美しさなどを一層深く味わって聴くことにつながっていく。

65

	A	B	C	D	E
①	受動的	言語的	論理的	対話的	音楽文化
②	受動的	能動的	客観的	創造的	音楽文化
③	一方向的	言語的	論理的	創造的	音楽文化
④	受動的	能動的	客観的	対話的	多様性
⑤	一方向的	言語的	客観的	対話的	多様性

(☆☆○○○○○)

【高等学校】

【1】次の文は，高等学校学習指導要領(平成30年3月告示)「第2章　各学科に共通する各教科」「第7節　芸術」「第2款　各科目」「第1　音楽Ⅰ」「2　内容」の一部を抜粋したものである。文中の(a)～(e)に当てはまる語句の正しい組合せを選びなさい。ただし，同じ記号には同じ語句が入る。

A　表現

　　表現に関する資質・能力を次のとおり育成する。

　(1)　歌唱

　　　歌唱に関する次の事項を身に付けることができるよう指導する。

　　ア　歌唱表現に関わる知識や技能を得たり生かしたりしながら，(a)をもって歌唱表現を創意工夫すること。

　　イ　次の(ア)から(ウ)までについて理解すること。

　　　(ア)曲想と音楽の構造や歌詞，(b)との関わり

　　　(イ)言葉の特性と(c)に応じた発声との関わり

　　　(ウ)様々な(d)による歌唱表現の特徴

　　ウ　創意工夫を生かした歌唱表現をするために必要な，次の(ア)から(ウ)までの技能を身に付けること。

　　　(ア)曲にふさわしい発声，言葉の発音，身体の使い方などの技能

　　　(イ)(e)を意識して歌う技能

　　　(ウ)(d)の特徴を生かして歌う技能

---

	a	b	c	d	e
①	思いや意図	文化的・歴史的背景	曲想	表現形態	他者との調和
②	自己のイメージ	社会や生活	曲想	表現形態	声部の重なり
③	思いや意図	文化的・歴史的背景	曲想	発声法	声部の重なり
④	自己のイメージ	文化的・歴史的背景	曲種	表現形態	他者との調和
⑤	自己のイメージ	社会や生活	曲種	発声法	他者との調和

(☆○○○○○)

【2】次の文は，高等学校学習指導要領解説芸術(音楽　美術　工芸　書道)編　音楽編　美術編(平成30年文部科学省)「第2章　各科目」「第1節　音楽Ⅰ」「2　目標」の一部を抜粋したものである。文中の(A)～(E)に当てはまる語句の正しい組合せを選びなさい。ただし，同じ記号には同じ語句が入る。

> 科目の目標(2)
>
> (2)自己のイメージをもって音楽表現を創意工夫することや，音楽を(A)しながらよさや美しさを自ら味わって聴くことができるようにする。

　(2)は，「(B)」の育成に関する目標を示したものであり，自己のイメージをもって音楽表現を創意工夫することが表現領域に関すること，音楽を(A)しながらよさや美しさを自ら味わって聴くことが鑑賞領域に関することである。

　自己のイメージをもって音楽表現を創意工夫するとは，音や音楽に対する自己のイメージを膨らませたり他者のイメージに共感したりして，(C)の働かせ方などを試行錯誤しながら，表したい音楽表現について考え，どのように音楽で表現するかについて(D)をもつことである。また，(D)は，創意工夫の過程において，知識や技能を得たり生かしたりしながら，さらに深まったり新たな(D)となったりする。

67

　　　自己のイメージをもってとしているのは，中学校音楽科での
　　学習を基礎にしつつ，新たに習得した知識や技能，（　E　）など
　　を踏まえて音楽表現に対する自己のイメージを一層豊かにし，
　　自分の意思をもって（　D　）を明確にしていくことを大切にして
　　いるからである。

	A	B	C	D	E
①	評価	思考力，判断力，表現力等	音楽を形づくっている要素	表現意図	これまでの生活経験
②	感受	知識及び技能	音楽を形づくっている要素	表現主題	生活や社会との関わり
③	感受	思考力，判断力，表現力等	音楽的な見方・考え方	表現主題	これまでの生活経験
④	評価	思考力，判断力，表現力等	音楽を形づくっている要素	表現意図	生活や社会との関わり
⑤	評価	知識及び技能	音楽的な見方・考え方	表現主題	これまでの生活経験

(☆☆◎◎◎◎◎)

【3】次の文は，高等学校学習指導要領解説芸術(音楽　美術　工芸　書
　道)編　音楽編　美術編(平成30年文部科学省)「第2章　各科目」「第1
　節　音楽Ⅰ」「3　内容」「B　鑑賞」の一部を抜粋したものである。文
　中の（　A　）～（　E　）に当てはまる語句の正しい組合せを選びなさい。
　ただし，同じ記号には同じ語句が入る。

　　　鑑賞に関する資質・能力を次のとおり育成する。

　　　(略)

　　　(ウ)　我が国や郷土の伝統音楽の種類とそれぞれの特徴

　　この事項は，鑑賞領域における「（　A　）」に関する資質・能
　力である，我が国や郷土の伝統音楽の種類とそれぞれの特徴を

理解できるようにすることをねらいとしている。

(略)

　それぞれの特徴には，音楽を形づくっている要素による特徴，各音楽に固有の発声法・歌唱法，口唱歌，楽器及びその奏法や調弦法，記譜法などがある。これらの特徴を理解できるようにするためには，（　B　）と関わらせた指導が必要であり，音楽の特徴に関する事柄を知るということに留まるものではないことに十分留意する必要がある。

　生徒が我が国や郷土の伝統音楽の種類とそれぞれの特徴に関する（　A　）を習得することは，我が国や郷土の伝統音楽それぞれが固有の特徴をもち，その特徴が，演奏される（　C　），我が国の自然や風土，そこで育まれた（　D　）などに根ざしていることを理解することにつながる。また，本事項の学習は，（　E　）な視点をもつ人材として成長していくことに寄与するものである。

	A	B	C	D	E
①	思考力，判断力，表現力等	音楽に関する用語や記号	目的	美意識	グローバル
②	知識	音楽に関する用語や記号	目的	感性	グローバル
③	知識	〔共通事項〕	場の状況	美意識	グローバル
④	知識	〔共通事項〕	場の状況	感性	多面的・多角的
⑤	思考力，判断力，表現力等	〔共通事項〕	目的	美意識	多面的・多角的

（☆☆○○○○○）

【4】次の文は，高等学校学習指導要領解説芸術(音楽　美術　工芸　書道)編　音楽編　美術編(平成30年文部科学省)「第2章　各科目」「第1節　音楽Ⅰ」「4　内容の取扱い」の一部を抜粋したものである。文中の(a)〜(d)に当てはまる語句の正しい組合せを選びなさい。

---

(8)　内容の「A表現」及び「B鑑賞」の指導に当たっては，(a)の育成を図るため，音や音楽及び言葉によるコミュニケーションを図り，芸術科音楽の特質に応じた言語活動を適切に位置付けられるよう指導を工夫する。なお，内容の「B鑑賞」の指導に当たっては，曲や演奏について根拠をもって批評する活動などを取り入れるようにする。

(略)

(9)　内容の「A表現」及び「B鑑賞」の教材については，学校や地域の実態等を考慮し，我が国や郷土の伝統音楽を含む我が国及び諸外国の様々な音楽から幅広く扱うようにする。また，「B鑑賞」の教材については，(b)を含めて扱うようにする。

(略)

(10)　音楽活動を通して，それぞれの教材等に応じ，生徒が音や音楽と(c)を実感できるよう指導を工夫する。なお，適宜，(d)などについても取り扱い，音環境への関心を高めることができるよう指導を工夫する。

---

	a	b	c	d
①	思考力, 判断力, 表現力等	ポピュラー音楽	生活や社会との関わり	メディアや音楽媒体
②	知識及び技能	ポピュラー音楽	他の芸術との関わり	自然音や環境音
③	思考力, 判断力, 表現力等	アジア地域の諸民族の音楽	他の芸術との関わり	メディアや音楽媒体
④	知識及び技能	ポピュラー音楽	生活や社会との関わり	メディアや音楽媒体
⑤	思考力, 判断力, 表現力等	アジア地域の諸民族の音楽	生活や社会との関わり	自然音や環境音

(☆☆○○○○○)

解答・解説

【中高共通】

【1】③

〈解説〉移調楽器の管の種類と音域を知らなければ解答できない。選択肢にあげられている楽器はそれぞれ，アルトサックスE♭管，ホルンF管，ファゴットC管，バリトンサックスE♭管，オーボエB♭管であるが実音表記，コルネットB♭管，テナーサックスB♭管，イングリッシュホルン(コールアングレ)F管，アルトクラリネットE♭管，バスクラリネットB♭管である。

【2】⑤

〈解説〉アはミ・ソ・シ♭・レ♭，減三和音＋短3度の減七の和音でEdim7。イはミ・ソ・シ・レ，短三和音＋短3度の短七の和音でEm7。ウはミ・ソ♯・シ♯の増三和音でEaug。エはミ・ソ♯・シ・レ♯，長三和音＋長3度の長七の和音でEM7。オはミ・ソ♯・シ・ド♯，長三

和音＋根音から長6度上の音を加えたE6である。

【3】②

〈解説〉正答以外の選択肢の用語について，スクイは三味線の奏法，根緒は三味線の弦を結び付けるための紐，サワリは三味線の弦が棹に触って出る共鳴音のこと，雲角は箏の龍尾側で絃を支える部分，押放は箏の奏法である。

【4】③

〈解説〉正答以外の選択肢について，ガムランはインドネシアで行われている合奏形式の民族音楽，パンソリは韓国の歌い手一人とプク(太鼓)の伴奏で演奏される伝統歌謡，ホーミーはモンゴルの2つの声を発声する歌唱法，ケチャはバリ島で行われる男性合唱のことである。

【5】①

〈解説〉アル・アイレは弦を弾いた指が他の弦に着地せず空に留まる様な奏法。アポヤンドは弦を弾いた指を他の弦に当てて止める奏法で，旋律を弾くのに適している。バーンスリーはインド発祥の木管楽器である横笛，ズルナはトルコのダブルリードの木管楽器，ピーパーは中国の4弦の琵琶である。ギターの開放弦は第6弦からミ・ラ・レ・ソ・シ・ミである。

【6】⑤

〈解説〉すべての楽語の意味を確認しておくこと。Aはア・イ・エが速度用語，ウは弱音器をつけてという意味の奏法に関する用語である。Bはア・イ・エが今までより少し，少し，多いなど量に関する意味の接頭語で，ウは〜風にといった楽想の接頭語である。Cはア・イ・ウが発想用語，エは弓で弾くという奏法に関する用語である。Dはイ・ウ・エが速度用語，アはオルガンのストップの操作法で奏法に関する用語である。

【7】⑤

〈解説〉「ノヴェンバー・ステップス」は琵琶と尺八のためのオーケスト
ラ曲,「アランフェス協奏曲」はギター協奏曲,「コンタクテ」はドイ
ツの現代音楽の作曲家シュトックハウゼンにより作曲された電子音
楽,「月に憑かれたピエロ」の正式標題は「アルベール・ジローの
『月に憑かれたピエロ(ドイツ語訳オットー・エーリヒ・ハルトレーベ
ン)』から採った全三部各部七篇の詩。シュプレヒシュティンメ(語り
の声),ピアノ,フルート(ピッコロと持ち替え),クラリネット(バスク
ラリネットと持ち替え),ヴァイオリン(ヴィオラと持ち替え),チェロ
のためのメロドラマ」である。

【8】③

〈解説〉箏の平調子の調弦は一の糸をレとすると,レ・ソ・ラ・シ♭・
レ・ミ♭・ソ・ラ・シ♭・レ・ミ♭・ソ・ラである。五の糸から,短
2・長3・長2・短2の五音音階がみられる。音程の関係をみると都節音
階(ドから始めると,ド・レ♭・ファ・ソ・ラ♭)と同じである。乃木
調子はレ・ソ・ラ・シ・レ・ミ・ソ・ラ・シ・レ・ミ・ソ・ラで五の
糸から,長2・短3・長2・長2の五音音階で,律音階(ドから始めると
ド・レ・ファ・ソ・ラ)と同じ音律である。オについて,A-B-Aは三部
形式である。三部形式は他にA-B-A′もしくはA-B-Cとなる。一部形式,
二部形式についても学習しておきたい。

【9】④

〈解説〉谷茶前は琉球王を接待するために歌い踊られた漁を題材にした民
謡で,佐渡おけさは酒盛りの席で漁師が踊り歌って伝えられた民謡。
銚子大漁節と祝いめでたは祝い歌。黒田節と江差追分は座敷歌。かり
ぼし切り歌は労働歌,斎太郎節も櫓漕ぎ歌で労働歌である。各地の民
謡について,地域と分類を整理して覚えておきたい。

【10】a　創造性　　b　知的財産権　　c　音楽文化

〈解説〉内容の取扱いから(11)の項目についての出題である。知的財産権の取扱いについての問題は近年頻出である。授業の中で表現したり鑑賞したりする多くの曲について，それを創作した著作者や実演家がいること，音楽作品が知的財産であること，それを活用することで幅広い音楽活動ができていることなどを生徒が意識できるように指導し，必要に応じて，知的財産権について触れることを求めている。著作物や著作者の創造性を尊重する態度の育成が，音楽文化の継承，発展，創造を支えていくことになる。

【11】6小節

〈解説〉リピート記号を正しく読むと，4分の3拍子の小節が18あるので，

$3 \times 18 \times \dfrac{60}{72} = 45$秒となり，後半の4分の2拍子は3小節あるので，$2 \times 3 \times \dfrac{60}{72} = 5$秒となる。全体で60秒なので，8分の6拍子の部分が10秒になることがわかる。リステッソテンポの指示があるので，四分音符＝付点四分音符となり，$2 \times x \times \dfrac{60}{72} = 10$秒を解くと6小節となる。

【12】

〈解説〉最初の4分の4拍子の1拍の長さを基準にして新しい拍子の拍を考える。3小節目の8分の6拍子からは，付点四分音符が1拍(四分音符の音価)になる。5小節目の4分の4拍子からはその付点四分音符，1拍分が二分音符の音価になるので四分音符で表記されていたものを半分の音価で記譜する。7小節目の8分の2拍子からは，その二分音符が八分音符1つ分の音価になるので，元の楽譜の2倍の音符になる。9小節目からの

4分の2拍子は八分音符1つが1拍分だったものがそのまま引き継がれるので, 元の楽譜の2倍の音価になる。

【13】① ア はやし イ たいこ ② 三味線 ③ 舟底…B 床…D ④ (太夫や三味線の)音の迫力を増すために客席に張り出した配置になっている。

〈解説〉① 能の音楽は謡と囃子でなっており, 囃子方は四拍子と呼ぶ笛, 小鼓, 大鼓, 太鼓の4類の楽器を用いる。 ② 文楽の音楽は義太夫節で太夫の語りと三味線の演奏で物語を語っていく。 ③ 舟底は, 観客が人形を見やすいように舞台の一部を掘り下げているところ。床は太夫と三味線弾きが義太夫節を演奏する場所。観客に近いところで演奏を聴きやすくするために, 客席に向かってせり出している。能, 歌舞伎の舞台名称の問題も頻出なので必ず学習しておくこと。

【14】① ・二人がソプラノリコーダーとアルトリコーダーで同じ運指の演奏をしているため, 5度離れた音程が鳴っているから。 ・二人が同じリコーダー(どちらもソプラノリコーダー, またはどちらもアルトリコーダー)で同じ運指を演奏しているが, チューニングが十分に行われておらず, ピッチが合っていないから。

②

〈解説〉① 音高が合わない原因は，違う音を出しているか，同じ音でも
ピッチが合っていないかの2点である。違う音を出してしまう原因は
リコーダーの場合，運指である。同じ運指で吹くとアルトとソプラノ
では違う音が出る。ピッチは温度や吹き方に影響を受けて変化するの
で，同じ種類の楽器，同じ運指でも違う音に聞こえてしまう。
② リコーダーの運指については，アルト，ソプラノともに演奏，練
習し覚えること。

【15】

〈解説〉楽譜はロ短調なので，半音上げると調号♭3つのハ短調となる。
音を全て半音上げて記譜し，臨時記号は忘れずに書くこと。2番の歌
詞の季節は秋で，かつて戦いが行われた古城に霜が降り，群れをなし
て飛んでいく雁を月が照らしている，という内容である。歌唱共通教
材については，歌詞は全て覚え，楽譜も書けるようにしておきたい。

【16】 ① ア　こと(そう)　　イ　らでんしたんのごげんびわ　　② グ
レゴリオ聖歌に新たな声部を加えて生まれた。
〈解説〉① アはカヤグムが朝鮮半島で用いられる12弦の琴なのでそこか
ら判断できる。日本に奈良時代に伝わった。イは世界で一つの五弦琵
琶で，正倉院の宝物を代表するものである。紫檀で作られ，表面に螺
鈿の細工がされている。　② 多声音楽はグレゴリオ聖歌に4度や5度
上のメロディーが付けられ生まれた。世界の楽器のルーツと，時代の
重なりについて，年表なども用いて学習しておきたい。

【中学校】

【1】③

〈解説〉中学校学習指導要領の第2学年及び第3学年の内容A表現の器楽からの出題であった。語句の穴埋めの選択式の問題であるが，選択肢に迷いやすいものが多いので，学年ごとの違いなど整理して覚えること。aは第2学年及び第3学年で付け加えられたもので，「曲にふさわしい器楽表現を創意工夫すること」としている。bも第2学年及び第3学年で付け加えられたもので，曲が生み出された風土，文化や歴史，作曲者にまつわる事柄，といった音楽に影響を与えている曲の背景と，曲想との関わりに配慮して学習することを目指している。c, d, eは第1学年と同じ内容である。

【2】④

〈解説〉各学年の目標は音楽科の目標と関連している。第1学年と，第2学年及び第3学年の違いを継続的な視点で考え，整理して覚えること。問題にも提示されているが，中学校学習指導要領解説の学年の目標の構成の項目に表でまとめられているので参考にしたい。

【3】④

〈解説〉内容の取扱いに関する配慮事項は，問題にあげられているものも含め(1)～(10)の10項目ある。すべて授業に直結する具体的で重要な事項なので理解を深めておくこと。共通事項の用語や記号，歌唱共通教材，音楽を形づくっている要素についてもここに示されている。学習指導要領の問題としては頻出事項である。

【4】②

〈解説〉中学校学習指導要領解説の音楽科の内容の項目には，改訂後の内容の構成がまとめられている。2各領域及び〔共通事項〕の内容は，(1)～(3)の3項目ある。(1)表現領域について，①音楽の素材としての音，②音楽の構造，③音楽によって喚起されるイメージや感情，④音楽の

表現における技能，⑤音楽の背景となる文化や歴史などの5つの観点。
(2)鑑賞領域の内容について，①音楽の素材としての音，②音楽の構造，
③音楽によって喚起されるイメージや感情，④音楽の鑑賞における批
評，⑤音楽の背景となる文化や歴史などの5つの観点。(3)〔共通事項〕
の内容，①音楽の構造の原理，②知覚と感受との関わり，③音楽を共
有する方法としての用語や記号などの3つの観点について説明されて
いるので学習しておくこと。

【高等学校】

【1】④

〈解説〉高等学校学習指導要領から，音楽Ⅰの内容A表現　歌唱について
語句の穴埋め，選択式の問題である。他の学年，またA表現の器楽と
創作，B鑑賞についても，整理して文言は覚えておくこと。

【2】①

〈解説〉音楽Ⅰの科目の目標の3つのうち(2)からの出題である。高等学校
学習指導要領解説に語句の説明がそれぞれなされているので，他の目
標に関しても文言を覚えるだけでなく理解を深めておきたい。

【3】③

〈解説〉音楽ⅠのB鑑賞の目標のうち，イの(ウ)からの出題である。イは
鑑賞領域における「知識」に関する資質・能力である。ここに，日本
の伝統音楽の種類，口唱歌，固有の発声法などについて記述されてい
るので理解を深めておきたい。他の項目についても同様である。

【4】⑤

〈解説〉音楽Ⅰの内容の取扱いについての配慮事項は問題にあるものも含
め，(1)～(11)の11項目あげられている。授業に直結する具体的な内容
である。他学年の同項目もあわせて理解を深めておくこと。

2021年度 | 実施問題

※福岡市を志望する場合は，【中高共通】の【1】～【10】，【中学校】の
【1】～【4】を解答してください。

【中高共通】

【1】次のア～オの作品を作曲した人物として，正しい組合せを選びなさい。

　ア　花の街　　イ　とんがり帽子　　ウ　早春賦　　エ　平城山
　オ　からたちの花

	ア	イ	ウ	エ	オ
①	中山　晋平	古関　裕而	中田　章	成田　為三	山田　耕筰
②	團　伊玖磨	古関　裕而	中田　章	平井康三郎	山田　耕筰
③	中山　晋平	古関　裕而	中田　喜直	平井康三郎	滝　廉太郎
④	團　伊玖磨	黛　敏郎	中田　章	平井康三郎	滝　廉太郎
⑤	團　伊玖磨	黛　敏郎	中田　喜直	成田　為三	滝　廉太郎

(☆☆☆○○○)

【2】次のア～オの日本民謡と関わりの深い県名として，正しい組合せを
選びなさい。

　ア　斎太郎節　　イ　金毘羅船々　　ウ　小諸馬子歌
　エ　稗つき節　　オ　ちゃっきり節

	ア	イ	ウ	エ	オ
①	宮城県	兵庫県	長野県	島根県	静岡県
②	秋田県	香川県	栃木県	島根県	福島県
③	宮城県	香川県	栃木県	宮崎県	福島県
④	秋田県	兵庫県	栃木県	宮崎県	静岡県
⑤	宮城県	香川県	長野県	宮崎県	静岡県

(☆☆☆☆○○○○)

【3】次のA～Dのグループの中に混ざっている質の異なるものとして，
正しい組合せを選びなさい。

A〔邦人作品〕

　　ア　花の街　　イ　からたちの花　　ウ　荒城の月　　エ　蛍の光

B〔オーストリア出身〕

　　ア　ヨーゼフ・ハイドン　　イ　アルバン・ベルク

　　ウ　グスタフ・マーラー　　エ　ローベルト・シューマン

C〔バレエ音楽〕

　　ア　火の鳥(ストラビンスキー)

　　イ　カルメン(ビゼー)

　　ウ　眠れる森の美女(チャイコフスキー)

　　エ　春の祭典(ストラビンスキー)

D〔三味線音楽〕

　　ア　義太夫節　　イ　常磐津節　　ウ　木曽節　　エ　清元節

	A	B	C	D
①	エ	イ	イ	エ
②	エ	エ	イ	ウ
③	エ	エ	ア	エ
④	ウ	イ	イ	エ
⑤	ウ	イ	ア	ウ

(☆☆◎◎)

【4】次の和音を持つ調として，正しい組合せを選びなさい。ただし，短
調は和声的短音階とする。

①	Fis dur	gis moll	dis moll	H dur	E dur
②	fis moll	Gis dur	dis moll	H dur	e moll
③	Fis dur	gis moll	Dis dur	h moll	e moll
④	Fis dur	Gis dur	dis moll	h moll	E dur
⑤	fis moll	gis moll	Dis dur	H dur	e moll

(☆☆☆◎◎◎◎)

【5】次の文は，ある楽器について説明したものである。文中の(ア)
～(エ)に当てはまる語句や数字として，正しい組合せを選びなさ
い。

> (ア)世紀には宗教的な修行の一つとして演奏されており，
> (イ)世紀末頃には一般の人々に広く普及した。演奏家として
> 有名な(ウ)が各地に伝わる楽曲を収集したことで知られてい
> る。竹を素材として作られていることが一般的であり，長さが約
> (エ)cmのものが最もよく使われる。その長さが，楽器の名前
> の由来にもなったと言われている。

	ア	イ	ウ	エ
①	16	18	宮城　道雄	180
②	16	19	宮城　道雄	54
③	17	18	黒沢　琴古	54
④	17	19	宮城　道雄	180
⑤	17	19	黒沢　琴古	54

(☆☆☆◎◎)

【6】次のア～オの調号のうち，J.W.v.ゲーテ作詞，F.P.シューベルト作
曲「魔王」の原調の楽譜の調性について，楽曲冒頭の調号，楽曲中盤
における転調後の調号，楽曲終盤における転調後の調号の正しい組合
せを選びなさい。

81

	楽曲冒頭の調号	楽曲中盤における転調後の調号	楽曲終盤における転調後の調号
①	エ	ウ	エ
②	オ	ア	イ
③	エ	ウ	イ
④	エ	ア	エ
⑤	オ	ア	エ

(☆☆☆☆◎◎)

【7】次の各文は，雅楽について説明したものである。正しいものを○，誤っているものを×としたとき，正しい組合せを選びなさい。

　ア　雅楽の種類は，古墳時代から奈良時代にアジア各地から伝わった音楽を起源とする舞楽と管弦(管絃)の二種類に分類される。

　イ　舞楽では，中国などから伝来した唐楽の楽曲を用いる左舞と，朝鮮半島などから伝来した催馬楽の楽曲を用いる右舞がある。

　ウ　雅楽の楽器である鞨鼓は，全体の演奏の速度を決めたり，終わりの合図を出したりして合奏の流れをつかさどる。

　エ　管弦(管絃)に使われる楽器の中で，主に主旋律を演奏する楽器は篳篥と能管の二つである。

	ア	イ	ウ	エ
①	○	○	×	×
②	○	×	○	○
③	○	×	×	×
④	×	○	○	○
⑤	×	×	○	×

(☆☆☆☆◎◎)

【8】次のア～オは，5種類のリコーダー(ソプラニーノリコーダー，ソプラノリコーダー，アルトリコーダー，テノールリコーダー，バスリコーダー)の音域を表している。ソプラノリコーダー，アルトリコーダー，テノールリコーダーの音域として，正しい組合せを選びなさい。

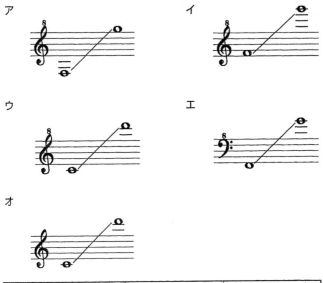

	ソプラノリコーダー	アルトリコーダー	テノールリコーダー
①	オ	ウ	ア
②	ウ	ア	エ
③	イ	オ	ア
④	オ	ウ	エ
⑤	ウ	ア	オ

(☆☆☆◎◎)

【9】次の図は，授業において，生徒がある日本の民謡の旋律を絵譜で表したものである。これについて，あとの太郎さんと花子さんの対話中の（　ア　）〜（　ウ　）に当てはまる語句として，正しい組合せを選びなさい。

図【生徒が書いた絵譜】

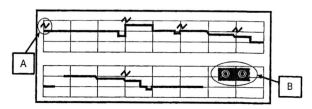

太郎：花子さん，Ⓐの部分に書いてある記号（♪）は何ですか。

花子：Ⓐは（　ア　）といって，歌い手が細かい音の動きをつけて歌っていた部分です。

太郎：なるほど。わかりやすいですね。確かに細かく装飾的に節を回している感じがしましたね。それではⒷの部分の二重丸は何を表していますか。

花子：Ⓑは（　イ　）といって，歌に合わせてはさみこむ掛け声のような部分です。

太郎：力強くて，歌を引き出している感じがします。この民謡は拍にのって歌える感じがして，皆で力を合わせているようですね。

花子：そうですね。この民謡の他にも，同じように拍にのって歌える民謡に，（　ウ　）があります。是非，こちらの民謡も聴いてみてください。

	ア	イ	ウ
①	産字	音頭	江差追分
②	コブシ	囃しことば	佐渡おけさ
③	コブシ	囃しことば	南部牛追い歌
④	コブシ	音頭	刈り干し切り歌
⑤	産字	音頭	斎太郎節

（☆☆☆◎◎◎）

【10】次の図は，ギターのフィンガーボードと音の関係を表している。図中の⑦〜⑦のポジションのうち，押さえて弦を弾くと第3弦の開放弦と同じ音が鳴るものの正しい組合せを選びなさい。ただし，音高は問わないものとする。

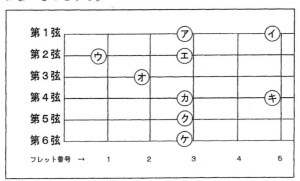

①	⑦・⑦・⑦
②	⑦・⑦・⑦
③	⑦・⑦・⑦
④	⑦・⑦・⑦
⑤	⑦・⑦・⑦

(☆☆◎◎◎)

【11】 次の図は，能舞台を示したものである。図中の⑦～⑰に当てはまる語句を語群から選び，記号で答えなさい。

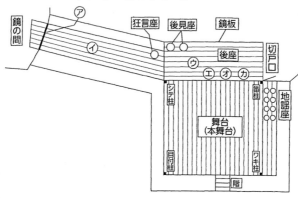

【語群】

a　太鼓座　　b　小鼓座　　c　笛座　　d　大鼓座　　e　橋掛り
f　揚幕

(☆☆☆○○○)

【12】 次の各文は，著作権法(昭和45年法律第48号)第38条第1項に規定される，学芸会，文化祭，部活動などで，他人の作品を上演・演奏・上映・口述(朗読等)する場合に，著作権者の了解なしに著作物を利用できるための条件についてまとめたものである。文中の　ア　～　ウ　に当てはまる語句を答えなさい。

① 作品を利用する行為が上演，演奏，上映，口述(朗読等)のいずれかであること。
② 既に　ア　された著作物であること。
③ 　イ　を目的としないこと。
④ 聴衆または観客から鑑賞のための料金等を取らないこと。
⑤ 演奏したり，演じたりする者に報酬が支払われないこと。

⑥　原則として著作物の題名，著作者名などの　ウ　の明示を
すること。

(☆☆☆◯◯◯◯)

【13】次の楽譜は，ある楽曲におけるContrabassのパート譜を示したもの
である。この楽曲名，作曲者名を答え，Baritone Saxophoneで演奏でき
るように，楽譜を書き換えなさい。ただし，音域は問わない。

(☆☆☆☆◯◯◯◯)

【14】次は，ある授業における探究的な学習課題において，作曲の背景に
ついて探究している太郎さんと花子さんの対話である。あとの①〜④
の各問いに答えなさい。

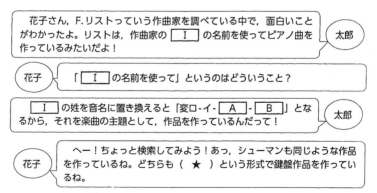

本当だね！　Ⅰ　は（　★　）の形式を充実させて，沢山の作品を残しているということだったし，敬意を表しているのかな。こんな風に，尊敬している他の作曲家のイメージや作品の旋律をモチーフにして作曲をすることは結構あるということがわかったよ。それにしても演奏するのが難しそうな曲だね！

太郎

花子

リストはピアニストとしても有名だもんね。あっ，リストは　Ⅱ　作曲のこの作品もピアノ編曲しているみたいだよ。ほら，ここにこの作品の2つの部分の楽譜が載っているよ。

① 対話文中の　Ⅰ　，　Ⅱ　に当てはまる作曲家名をそれぞれ答えなさい。ただし，同じ記号には同じ作曲家名が入る。

② 対話文中の　A　，　B　に当てはまる音名を，それ日本語表記で答えなさい。

③ 対話文中の（　★　）について説明した以下の文中の　a　～　d　に当てはまる語句を答えなさい。

最初に提示された　a　が，次々と加わる他の　b　によって，　c　しながら　d　していく形式。

④ 二重下線部の作品名を答えなさい。

(☆☆☆◎◎)

【15】 次の図は，ある作曲家の交響曲における，ある楽章の第一主題及び第二主題を箏で演奏しようとした際の楽譜(縦譜)の一部を示したものである。あとの①～③の各問いに答えなさい。ただし，箏の調弦は平調子とする。

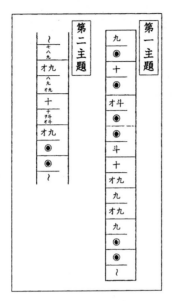

① この交響曲の作曲者名と楽曲名を答えなさい。

② この楽章は，どのような形式で書かれているか答えなさい。

③ 楽譜(縦譜)中の「オ」と「ヲ」は，どのような奏法を表していると考えられるか，二つの違いを含めて説明した次の文中の A 〜 E に当てはまる語句を答えなさい。

> どちらも A 手で弦を押して音高を上げる「押し手」という奏法を表しており，「オ」は B 音上げる「 C 押し」，「ヲ」は D 音上げる「 E 押し」を表している。

(☆☆☆☆◎◎)

【16】Es durの第6音を音階の第3音とする長調の属音が音階の第4音となるような和声的短音階を高音部譜表に調号を用いて書きなさい。

（☆☆☆☆◎◎◎◎）

【17】新年の幕開け0時の瞬間に，楽曲の演奏終了に合わせて花火を打ち上げるイベントを考えています。以下は，そのイベントで演奏する楽曲のある楽器のパート譜から，演奏終末4小節間を抜粋したものである。設定された条件に基づいて，演奏の最後の音(下の楽譜内の音符Ⓐと同時に花火を打ち上げるためには，何時何分何秒から演奏を開始すればよいか答えなさい。

【条件】

・♩＝60
・全340小節
・終始，一定のテンポで演奏する

この八分音符が鳴る時刻を
0時0分0秒とする

（☆☆☆◎◎）

※　【中学校】は，中高併願者のうち，中学校を第一希望とする者を含む。
※　【高等学校】は，中高併願者のうち，高等学校を第一希望とする者を含む。

【中学校】

【1】次の各文は，中学校学習指導要領(平成29年3月告示)「第2章　各教科」「第5節　音楽」「第2　各学年の目標及び内容」〔第1学年〕「2　内容」の一部を抜粋したものである。文中の(a)～(d)に当てはまる語句の正しい組合せを選びなさい。

A 表現
(1) 歌唱の活動を通して，次の事項を身に付けることができる
   よう指導する。
   ア 歌唱表現に関わる知識や技能を得たり生かしたりしなが
     ら，歌唱表現を創意工夫すること。
   イ 次の(ア)及び(イ)について理解すること。
     (ア) 曲想と音楽の構造や歌詞の内容との関わり
     (イ) 声の音色や響き及び(a)と曲種に応じた発声(b)
   ウ 次の(ア)及び(イ)の技能を身に付けること。
     (ア) 創意工夫を生かした表現で歌うために必要な発声，
       言葉の発音，(c)などの技能
     (イ) 創意工夫を生かし，全体の響きや各声部の声などを
       聴きながら(d)歌う技能

	a	b	c	d
①	言葉の特性	との関わり	身体の使い方	他者と合わせて
②	音楽の背景	の特徴	身体の使い方	正しい音程で
③	音楽の背景	との関わり	呼吸法	他者と合わせて
④	言葉の特性	の特徴	呼吸法	他者と合わせて
⑤	言葉の特性	との関わり	呼吸法	正しい音程で

(☆☆☆○○○○○)

【2】次の各文は，中学校学習指導要領(平成29年3月告示)「第2章 各教
   科」「第5節 音楽」「第2 各学年の目標及び内容」〔第1学年〕「2 内
   容」の一部を抜粋したものである。文中の(a)〜(e)に当てはま
   る語句の正しい組合せを選びなさい。

B　鑑賞
(1)　鑑賞の活動を通して，次の事項を身に付けることができる
よう指導する。
ア　鑑賞に関わる知識を得たり生かしたりしながら，次の
(ア)から(ウ)までについて自分なりに考え，音楽のよさや
美しさを味わって聴くこと。
(ア)　曲や演奏に対する評価とその根拠
(イ)　生活や社会における音楽の(a)
(ウ)　音楽表現の(b)
イ　次の(ア)から(ウ)までについて理解すること。
(ア)　曲想と音楽の構造との関わり
(イ)　音楽の特徴とその(c)となる文化や歴史，他の芸
術との関わり
(ウ)　我が国や郷土の伝統音楽及びアジア地域の(d)音
楽の特徴と，その特徴から生まれる音楽の(e)

	a	b	c	d	e
①	意味や役割	共通性や固有性	根拠	諸民族の	価値
②	存在や価値	よさや美しさ	背景	様々な	価値
③	意味や役割	共通性や固有性	背景	諸民族の	多様性
④	意味や役割	よさや美しさ	根拠	様々な	価値
⑤	存在や価値	共通性や固有性	根拠	様々な	多様性

(☆☆☆○○○○)

【3】次の各文は，中学校学習指導要領(平成29年3月告示)「第2章　各教
科」「第5節　音楽」「第2　各学年の目標及び内容」〔第2学年及び第3
学年〕「2　内容」の一部を抜粋したものである。文中の(a)〜(e)
に当てはまる語句の正しい組合せを選びなさい。

A 表現

　(略)

(3) 創作の活動を通して，次の事項を身に付けることができるよう指導する。

　ア 創作表現に関わる知識や技能を得たり生かしたりしながら，(a)創作表現を創意工夫すること。

　イ 次の(ア)及び(イ)について，表したいイメージと関わらせて理解すること。

　　(ア) 音階や言葉などの特徴及び(b)の特徴

　　(イ) (c)の特徴及び音の重なり方や反復，(d)などの構成上の特徴

　ウ 創意工夫を生かした表現で旋律や音楽をつくるために必要な，(e)音の選択や組合せなどの技能を身に付けること。

	a	b	c	d	e
①	まとまりのある	音やフレーズ	リズム	変化，対照	楽器の特徴を生かした
②	即興性を大切にした	音のつながり方	リズム	変化，対照	楽器の特徴を生かした
③	即興性を大切にした	音やフレーズ	音素材	呼びかけとこたえ	楽器の特徴を生かした
④	まとまりのある	音のつながり方	音素材	変化，対照	課題や条件に沿った
⑤	まとまりのある	音のつながり方	リズム	呼びかけとこたえ	課題や条件に沿った

(☆☆☆○○○○○)

【4】 次の表は，「小学校，中学校，高等学校及び特別支援学校等における児童生徒の学習評価及び指導要録の改善等について(通知)」(平成31年3月文部科学省初等中等教育局長)の「別紙4 各教科等・各学年等の評価の観点等及びその趣旨」音楽の一部を抜粋したものである。表中の(A)～(D)に当てはまる語句の正しい組合せを選びなさい。

(1)　評価の観点及びその趣旨
＜中学校　音楽＞

観点	知識・技能	思考・判断・表現	（　Ａ　）
趣旨	・曲想と音楽の構造や背景などとの関わり及び音楽の多様性について理解している。 ・創意工夫を生かした音楽表現をするために必要な技能を身に付け，（　Ｂ　）で表している。	音楽を形づくっている要素や要素同士の関連を知覚し，それらの働きが生み出す特質や雰囲気を感受しながら，知覚したことと感受したこととの関わりについて考え，（　Ｃ　）について思いや意図をもったり，音楽を評価しながらよさや美しさを味わって聴いたりしている。	音や音楽，音楽文化に親しむことができるよう，音楽活動を楽しみながら主体的・（　Ｄ　）に表現及び鑑賞の学習活動に取り組もうとしている。

	A	B	C	D
①	主体的に学習に取り組む態度	音楽表現や批評文等	自己の音楽表現	協働的
②	学びに向かう力・人間性等	歌唱，器楽，創作	自己の音楽表現	対話的
③	学びに向かう力・人間性等	音楽表現や批評文等	どのように表すか	協働的
④	学びに向かう力・人間性等	歌唱，器楽，創作	どのように表すか	対話的
⑤	主体的に学習に取り組む態度	歌唱，器楽，創作	どのように表すか	協働的

（☆☆☆◎◎）

【5】次の各文は，中学校学習指導要領(平成29年3月告示)「第2章　各教科」「第5節　音楽」「第3　指導計画の作成と内容の取扱い」の一部を抜粋したものである。文中の（　ａ　）～（　ｃ　）に当てはまる語句を答えなさい。

2 第2の内容の取扱いについては，次の事項に配慮するものとする。

(1) 各学年の「A表現」及び「B鑑賞」の指導に当たっては，次のとおり取り扱うこと。

(略)

イ 音楽によって喚起された自己のイメージや感情，音楽表現に対する(a)，音楽に対する(b)などを伝え合い共感するなど，音や音楽及び言葉によるコミュニケーションを図り，音楽科の特質に応じた(c)を適切に位置付けられるよう指導を工夫すること。

(☆☆☆◎◎◎◎)

【高等学校】

【1】次の文は，高等学校学習指導要領解説芸術(音楽 美術 工芸 書道)編 音楽編 美術編(平成30年文部科学省)「第1部 芸術編」「第2章 各科目」「第1節 音楽Ⅰ」「1 性格」の一部を抜粋したものである。文中の(a)～(d)に当てはまる語句の正しい組合せを選びなさい。

「音楽Ⅰ」は，(a)，「A表現」の「(1)歌唱」，「(2)器楽」，「(3)創作」及び「B鑑賞」についての幅広い活動を展開し，音楽的な見方・考え方を働かせ，生活や社会の中の音や音楽，音楽文化と幅広く関わる資質・能力を育成することを目指しており，「音楽Ⅱ」，「音楽Ⅲ」における(b)を養う科目という性格を有している。

今回の改訂では，科目の目標を「(1)知識及び技能」，「(2)思考力，判断力，表現力等」，「(3)(c)」の三つの柱に位置付けて示している。また，内容については，「A表現」，「B鑑賞」及び〔共通事項〕から構成した上で，アとして「思考力，判断力，表現力等」に関する資質・能力，イとして「知識」に関する資質・能力，ま

95

たウとして「技能」に関する資質・能力を示しているが，「技能」については，創意工夫を生かした音楽表現をするために必要な技能として整理し，（　d　）に位置付けている。

	a	b	c	d
①	中学校音楽科における学習を基礎にして	発展的な学習の基礎	学びに向かう力，人間性等	「A表現」のみ
②	高等学校芸術科における学習の基礎として	発展的な学習の基礎	主体的に学習に取り組む態度	「A表現」及び「B鑑賞」
③	中学校音楽科における学習を基礎にして	学習の素地	学びに向かう力，人間性等	「A表現」及び「B鑑賞」
④	中学校音楽科における学習を基礎にして	発展的な学習の基礎	主体的に学習に取り組む態度	「A表現」のみ
⑤	高等学校芸術科における学習の基礎として	学習の素地	学びに向かう力，人間性等	「A表現」及び「B鑑賞」

(☆☆◎◎)

【２】次の各文は，高等学校学習指導要領(平成30年3月告示)「第2章　各学科に共通する各教科」「第7節　芸術」「第2款　各科目」「第1　音楽Ⅰ」の一部を抜粋したものである。文中の(　A　)～(　E　)に当てはまる語句の正しい組合せを選びなさい。

1　目標
　音楽の幅広い活動を通して，音楽的な(　A　)を働かせ，生活や社会の中の音や音楽，音楽文化と幅広く関わる資質・能力を次のとおり育成することを目指す。
(1)　曲想と音楽の構造や文化的・歴史的背景などとの関わり及び音楽の多様性について理解するとともに，創意工夫を生かした音楽表現をするために必要な技能を身に付けるようにする。
(2)　(　B　)をもって音楽表現を創意工夫することや，音楽を

　　（　C　）しながらよさや美しさを自ら味わって聴くことができるようにする。

(3)　主体的・（　D　）に音楽の幅広い活動に取り組み，生涯にわたり音楽を愛好する心情を育むとともに，感性を高め，音楽文化に親しみ，音楽によって（　E　）を明るく豊かなものにしていく態度を養う。

	A	B	C	D	E
①	見方・考え方	基礎的な技能	評価	対話的	生活や社会
②	見方・考え方	自己のイメージ	分析	対話的	自他の将来
③	思考力・判断力・表現力等	基礎的な技能	分析	協働的	自他の将来
④	見方・考え方	自己のイメージ	評価	協働的	生活や社会
⑤	思考力・判断力・表現力等	自己のイメージ	評価	対話的	自他の将来

(☆☆☆○○○○○)

【3】次の文は，高等学校学習指導要領解説芸術(音楽　美術　工芸　書道)編　音楽編　美術編(平成30年文部科学省)「第1部　芸術編」「第2章　各科目」「第1節　音楽Ⅰ」「2　目標」の一部を抜粋したものである。文中の（　A　）～（　E　）に当てはまる語句の正しい組合せを選びなさい。

科目の目標　(1)

(1)　曲想と音楽の構造や文化的・歴史的背景などとの関わり及び音楽の多様性について理解するとともに，創意工夫を生かした音楽表現をするために必要な技能を身に付けるようにする。

(略)

　芸術科音楽における「知識」の習得に関する指導に当たっては，主に次の二点が重要である。一点目は，音楽を形づくっている要

97

素などの（　A　）について（　B　）を伴いながら理解し，表現や鑑賞
など（　C　）ことができるようにすること，二点目は，音楽に関す
る歴史や文化的（　D　）を，表現や鑑賞の活動を通して，（　E　）
との関わりの中で理解できるようにすることである。

	A	B	C	D	E
①	働き	音楽活動	の技能を身に付ける	意義	自己
②	特徴	実感	に生かす	意義	自他
③	特徴	音楽活動	に生かす	背景	自他
④	働き	実感	に生かす	意義	自己
⑤	特徴	実感	の技能を身に付ける	背景	自己

（☆☆☆◎◎）

【４】次の文は，高等学校学習指導要領解説芸術(音楽　美術　工芸　書
道)編　音楽編　美術編(平成30年文部科学省)「第1部　芸術編」「第2
章　各科目」「第1節　音楽Ⅰ」「2　目標」の一部を抜粋したものであ
る。文中の（　A　）～（　E　）に当てはまる語句の正しい組合せを選び
なさい。ただし，同じ記号には同じ語句が入る。

科目の目標　(3)

(3)　主体的・(省略)に音楽の幅広い活動に取り組み，生涯に
わたり音楽を愛好する心情を育むとともに，感性を高め，
音楽文化に親しみ，音楽によって(省略)を明るく豊かなもの
にしていく態度を養う。

(略)

生涯にわたり音楽を愛好する心情を育むためには，音楽活動を
通して，音や音楽のよさや美しさなどを（　A　）とともに，表現
（　B　）をもって音楽で表したり，味わって聴いたりする力を育成
する必要がある。

(略)

　感性とは，音や音楽のよさや美しさなどの(C)な世界を(D)ものとして(A)ときの心の働きを意味している。音楽が醸し出す「軽やかさ」や「輝かしさ」などの(C)な世界を認識することは，音楽だけではなく，あらゆるもののよさや美しさなどを感じ取り，そこに(E)ことにつながっていく。

	A	B	C	D	E
①	聴き取る	意欲	美的	価値ある	愛着をもつ
②	感じ取る	意図	質的	価値ある	価値を見いだす
③	聴き取る	意図	美的	価値ある	価値を見いだす
④	感じ取る	意欲	質的	かけがえのない	価値を見いだす
⑤	感じ取る	意図	美的	かけがえのない	愛着をもつ

(☆☆☆○○○)

【5】次の各文は，高等学校学習指導要領(平成30年3月告示)「第2章　各学科に共通する各教科」「第7節　芸術」「第2款　各科目」「第1　音楽Ⅰ」「2　内容」の一部を抜粋したものである。文中の(a)～(c)に当てはまる語句を答えなさい。ただし，同じ記号には同じ語句が入る。

〔共通事項〕
　表現及び鑑賞の学習において共通に必要となる資質・能力を次のとおり育成する。
(1) 「A表現」及び「B鑑賞」の指導を通して，次の事項を身に付けることができるよう指導する。
　　ア　音楽を形づくっている要素や要素同士の関連を(a)し，それらの働きを(b)しながら，(a)したことと(b)したこととの関わりについて考えること。
　　イ　音楽を形づくっている要素及び音楽に関する用語や記号などについて，音楽における働きと(c)理解すること。

(☆☆☆○○○)

解答・解説

【中高共通】

【1】②

〈解説〉それぞれの曲の作詞者は，アは江間章子，イは菊田一夫，ウは吉丸一昌，エは北見志保子，オは北原白秋である。日本の歌曲について主なものは作詞・作曲者名をあわせて覚えておきたい。

【2】⑤

〈解説〉ア　宮城県牡鹿半島の沿岸地域で歌われた櫓漕ぎ歌が元になって広まっていった大漁唄。　イ　香川県の金刀比羅宮を題材とした民謡でお座敷唄として広まった。　ウ　長野県小諸市発祥の馬子唄。　エ　宮城県西臼杵郡で歌われてきた労働歌。稗を臼に入れてつくときに歌われた。　オ　静岡鉄道が宣伝のために北原白秋に歌詞を依頼してできた新民謡。

【3】②

〈解説〉A　エはスコットランド民謡を原曲としている。　B　エはドイツ出身。　C　イはオペラ。　D　ウは長野県の民謡。

【4】①

〈解説〉レに♯がついており，シについていないので，♯4つ～6つの調が考えられる。E dur, H dur, Fis dur, cis moll, gis moll, dis mollのうち，cis mollはシに導音上がりの♯がつかないので当てはまらない。

【5】⑤

〈解説〉設問の「その長さが，楽器の名前の由来にもなったと言われている」の部分から尺八と判断できる。江戸時代には幕府により尺八は法器として虚無僧のみが演奏するものと定められていた。普化宗が廃止された明治時代になってから尺八は楽器として一般に普及した。尺八

の長さは一尺八寸で約54.5cm。三味線や箏についても学習しておこう。

【6】④

〈解説〉シューベルト作曲「魔王」の原調はg mollである。教科書ではe mollに転調してあることも多い。調の移り変わりは教科書にも掲載されているので確認し，歌詞の内容と曲調を把握しよう。

【7】⑤

〈解説〉誤っている選択肢について，アは外来の音楽を起源とする舞楽と管弦の他に，平安時代に民謡を編曲したり漢詩に旋律をつけるなどして日本で作られた歌物，日本古来の歌舞をもとにして平安時代に完成した国風歌舞もある。　イ　右舞は朝鮮半島などから伝わった高麗楽を用いる。催馬楽は歌物で平安時代の日本各地の民謡やはやり歌をもとにしたものである。　エ　能管は能で使用される横笛で間違い。正しくは，篳篥と竜笛である。

【8】⑤

〈解説〉各リコーダーの音域は覚えておこう。編曲して合奏することなど考えられるので，出しやすい音域や運指もあわせて学習しておきたい。

【9】②

〈解説〉アは「小節(こぶし)」と表記され，楽譜には表記されない微妙な節回しの歌い方である。イは活気づけ，調子を整えるために挿入される言葉を指す。ウについて，絵譜であらわされている民謡は，拍にのっているとも記述されており八木節様式の曲とわかる。「江差追分」と「南部牛追い歌」は拍節がない様式である追分様式である。

【10】③

〈解説〉ギターの開放弦は第6弦からミ・ラ・レ・ソ・シ・ミとなり，1フレットごとに半音上がる。よって，⑦・⑨・⑪はソ，④・⑤はラ，⑥

・㋖はド，㋕はファである。

【11】 ㋐ f 　 ㋑ e 　 ㋒ a 　 ㋓ d 　 ㋔ b 　 ㋕ c

〈解説〉㋐はシテ方が橋掛りに登場する時に，幕の裾の左右につけた竹竿で幕を持ちあげるところからの名称である。㋑は揚幕から本舞台へとつながる廊下部分で，幕の奥に見立てた世界と本舞台で演じられている世界をつなぐ橋のようなものと見立てられる。㋒～㋕は四拍子の楽器それぞれの位置を表している。下手側から太鼓・大鼓・小鼓・笛の順番で座る位置が決まっている。能の舞台はどこを問われても名称を答えられるようにしておこう。

【12】 ア　公表(発表等)　　イ　営利(利益，報酬等)　　ウ　出所(出どころ等)

〈解説〉著作権法第38条によると，「公表された著作物は，営利を目的とせず，かつ，聴衆または観衆から料金(いずれの名義をもつてするかを問わず，著作物の提供または提示につき受ける対価をいう。以下この条において同じ。)を受けない場合は，公に上演し，演奏し，上映し，又は口述することができる。」とある。

【13】 楽曲名…組曲『動物の謝肉祭』より　象　　作曲者名…カミーユ・サン＝サーンス

Allegretto pomposo ($\flat$ = 100)

〈解説〉コントラバスのパートという表現からも，サン＝サーンス作曲の組曲「動物の謝肉祭」の第5曲「象」と判断できる。コントラバスは記譜音が実音より1オクターブ高く書かれており，バリトンサックスはE♭管なので，1オクターブと長6度高く記譜すればよい。原調はEs durなので長6度あげてC durにする。

【14】① Ⅰ バッハ　Ⅱ シューベルト　② A ハ　B ロ
③ a 主題　b 声部　c 繰り返され　d 発展　④ 魔王
〈解説〉① Ⅰは太郎のセリフに含まれている音名をドイツ音名にした
「BA○○」からも判断できる。Ⅱは楽譜よりシューベルト作曲「魔王」
の魔王と子どものセリフの部分と判断できる。　② バッハは「Bach」
と書く。　③ フーガは同じ旋律が変形したり形を変えたりして複数
の声部に現れ展開していく。バッハのフーガをスコアを見ながら鑑賞
するとフーガ形式の面白さがより理解できる。　④ 楽譜より，シュ
ーベルト作曲「魔王」である。

【15】① 作曲者名…L.v.ベートーヴェン　楽曲名…交響曲第五番　ハ
短調　第四楽章　② ソナタ形式　③ A 左　B 全　C 強
D 半　E 弱
〈解説〉① 平調子の調弦は授業で使われることの多いEを基音とした調
弦で「ミ・ラ・シ・ド・ミ・ファ・ラ・シ・ド・ミ・ファ・ラ・シ」
であることから，第一主題の楽譜は「ドーミーソーーファミレドレド
ー」となり，ベートーヴェン作曲交響曲第五番第四楽章の主題と判断
できる。　② 第一楽章と第四楽章はソナタ形式，第二楽章は変奏曲，
第三楽章は複合三部形式である。　③ 押し手の奏法は「オ」「ヲ」
を弦名の横に記譜する。

【16】

〈解説〉Es durの第6音はド。それを音階の第3音とする長調はAs dur。
その属音はミ♭でそれが第4音となる短調はb moll。調号は♭5つ，
和声短音階で第7音を半音上げるのでラに♮をつける。

【17】23時43分3秒
〈解説〉Ⓐ音の直前までの部分は，3(拍)×339(小節)×60÷60(速さ)＝1017
秒で16分57秒かかる。0時からこれを逆算する。

【中学校】

【1】①

〈解説〉a, b　A　表現　(1)イ(イ)は，歌唱表現における知識に関する資質・能力について述べている。言葉の抑揚やアクセント，リズム，言語の持つ音の特性が旋律やリズムに関わり合って音楽を成していることを楽曲を通して理解し，それらの特徴を表すための発音や歌い方を生徒が音楽活動を通して試しながら，両者の関わりを捉えていけるような指導が求められている。　c, d　A　表現　(1)ウ(ア)(イ)は，歌唱表現における技能に関する資質・能力について述べている。生徒が必要性を感じながら技術を身に付けていくことが求められている。

【2】③

〈解説〉a, b　B　鑑賞　(1)ア(ア)～(ウ)の事項は，鑑賞領域における思考力・判断力・表現力等に関する資質・能力について述べている。人々の生活の中で，また集団の組織的な営みの中で，音楽がどのような価値をもち，どのような役割を果たしてきたのかということを知り，音楽と人々の営みの関わりに生徒自身が気づき自分の音楽に対する価値観や判断力を深められるようにする指導が求められている。c～e　B　鑑賞　(1)イ(ア)～(ウ)の事項は，鑑賞領域における知識に関する資質・能力について述べている。根拠をもって音楽を判断するには比較する音楽の曲想と構造の関わりや，文化的，歴史的背景など，その音楽がもつ共通性や固有性に気づくことが必要である。

【3】④

〈解説〉a　空欄部分は第1学年にはない表現で，生徒が音楽を形づくっている要素の働かせ方をいろいろと試しながらまとまりのある音楽をつくるための工夫点を見いだすことを，第2・3学年では求められている。b～d　A　表現　(3)イ(ア)(イ)は，創作分野における知識に関する資質・能力に関する記述である。第1学年の学習を基盤とし，さらに学習内容を充実するとともに，音素材及び音の重なり方や反復，変化，

対照などによって生み出される特質や雰囲気と自分が表したいイメージとの関わりを捉えていくことが，この事項では求められている。

e　A　表現　(3)ウは，創作分野における技能に関する資質・能力の記述である。自分の思いや意図を，作った音楽によって他者に伝えられるようにすることを一層意識させることが，より確かな技能の習得につながることも考慮したい，と中学校学習指導要領解説第3章第2節の2(1)には示されている。

【4】⑤
〈解説〉A　文部科学省による学習評価の改善点によると，学習指導要領の各教科の目標と内容の3本柱の1つである「学びに向かう力，人間性等」と一体化した評価のために，「主体的に学習に取り組む態度」という観点が設定された。　B　学習指導要領でも取り上げられている内容の表現の領域の3つの分野である。　C　「思考・判断・表現」の評価は，各教科等の知識及び技能を活用して課題を解決する等のために必要な思考力，判断力，表現力等を身に付けているかどうかを評価するものである。新学習指導要領に示された，各教科等における思考力，判断力，表現力等に関わる目標や内容の規定を踏まえ，各教科等の特質に応じた評価方法の工夫改善を進めることが重要である。　D　基本的な改訂の考えにもあげられているが，「感性を働かせ，他者と協働しながら，音楽表現を生み出したり音楽を聴いてそのよさや美しさなどを見いだしたりすることができるよう」に内容の改善が図られた。

【5】a　思いや意図　　b　評価　　c　言語活動
〈解説〉内容の取扱いについて配慮する事項としてア～カまで6つあげられている。他の事項についても確認しておくこと。記述式の問題なので文言をしっかり覚えるのは勿論，内容についても深い理解が必要である。

【高等学校】

【1】①

〈解説〉高等学校学習指導要領解説芸術編第1章第4節の2より，「Ⅰ」を付した科目は，「中学校の学習を基礎にして，表現活動と鑑賞活動について幅広い学習を通して，創造的な芸術に関する資質・能力を伸ばすことをねらいとしている。」とある。「Ⅱ」「Ⅲ」を付した科目は「興味・関心等に応じて発展的な学習として履修することを原則と」している。

【2】④

〈解説〉音楽Ⅰの目標からの出題である。目標は(1)に「知識及び技能」の習得に関すること，(2)に「思考力，判断力，表現力等」の育成に関すること，(3)に「学びに向かう力，人間性等」の涵養に関することを示すことによって構成されている。各学年の違いについても整理して覚えよう。

【3】④

〈解説〉ここでは「知識」の習得に関する指導について問われている。同項目に「技能」について，芸術科音楽における「技能」の習得に関する指導に当たっては，一定の手順や段階を追って身に付けることができるようにするのみでなく，変化する状況や課題などに応じて主体的に活用できる技能として身に付けることができるようにすることが重要である，と示されている。

【4】②

〈解説〉設問にあげられている(3)は，「学びに向かう力，人間性等」の涵養に関する目標である。それぞれの語句について詳細に説明されているので，理解を深めること。(1)〜(3)の目標について整理して覚えよう。

【5】a　知覚　　b　感受　　c　関わらせて

〈解説〉音楽Iの〔共通事項〕についての出題である。〔共通事項〕の音楽の要素，音楽に関する用語や記号についての問題は頻出である。中学校学習指導要領をあわせて学習し，記述できるようにしておこう。

2020年度　実施問題

【中学校】

【1】次の文は，中学校学習指導要領(平成29年告示)「第2章　各教科」「第5節　音楽」「第1　目標」を抜粋したものである。文中の(ア)～(オ)に当てはまる語句の正しい組合せを選びなさい。ただし，同じ記号には同じ語句が入る。

> 　表現及び鑑賞の幅広い活動を通して，(ア)見方・考え方を働かせ，生活や社会の中の音や音楽，音楽文化と豊かに関わる資質・能力を次のとおり育成することを目指す。
> 　(1)　曲想と音楽の構造や背景などとの関わり及び音楽の(イ)について理解するとともに，(ウ)を生かした音楽表現をするために必要な技能を身に付けるようにする。
> 　(2)　音楽表現を(ウ)することや，音楽の(エ)を味わって聴くことができるようにする。
> 　(3)　音楽活動の楽しさを体験することを通して，音楽を愛好する心情を育むとともに，音楽に対する感性を豊かにし，音楽(オ)態度を養い，豊かな情操を培う。

	ア	イ	ウ	エ	オ
①	音楽的な	多様性	思考・判断	全体の構造	を追究する
②	音楽科の	可能性	創意工夫	全体の構造	に親しんでいく
③	音楽的な	可能性	思考・判断	よさや美しさ	を追究する
④	音楽科の	多様性	創意工夫	全体の構造	を追究する
⑤	音楽的な	多様性	創意工夫	よさや美しさ	に親しんでいく

(☆☆☆◎◎◎)

【2】次の文は，中学校学習指導要領解説音楽編(平成29年文部科学省)「第2章　音楽科の目標及び内容」「第2節　音楽科の内容」「2　各領域

及び〔共通事項〕の内容」「(1) 表現領域の内容」の一部を抜粋したものである。文中の(ア)〜(オ)に当てはまる語句の正しい組合せを選びなさい。ただし，同じ記号には同じ語句が入る。

① 音楽の素材としての音

　音楽は音から成り，音楽表現は音を媒体とする。したがって，まず音について知ることが必要となる。音楽の素材としての音には，声や楽器の音のみならず，(ア)や環境音など私たちを取り巻く様々な音も含まれる。

　声については，一人一人の声は個性的で，多様な表現の可能性を秘めている。また，民族や時代，あるいは様式や曲種によって様々な表現方法があり，それぞれに応じた(イ)てきた。言語のもつ音質，発音やアクセントなどが，旋律やリズム，あるいは，曲の構成などに影響を与えている場合もある。したがって，一人一人の声の持ち味を生かし，(ウ)に応じた発声を工夫し，歌詞のもつ言語的特性などを大切にした表現活動を行うことが重要となる。

　楽器については，材質，形状，(エ)，奏法などから様々に分類され，それぞれ特徴のある音をもっている。例えば，木，金属，皮などの素材の違いにより，そこから生まれる楽器の音の特徴が異なってくる。したがって，様々な楽器がどのような(エ)や構造上の特徴をもっているかといった点を押さえ，(オ)ことが大切となる。

	ア	イ	ウ	エ	オ
①	自然音	楽曲が作られ	曲種	発音原理	的確に理解する
②	電子音	発声の仕方が用いられ	曲種	音域	それらを生かす
③	自然音	楽曲が作られ	発達段階	音域	的確に理解する
④	自然音	発声の仕方が用いられ	曲種	発音原理	それらを生かす
⑤	電子音	発声の仕方が用いられ	発達段階	発音原理	的確に理解する

(☆☆☆◎◎◎)

【3】次の文は，中学校学習指導要領解説音楽編(平成29年文部科学省)「第2章　音楽科の目標及び内容」「第2節　音楽科の内容」「2　各領域及び〔共通事項〕の内容」「(1)　表現領域の内容」の一部を抜粋したものある。文中の（　ア　）～（　オ　）に当てはまる語句の正しい組合せを選びなさい。ただし，同じ記号には同じ語句が入る。

③　音楽によって喚起されるイメージや感情

音楽は，その音楽固有の雰囲気や表情，味わいなどを醸し出している。これが曲想であり，一人一人が自己のイメージや感情を伴って，音楽との相互作用の中で感じ取ることになる。曲想は，（　ア　）によって生み出されるものであるから，（　ア　）を捉えることによって，曲想をより深く味わうことが可能となる。

曲想を感じ取りながら，それを（　ア　）との関わりにおいて再度捉え直すといった活動を繰り返すことによって，生徒の（　イ　）が質的に深まり，イメージや感情も広がり豊かになる。したがって，生徒一人一人がこうしたイメージや感情を意識し，自己認識をしながら表現活動を進めていくことが大切になる。

④　音楽の表現における技能

生徒が音楽で表現したい思いや意図を声や楽器，楽譜などを使って表現するためには，技能が必要である。発声や発音，楽器の奏法，音楽をつくる技能などを習得し，音楽に対する解釈やイメージ，曲想などを（　ウ　）に表現することが重要となる。また，身体をコントロールし，姿勢，呼吸法，（　エ　）などを意識することも大切である。

技能は，音楽を形づくっている要素や要素同士の関連を知覚し，特質や雰囲気を感受し，それらの関わりについて考え，そこから導き出される表現の創意工夫を通して，その（　オ　）されなければならない。したがって，音楽表現における技能

の指導は，こうした一連の活動の中に適切に位置付けられるものである。

	ア	イ	ウ	エ	オ
①	音楽の特性	音楽的な理解	適切	発声法	技能が体得
②	音楽の構造	音楽的な理解	自然	身体の動き	技能が体得
③	音楽の構造	感じ取った内容	適切	身体の動き	必要性が実感
④	音楽の特性	感じ取った内容	適切	発声法	技能が体得
⑤	音楽の構造	感じ取った内容	自然	発声法	必要性が実感

(☆☆☆○○○)

【4】次の文は，中学校学習指導要領(平成29年告示)「第2章　各教科」「第5節　音楽」「第2　各学年の目標及び内容」〔第2学年及び第3学年〕「2　内容」「B　鑑賞」である。文中の(A)〜(E)に当てはまる語句の正しい組合せを選びなさい。

(1)　鑑賞の活動を通して，次の事項を身に付けることができるよう指導する。

ア　鑑賞に関わる知識を得たり生かしたりしながら，次の(ア)から(ウ)までについて考え，音楽のよさや美しさを味わって聴くこと。

(ア)　曲や演奏に対する評価と(A)

(イ)　(B)における音楽の意味や役割

(ウ)　音楽表現の共通性や(C)

イ　次の(ア)から(ウ)までについて理解すること。

(ア)　曲想と音楽の構造との関わり

(イ)　音楽の特徴とその背景となる文化や歴史，(D)との関わり

(ウ)　我が国や郷土の伝統音楽及び(E)の様々な音楽の特徴と，その特徴から生まれる音楽の多様性

	A	B	C	D	E
①	解釈	生活や社会	独創性	他の芸術	諸民族
②	解釈	自他の生活	固有性	作曲者の意図	諸外国
③	その根拠	生活や社会	独創性	作曲者の意図	諸外国
④	その根拠	生活や社会	固有性	他の芸術	諸外国
⑤	解釈	自他の生活	固有性	作曲者の意図	諸民族

(☆☆☆◎◎◎)

【5】次のA～Eを意味する音楽用語となるよう「ア～オ」と，「あ～お」
の言葉を組合せるとき，正しい組合せを選びなさい。

A　歌にあわせて　　　B　弱音器を付けて　　　C　2分の2拍子で

D　1本の弦で　　　　E　自由に

ア　ad　　　あ　sordino

イ　con　　　い　corda

ウ　una　　　う　canto

エ　alla　　　え　libitum

オ　col　　　お　breve

	A	B	C	D	E
①	オ　う	イ　あ	エ　お	ウ　え	ア　い
②	エ　お	ウ　い	オ　あ	イ　う	ア　え
③	イ　お	ウ　い	オ　あ	ア　え	エ　う
④	オ　う	イ　あ	エ　お	ウ　い	ア　え
⑤	オ　う	ア　え	エ　お	ウ　い	イ　あ

(☆☆☆◎◎)

【6】次のア～オは，楽曲の強弱を示すものである。左から弱い順に正し
く配列したものを選びなさい。

ア　*f*

イ　*poco p*

ウ　*piu f*

エ　*p*

オ　*meno f*

①	エ	イ	オ	ア	ウ
②	イ	エ	ア	ウ	オ
③	エ	イ	ウ	オ	ア
④	エ	イ	ウ	ア	オ
⑤	イ	エ	ア	オ	ウ

(☆☆◎◎)

【7】次のそれぞれの作曲家が作曲した作品として正しい組合せを選びな
さい。

ア　管弦楽曲「管弦楽のための協奏曲」

イ　鳥のカタログ

ウ　ルーマニア民族舞曲

エ　月に憑かれたピエロ

オ　ソナタとインタリュード

カ　トゥーランガリーラ交響曲

キ　4分33秒

ク　交響詩「ペレアスとメリザンド」

	シェーンベルク	メシアン	ケージ	バルトーク
①	オ　ウ	カ　ク	エ　キ	ア　イ
②	エ　ク	イ　カ	ア　オ	ウ　キ
③	エ　オ	カ　ク	ア　イ	ウ　キ
④	オ　ウ	イ　カ	エ　キ	ア　ク
⑤	エ　ク	イ　カ	オ　キ	ア　ウ

(☆☆☆☆◎◎)

【8】次のア～オの各文は，文楽について説明したものである。正しいも
のを○，間違っているものを×とした時，正しい組合せを選びなさい。

ア　主遣いは，様々な登場人物のセリフ，心理描写や情景描写などを
一人で語り分ける。

イ　廻り舞台という，建物などのセットを載せたまま回転させる仕掛
けがある。

ウ　人形と観客の視線がほぼ平行になるように，40cmほど低くして見やすくした船底という独特な舞台がある。

エ　義太夫節は物語を歌って聴かせることを主体とした歌い物という音楽である。

オ　義太夫節は主に文楽と歌舞伎で使われる音楽であり，歌舞伎の義太夫節のことを「竹本」と呼ぶ。

	ア	イ	ウ	エ	オ
①	○	○	×	○	○
②	×	×	○	○	×
③	○	×	×	×	○
④	×	○	○	○	×
⑤	×	×	○	×	○

(☆☆☆◎◎)

【9】次の「交響詩」について説明した文章の空欄にあてはまる言葉として正しい組合せを選びなさい。

> 19世紀半ばに生まれた管弦楽による(ア)の一種で，詩的，絵画的，観念的内容と結びつきをもとうとするものであり，この名称の最初の使用者は(イ)である。この呼称は，多くは1楽章形式の場合に用いられ，ベルリオーズの「(ウ)」のような多楽章形式の曲は交響詩と区別されることもあるが，両者は性格の点で近親性をもっている。19世紀の国民主義はその隆盛に好適な土壌となり，自国の風景や生活や伝説が好んで描かれたスメタナの「わが祖国」，ボロディンの「(エ)」，や(オ)の「フィンランディア」等が有名である。

	ア	イ	ウ	エ	オ
①	絶対音楽	ワーグナー	ファウストの劫罰	中央アジアの草原で	シベリウス
②	標題音楽	ワーグナー	ファウストの劫罰	ポロヴェツ人の踊り	グリーグ
③	標題音楽	リスト	幻想交響曲	中央アジアの草原で	シベリウス
④	絶対音楽	リスト	ファウストの劫罰	ポロヴェツ人の踊り	グリーグ
⑤	標題音楽	リスト	幻想交響曲	中央アジアの草原で	グリーグ

(☆☆☆◎◎◎)

【10】 次の歌唱曲のうち，同じ拍子の楽曲の組合せになっているものを選びなさい。

ア
君が代(古歌／林広守作曲)
赤とんぼ(三木露風作詞／山田耕筰作曲)

イ
荒城の月(土井晩翠作詞／滝廉太郎作曲)
夏の思い出(江間章子作詞／中田喜直作曲)

ウ
花(武島羽衣作詞／滝廉太郎作曲)
花の街(江間章子作詞／團伊玖磨作曲)

エ
早春賦(吉丸一昌作詞／中田章作曲)
浜辺の歌(林古溪作詞／成田為三作曲)

オ
ふるさと(高野辰之作詞／岡野貞一作曲)
仰げば尊し(作詞・作曲者不明)

①	ウ	エ	オ
②	ア	イ	ウ
③	イ	ウ	エ
④	ア	ウ	オ
⑤	イ	エ	オ

(☆☆☆☆◎◎)

【11】以下は，ある生徒がM.ラヴェルについて調べたことをノートにメモしたものである。（　ア　）〜（　エ　）にあてはまる言葉として正しい組合せを選びなさい。

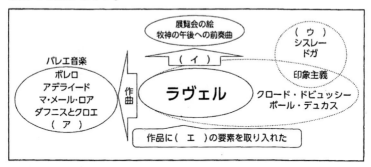

	ア	イ	ウ	エ
①	クープランの墓	管弦楽編曲	フェルメール	ブルース
②	ラ・ヴァルス	管弦楽編曲	モネ	ジャズ
③	クープランの墓	ピアノ編曲	フェルメール	ジャズ
④	クープランの墓	ピアノ編曲	モネ	ジャズ
⑤	ラ・ヴァルス	管弦楽編曲	フェルメール	ブルース

(☆☆☆◎◎)

【12】次のア〜エの各文は，パイプオルガンやそれに関連した事項・楽曲等について説明したものである。正しいものを○，間違っているものを×とした時，正しい組合せを選びなさい。

ア　コンソールと呼ばれる演奏台があり，手のための鍵盤であるマニュアルと足のための鍵盤であるペダルが備わっている。

イ　各鍵盤の音色・音質などを変化させるためのスイッチのようなものをストップと呼び，その数は大型のオルガンでは数十から数百に及ぶものがある。

ウ　パイプはフルー管とリード管があり，通常オルガンのパイプのリードはアコーディオンやハーモニカと同じ金属片でできているが，サクソフォンやバグパイプのリードは葦のリードが使われる。

エ　オルガン作品はバロック期に黄金期を迎え，19世紀から20世紀前半にかけても，メンデルスゾーン，リスト，シューマンなどが和声とリズムを強調してロマンティックなオルガン曲を書いている。

	ア	イ	ウ	エ
①	○	×	×	×
②	○	○	○	×
③	×	○	×	×
④	○	○	○	○
⑤	×	×	×	○

(☆☆☆☆◎◎)

【13】次の文は，中学校学習指導要領解説音楽編(平成29年文部科学省)「第4章　指導計画の作成と内容の取扱い」「2　内容の取扱いと指導上の配慮事項」の一部を抜粋したものである。文中の(ア)〜(カ)に当てはまる語句を答えなさい。ただし，同じ記号には同じ語句が入る。

---

(1)　各学年の「A表現」の(3)の創作の指導に当たっては，(ア)に音を出しながら音の(イ)を試すなど，(ウ)へと構成していく体験を重視すること。その際，(エ)に偏らないようにするとともに，必要に応じて作品を(オ)する方法を工夫させること。

(略)

(ア)に音を出すとは，創作の活動において，(エ)的な学習を先行させ過ぎたり，はじめからまとまりのある音楽をつくることを期待したりするのではなく，生徒がそのときの気持ちや気分にしたがって，自由に音を出してみることを意味する。したがって，自分で音を出し，出した音をよく聴き，音の(カ)を感じ取り，それを基に思考，判断するという流れが繰り返されるように指導を工夫し，生徒が，音の長

さ，高さなどを意識しながら音の(　イ　)を試すことなどができるようにすることが大切である。その際，音色や強弱など，リズムや旋律以外の音楽を形づくっている要素の働きが，生徒の思考，判断に影響している可能性があることを十分考慮する必要がある。

(☆☆☆◎◎◎)

【14】調や和音について，次の①〜③の問いに答えなさい。

①　ある調の曲が，属調に転調し，さらにその属調に転調した結果，5個の♭を調号とする長調の同主調となった。もとの調を答えなさい。

②　D durの音階と，c mollの和声短音階に共通して含まれる音によって構成される和音を五線譜に書き，そのコードネームを答えなさい。

③　Des durの導音を起点として全音音階を構成するとき，隣接する各2音のうち，2音間の音程が唯一減3度となる組合せの音名を2つ答えなさい。

(☆☆☆◎◎◎)

【15】次の楽譜はL.v.ベートーヴェン作曲「交響曲第5番ハ短調」の冒頭の部分である。これについて，①〜③の問いに答えなさい。

① （ ア ），（ イ ）に当てはまる楽器名を答えなさい。

② ウの楽語の意味を説明しなさい。

③ Viole(ヴィオラ)が演奏している旋律を，テノール譜表上に増4度高く移調し，調号を用いずに書きなさい。

（☆☆☆◎◎◎）

【16】箏曲「六段の調」について答えなさい。

①　次の楽譜は，初段の部分を五線譜と縦譜で表したものである。ア
　〜ウに当てはまる音符や漢数字を答えなさい。

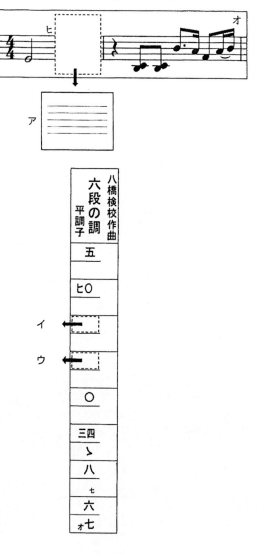

② この楽曲に代表されるいくつかの部分から構成された歌の入らない器楽曲のことを何と呼ぶか答えなさい。

③ この楽曲の特徴としても見られる，もともとは雅楽の用語で，形式上の区分などを指し，楽曲が進むにつれ速度が次第に速くなる状態のことを何と呼ぶか漢字で答えなさい。

(☆☆☆◎◎)

【17】以下は，日本の五音音階を用いて旋律を創作する授業について，若年教員の太郎先生と，中堅教員の花子先生が検討している際のホワイトボードと会話の様子である。これについて，あとの①～③の問いに答えなさい。

図【ホワイトボードの様子】

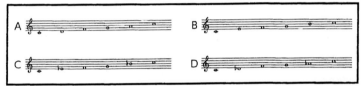

花子　今日は２学期からの創作の学習について，相談したいことがあるということでしたね。１学期は，A～Dの４つの音階の民謡を鑑賞したということでしたね。太郎先生は，どんな計画を考えているのですか。

太郎　はい，２学期の授業で創作の学習をする計画をしています。表現と鑑賞を関連させることが大事だということだったので，日本の代表的な五音音階の開始音をハにそろえた音階を生徒に選ばせ，それを使った創作を考えています。

花子　もし生徒に選ばせたら，好んで選びそうなのはBの音階かもしれませんね。１学期に民謡を教材としたのは，鑑賞の学習だけだったのですか。

太郎	いいえ，「八木節」と「ソーラン節」は実際に歌唱も行い，2つの民謡の特徴を比較する学習をしました。その歌唱の学習内容を創作に生かすならCの音階を使うのがいいですかね。

それがいいかもしれませんね。もしアルトリコーダーを使ってCの音階で創作するなら移調した方が良いかもしれませんね。	花子

①　A〜Dの音階の名称をそれぞれ答えなさい。

②　我が国の伝統音楽によくみられる，完全四度の音程間隔にある二つの音と，その間にある音との三音または四音からなる音の集合体のことを何と呼ぶかカタカナで答えなさい。

③　花子先生との検討を受けて，太郎先生はCの音階を長2度高く移調するか低く移調するか悩み，長2度高く移調することにしました。その意図について説明し，長2度高く移調した楽譜を五線譜に書きなさい。

(☆☆☆◎◎◎)

【18】A.ヴィヴァルディ作曲の「和声と創意の試み」第1集「四季」から「春」第1楽章をサキソフォンアンサンブルで演奏するために，編曲をしようとしている。次の楽譜は原曲の冒頭の部分の旋律である。この部分では全楽器をユニゾンで演奏することにより印象を強めようと考えた。以下の①〜③の条件に沿って楽譜を書きなさい。

①　Soprano Saxの開始音は五線に記譜してある音とし，Soprano SaxとAlto Saxは同じ高さの音で演奏するものとする。

②　Tenor SaxはAlto Saxの1オクターブ下の音で，Baritone SaxはTenor

Saxの1オクターブ下の音で演奏するものとする。
③ 臨時記号を用いず，必要な場合は調号を書き加えること。

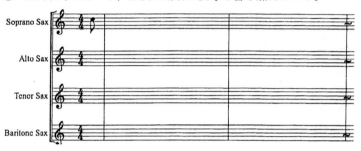

(☆☆☆☆○○○)

解答・解説

【中学校】

【1】⑤

〈解説〉中学校学習指導要領解説音楽編　第2章　第1節より，設問の空欄
アの「音楽的な見方・考え方」は音楽科の特質に応じた，物事を捉え
る視点や考え方であり，音楽科を学ぶ本質的な意義の中核をなすもの
である。設問の(1)は知識及び技能の習得に関する目標を示したもので，
空欄イは「知識」の習得，空欄ウは「技能」の習得に関するものであ
る。(2)は思考力・判断力・表現力等の育成に関する目標を示したもの
で，空欄ウは表現領域，空欄エは鑑賞領域に関するものである。(3)は
学びに向かう力・人間性等の涵養に関する目標で，空欄オは生涯にわ
たって音楽を親しみ，楽しみ，そのことが人間成長の一側面となるよ
うな態度を育てることを求めている。

【2】④

〈解説〉本資料　第2章　第2節　2(1)①より，空欄アは後述の「私たちを取り巻く様々な音」という表現から判断できる。空欄イは音楽の素材としての声について述べられていることから判断できる。空欄エは楽器の分類について述べられていることから判断できる。

【3】③

〈解説〉本資料　第2章　第2節　2(1)③④より，空欄ア・イは音楽の構造を解き明かすことが，生徒のイメージや感情を一層喚起することにつながるとしている。この時点で選択肢を③⑤に絞ることができる。空欄ウ・エ・オは表現をするために必要な技能を身に付けることについて述べられている箇所である。空欄ウは技能を身に付ける目的の部分であり，曲想をどのように表現するかを考えれば判断でき，全体の解答を導き出すことができる。

【4】④

〈解説〉中学校学習指導要領(平成29年告示)解説音楽編　第3章　第2節　2(2)より，設問のアは，鑑賞領域における「思考力，判断力，表現力等」に関する資質・能力である，曲や演奏に対する評価とその根拠について考え，音楽のよさや美しさを味わって聴くことができるようにすることをねらいとしている。空欄Aは，イ(イ)と関連させて，その音楽の背景となる文化や歴史，他の芸術との関わりが，音楽を形づくっている要素や音楽の構造としてどのように表れているのかを考え，そのことが，曲や演奏に対する評価とその根拠に生かされ，一層深く理解できるようにする。空欄Bは，様々な地域や時代の生活や社会において，これらの多種多様な音楽それぞれがもつ意味や，果たしている役割などについて生徒が考えることは，音楽を文化として捉え，音楽文化について考えることにつながっていく。空欄Cは，様々な感情を音楽で表す際，それぞれの音楽表現の特徴が異なっていることから，それぞれの固有性があることに気付いたりすることがあるとしてい

る。音楽科の目標でもある，生徒が音楽の多様性に対する興味・関心を広げ，音楽文化を尊重することにつなげることに関係するのは，他と区別される性質を示す「固有性」であると判断できる。この時点で解答を導き出せる。

【5】④

〈解説〉Aは歌を意味する「canto」，Dは1本を意味する「una」と弦を意味する「corda」，Eは日本語にも定着している「アドリブ」がヒントとなり解答をしぼることができる。「sordino」は弱音器，「breve」は二分音符を意味する。

【6】①

〈解説〉「poco」は「少し」または「あまり～でなく」の意味をもつので，イはエより強い。「meno」は「今までより少なく」の意味をもつので，オはアより弱い。「piu」は「meno」の反対で「より多く」の意味である。

【7】⑤

〈解説〉それぞれの作曲家の代表曲を押さえておく必要がある。「無調音楽」を創始したシェーンベルクの代表曲はエ，「偶然性の音楽」を創始したジョン・ケージの代表曲はキ，ハンガリー民族音楽に影響を受けたバルトークの代表作はウと判断できる。鳥類学者としても有名なオリヴィエ・メシアンは数々の鳥に関する楽曲を残している。そこからイが彼の楽曲であることが推測できる。

【8】⑤

〈解説〉アは「主遣い」は人形遣いの中心となる人の事なので間違い。正しくは「大夫」である。イの「廻り舞台」は歌舞伎の舞台装置のことなので間違い。文楽には大夫と三味線弾きが登場する「文楽廻し」がある。エの「歌い物」はメロディーを重視した叙情的な表現であり，

義太夫節は「語り物」で，歌詞・内容を伝えることを重視した表現である。

【9】③

〈解説〉ア　「絶対音楽」は歌詞を持たず，物語や絵画，文学といった他の芸術と結び付けない音楽そのものを表現しようとする音楽のことで，「標題音楽」の対義語にあたる。　イ　「ワーグナー」は楽劇の創始者である。　ウ　「幻想交響曲」はベルリオーズの最初の交響曲で5楽章からなる。本来，交響詩は単一楽章で切れ目なく演奏されるのが基本である。「ファウストの劫罰」は4部からなる楽劇。　エ　「ポロヴェツ人の踊り」はオペラ「イーゴリ公」のうちの1曲である。
オ　「フィンランディア」はシベリウス作曲の交響詩である。グリーグはノルウェーの作曲家である。

【10】③

〈解説〉アの「君が代」は4分の4拍子，「赤とんぼ」は4分の3拍子，イは4分の4拍子，ウは4分の2拍子，エは8分の6拍子，オの「ふるさと」は4分の3拍子，「仰げば尊し」は8分の6拍子である。

【11】②

〈解説〉ア　「クープランの墓」はピアノ組曲，のちに管弦楽として編曲した。　イ　公開解答は管弦楽編曲となっているが，「牧神の午後への前奏曲」はピアノ用編曲である。　ウ　「フェルメール」はバロック期の画家である。　エ　1928年に初めてアメリカに演奏旅行したラヴェルは当時降盛を極めていたジャズに影響を受けた。

【12】④

〈解説〉ア　「コンソール」は英語で制御盤，操作卓の意味をもつ。
イ　演奏台の両脇についているドアノブのようなものをストップという。特定の音色のパイプにだけ風を送るスイッチのような役目をして

いる。　ウ　パイプオルガンのパイプの吹き口には2種類あり，フルー管はリコーダーと同じ構造で歌口により発音，リード管は空気の流れでリードを振動させてパイプ全体を共鳴させる仕組みである。

エ　オルガン音楽の全盛期はバッハの代表作からもわかるように17〜18世紀前半である。ロマン派以降の作曲家も，オルガン曲や，オルガンを使った交響曲など作曲している。

【13】ア　即興的　　イ　つながり方　　ウ　音を音楽　　エ　理論　オ　記録　　カ　質感
〈解説〉本資料　第4章　第2節(7)より，この分野では創作の指導において，即興的に音を出しながら音のつながり方を試すなど，音を音楽へと構成していく体験を重視する事を示している。

【14】①　ces moll　(ハ短調)
②

コードネーム　G　　③　Ais(嬰イ)，C(ハ)
〈解説〉①　逆からたどっていくと，♭5個を持つ長調は，Des dur。その同主調はDes moll。Des mollを属調とするのは，その5度下のGes moll。それを属調とするのは，Ces mollである。公式解答は日本音階名がハ短調となっているが，変ハ短調と思われる。　②　D durは♯2つ，c mollは♭3つの調号をもつ調なので，共通音はD，G，H(短調の導音上がり)となり，Gを根音とする長三和音となる。　③　全音音階は2音間が全音となる。Des durの導音，Cから始まる全音音階は，C・D・E・Fis・Gis・Ais・Cで，AisとCの間のみ，減3度となる。

【15】①　ア　ホルン　　イ　トランペット　　②　同一の五線に記されている2つの楽器(ここでは第1クラリネットと第2クラリネット)に対し

てユニゾンで演奏することを指定するもの。

③

〈解説〉①　ア「corni」は伊語のホルン「corno」の複数形，イ「tromba」
伊語でトランペットを意味する。複数形で「trombe」　②　「ア・ドゥ
エ」と読む。2つのパートが1つの譜面上に記されている場合，それぞ
れが同じ音を演奏する時には外見上1つの声部であるように見えるが，
その1つの声部の音を2つのパートがユニゾンで演奏することを表す。
③　テノール譜はハ音記号を用いた譜で第4線がハ音となる。原調はc
mollなので，増4度上げると調はfis mollとなり，調号は♯3つとなる。

【16】①　ア

イ　三　　ウ　一二　　②　段物(調べ物)　　③　序破急

〈解説〉①　八橋検校作曲の「六段の調」はお正月によく耳にする箏の代
表曲である。平調子なので一と五は同じ音である。二は一より完全5
度低い音，三は一より完全4度低い音になる。アが解答できれば，
イ・ウはおのずと答えることができるだろう。　②　一曲が数段で構
成されているところから段物と呼ぶ。　③　「序」は緩徐でゆったりと
拍感が無く，「破」は徐々に拍子に合い，「急」は急速に加速する，三
部構成である。

【17】①　A　律(陽音階)　　B　沖縄(琉球音階)　　C　民謡(音階)
D　都節(陰音階)　　②　テトラコード(テトラコルド)　　③　Cの音
階は♭が2つ含まれており，創作の際，なるべく平易な運指にするた
めには，長2度高く移調することで，♯や♭といった調号を含まない
音階にすることができるから。

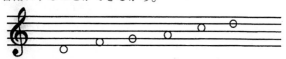

〈解説〉① Aの律音階は「長2度＋短3度」長2度あけて×2の組み合わせ
による音階。Bの琉球音階は「長3度＋短2度」，Cの民謡音階は「短3
度＋長2度」，Dの都節音階は「短2度＋長3度」の組み合わせである。
② 「4つの弦」という意味で，両端の音の隔たりが完全4度をなす4音
(または3音)音階。①の最初の3音(音の組み合わせとして説明したもの)
がこれに当たる。 ③ アルトリコーダーを使って，という点を考え
ると，花子先生のアドバイス通り移調して臨時記号のない音階にし，
運指を容易なものとする方が生徒の創作を助けるものとなる。長2度
上げれば調号がつかない。

【18】

〈解説〉原調はE durである。ソプラノサキソフォンはB♭管で，実音が長2
度低いので，指定された開始音が実音変ロ音になっていることから，
元の調を増4度下げB durにする必要がある。記譜では長2度高くするの
で，C durで記譜する。アルトサキソフォンはE♭管で，実音は記譜音よ
り長6度低いので，記譜は，B durの長6度上のG durにする。テナーサ
キソフォンはB♭管で，実音は記譜音の1オクターブと長2度低くなる。
記譜はソプラノサキソフォンと同じである。バリトンサキソフォンは
E♭管で，移調はアルトサキソフォンと同じだが，バリトンサキソフォ
ンの1オクターブ下の音なので，アルトサキソフォンを1オクターブ下
げて記譜する。

2019年度　　実施問題

【中高共通】

【1】次のA〜Dのそれぞれのグループの中に混ざっている質の異なる言葉を選んだとき，正しい組合せを選びなさい。

A　ア　cadenza　　イ　legato　　ウ　tenuto
　　エ　marcato　　オ　portamento

B　ア　bis　　イ　attacca　　ウ　coda
　　エ　da capo　　オ　dal segno

C　ア　morendo　　イ　calando　　ウ　smorzando
　　エ　diminuendo　　オ　perdendosi

D　ア　lamentoso　　イ　doloroso　　ウ　mesto
　　エ　pesante　　オ　dolente

	A	B	C	D
①	ア	イ	エ	エ
②	オ	イ	ウ	オ
③	ア	ア	ウ	エ
④	ア	イ	エ	オ
⑤	オ	ア	エ	エ

(☆☆☆◎◎◎)

【2】次のア〜オの各文は，どの楽曲の種類について説明したものか，正しい組合せを選びなさい。

ア	気まぐれで即興的な感じの小曲。
イ	一つの主題が調を変えて，色々な声部に追いかけるように現れる。
ウ	スペイン発祥の3拍子の宮廷舞曲で，荘重でゆるやかな曲想を特徴とする。
エ	自由な形式による即興的で幻想的な性格の楽曲。
オ	宗教的あるいは世俗的な内容を歌った多楽章の器楽付き声楽曲。

	ア	イ	ウ	エ	オ
①	スケルツォ	カノン	クーラント	アンプロンプチュ	オラトリオ
②	カプリッチョ	フーガ	サラバンド	ファンタジア	カンタータ
③	スケルツォ	カノン	サラバンド	ファンタジア	オラトリオ
④	カプリッチョ	フーガ	クーラント	ファンタジア	オラトリオ
⑤	カプリッチョ	カノン	サラバンド	アンプロンプチュ	カンタータ

(☆☆◎◎◎)

【3】次のア～オは，楽曲の速度を示すものである。左から遅い順に正し
く配列したとき，左から2番目と4番目にあたる正しい組合せを選びな
さい。

ア	Largo
イ	Larghetto
ウ	Lento
エ	Adagio
オ	Grave

	2番目	4番目
①	ア	イ
②	ア	エ
③	ウ	イ
④	オ	ウ
⑤	オ	エ

(☆☆☆◎◎◎)

【4】次のア～オの調の正しい組合せを選びなさい。

ア 調号が♯3つの長調の下属調の平行調

イ 調号が♭1つの短調の平行調の属調

ウ 調号が♭4つの短調の同主調の下属調

エ 調号が♯1つの長調の導音を主音とする短調

オ 調号が♭2つの短調の同主調の平行調の属調

131

	ア	イ	ウ	エ	オ
①	ロ短調	ハ長調	B dur	fis moll	H dur
②	ロ長調	ハ短調	As dur	fis moll	h moll
③	ロ長調	ハ短調	B dur	cis moll	H dur
④	ロ短調	ハ長調	B dur	fis moll	h moll
⑤	ロ短調	ハ短調	As dur	cis moll	h moll

(☆☆☆◎◎◎)

【5】次のア～オの作品の作曲家が生まれた年を，早いほうから左から順
に並べたものを選びなさい。

①	ア	ウ	エ	イ	オ
②	ウ	ア	エ	イ	オ
③	エ	ア	ウ	オ	イ
④	エ	ウ	ア	オ	イ
⑤	ウ	エ	ア	オ	イ

(☆☆☆◎◎◎)

【6】19世紀後半のロシアで民族主義的な芸術音楽の創造を志向した作曲
家の集団(五人組)を表したものを選びなさい。

ア　ドミトリー・ボリソヴィチ・カバレフスキー

イ　ミリー・アレクセーエヴィチ・バラキレフ

ウ　モデスト・ペトロヴィチ・ムソルグスキー

エ　セルゲイ・プロコフィエフ

オ　アラム・イリイチ・ハチャトゥリアン

カ　ツェザール・キュイ

キ　セルゲイ・ラフマニノフ

ク　ニコライ・アンドレーエヴィチ・リムスキー＝コルサコフ

ケ　ピョトル・イリイチ・チャイコフスキー

コ　アレクサンドル・ポルフィリエヴィチ・ボロディン

①	イ	ウ	カ	ケ	ク
②	ア	ウ	ク	ケ	コ
③	ア	エ	カ	キ	ケ
④	イ	ウ	カ	ク	コ
⑤	ア	エ	オ	キ	コ

(☆☆☆◎◎◎)

【7】 次のそれぞれの楽曲と「作品の背景と関係の深い国」について正しい組合せを選びなさい。

	交響曲第3番「英雄」	連作交響詩「我が祖国」	歌劇「トゥーランドット」	組曲「展覧会の絵」
①	イギリス	オーストリア	中国	フランス
②	フランス	オーストリア	スペイン	ロシア
③	フランス	オーストリア	中国	ロシア
④	イギリス	ポーランド	スペイン	ロシア
⑤	フランス	ポーランド	スペイン	フランス

(☆☆☆◎◎◎)

【8】 次のア～オの各文は，和楽器について説明したものである。正しいものを○，間違っているものを×としたとき，正しい組合せを選びなさい。

ア　歌舞伎の囃子方によって舞台上で演奏される笛は能管であるが，篠笛が用いられることもある。

イ　雅楽の楽器として伝わった尺八は，音高を高くするメリや，音高を低くするカリなどの他にも様々な奏法がある。

ウ　竹製の横笛である篠笛は，祭囃子，神楽，民謡などに用いられ，指ならしという奏法で滑らかに演奏することで日本的な美しさを表現することができる。

エ　細い竹管を円形に組んだ楽器の笙は，吹口より吸っても吐いても音を出すことができる。

オ　竹製で漆を塗った龍笛は，強弱や音高を変化させる塩梅という奏法がある。

	ア	イ	ウ	エ	オ
①	○	○	○	×	○
②	×	○	○	○	×
③	○	×	×	×	×
④	×	○	×	×	○
⑤	○	×	×	○	×

(☆☆☆◎◎◎)

【9】以下はある楽曲の旋律を箏(七音をAとした平調子)で演奏した縦書きの楽譜である。ア〜オの空欄に当てはまる数字として正しく選んでいるものを選びなさい。

十	七	十	為	五	七	七
斗	ア	イ	ウ	エ	オ	七
巾為	八	十	卝	五	九	八
斗	◉	斗	巾	六	八	◉
十	七	十	為	五	七	七
◉	七	十九	巾為	五四	八七	七
◉	八	八	斗	三	六	八
○	◉	◉	◉	◉	◉	◉

	ア	イ	ウ	エ	オ
①	八	九	斗	三	九
②	七	九	巾	四	八
③	七	斗	斗	三	八
④	八	為	巾	四	八
⑤	七	為	巾	三	九

(☆☆☆◎◎◎)

【10】次の文は「能」について説明したものである。(ア)〜(オ)に当てはまる語句の正しい組合せを選びなさい。ただし，同じ記号には同じ語句が入る。

> 能では主人公はほとんどの場合(ア)をかけてさまざまな人物を演じ，(イ)と呼ばれます。一方その相手役は，(イ)に比べ，役柄も装束も地味です。2人の対話で物語が進行しますが，(ウ)という斉唱でうたうグループが(エ)を担当しています。
>
> 能「羽衣」では，「(オ)数々に〜(以下省略)」という謡が有名です。

	ア	イ	ウ	エ	オ
①	面	ワキ	下座	ヒシギやアシライ	これやこの
②	隈	ワキ	地謡	ヒシギやアシライ	東遊びの
③	面	シテ	地謡	心理描写や情景描写	これやこの
④	隈	シテ	下座	ヒシギやアシライ	東遊びの
⑤	面	シテ	地謡	心理描写や情景描写	東遊びの

(☆☆☆◎◎◎)

【11】次のア〜カのそれぞれの楽器を「たたく」「吹く」「擦る」「はじく」という発音原理で分類した正しい組合せを選びなさい。

ア　シタール　　イ　モリンホール　　ウ　ガンサ
エ　ズルナ　　　オ　タンソ　　　　　カ　バラフォン

135

	たたく	吹く	擦る	はじく
①	カ	ウ イ	エ オ	ア
②	ウ カ	エ オ	イ	ア
③	ウ カ	オ	イ エ	ア
④	ア ウ	エ オ	イ	カ
⑤	ウ カ	オ	ア イ	エ

(☆☆☆◎◎◎)

【12】以下は，いくつかの日本の民謡の特徴を探ろうとしている授業の板書の様子と，その際の太郎さんと花子さんの二人の会話である。会話文中の(ア)～(オ)に当てはまる語句の正しい組合せを選びなさい。

図【授業の板書の様子】

```
めあて　日本の民謡の特徴を探ろう

      ノンノコ節    八木節    木曽節
   斎太郎節    江差追分    南部牛追い歌
      群上節    佐渡おけさ    谷茶前
   ヨサコイ節    月ぬ美しゃ    会津磐梯山
```

太郎：板書にある民謡を(ア)という視点で見ると，|木曽節 月ぬ美しゃ|ヨサコイ節 ノンノコ節|八木節|谷茶前|といった４つの分類ができそうだね。

花子：(イ)という視点で見たら|斎太郎節 佐渡おけさ|江差追分 南部牛追い歌|といった２つの分類ができそうだね。

太郎：分類の視点を変えると民謡の特徴が見えてくるね。

花子：さらに，表現の目的で分類すると，
|斎太郎節|は(ウ)の分類で，
|月ぬ美しゃ|は(エ)の分類で，
|会津磐梯山　群上節|は(オ)の分類になりそうだね。

	ア	イ	ウ	エ	オ
①	音階の違い	拍節感の違い	座敷歌	子守歌	踊り歌
②	音階の違い	拍節感の違い	仕事歌	子守歌	踊り歌
③	拍節感の違い	音階の違い	仕事歌	踊り歌	座敷歌
④	音階の違い	拍節感の違い	仕事歌	踊り歌	座敷歌
⑤	拍節感の違い	音階の違い	踊り歌	子守歌	座敷歌

(☆☆☆◎◎◎)

【13】次の曲を演奏すると全部で何小節になるか答えなさい。また，演奏時間は全部で何秒かかるか答えなさい。

(☆☆☆☆◎◎◎)

【14】三味線について次の①～③の問いに答えなさい。

① 三味線とギターと楽琵琶の弦の数を答えなさい。

② 上駒に乗っていない一の糸を弾くと，糸が「ビーン」という独特な響きを与えるようになっている。このことを何というか答えなさい。

③ 以下の楽譜は三味線における「本調子」の調弦の例である。同じ調子であるのに，いくつも調弦の例があるのはなぜか説明しなさい。その際，ギターとの違いについて言及すること。

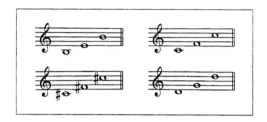

(☆☆☆◎◎◎)

【15】授業において，江間章子作詞・中田喜直作曲の「夏の思い出」を歌
唱していたが，生徒の実態を考慮すると，音域を少し上げたほうが，
よりよく歌えそうであったので，楽譜を書き換えることとした。以下
の点に注意して楽譜を書きなさい。

・　以下に示す楽譜(楽曲の終末の部分)を半音高く移調すること。そ
の際，示してある楽譜と同様にふさわしい調号，コードネームを記
すこと。

・　楽譜の下に歌詞をつけること。

(☆☆☆◎◎◎)

【中学校】

【１】次の文は，中学校学習指導要領解説音楽編(平成29年文部科学省)
「第1章　総説」「2　音楽科改訂の趣旨及び要点」の一部を抜粋したも
のである。文中の(ア)～(オ)に当てはまる語句の正しい組合せ
を選びなさい。ただし，同じ記号には同じ語句が入る。

　中央教育審議会答申においては，小学校，中学校及び高等学校を通じた音楽科の成果と課題について，次のように示されている。

○　音楽科，芸術科(音楽)においては，音楽のよさや楽しさを感じるとともに，(　ア　)を持って表現したり味わって聴いたりする力を育成すること，音楽と(　イ　)に関心を持って，生涯にわたり音楽文化に親しむ態度を育むこと等に重点を置いて，その充実を図ってきたところである。

○　一方で，感性を働かせ，(　ウ　)しながら音楽表現を生み出したり，音楽を聴いてそのよさや価値等を考えたりしていくこと，我が国や(　エ　)に親しみ，よさを一層味わえるようにしていくこと，生活や社会における音や音楽の働き，音楽文化についての関心や理解を深めていくことについては，更なる充実が求められるところである。

○　今回の学習指導要領の改訂においては，これまでの成果を踏まえ，これらの課題に適切に対応できるよう改善を図っていくことが必要である。

　これらの成果と課題を踏まえた中学校音楽科の改訂の基本的な考え方は，次のとおりである。

・　感性を働かせ，(　ウ　)しながら，音楽表現を生み出したり音楽を聴いてそのよさや美しさなどを見いだしたりすることができるよう，内容の改善を図る。

・　音や音楽と(　オ　)との関わりを築いていけるよう，生活や社会の中の音や音楽の働き，音楽文化についての理解を深める学習の充実を図る。

	ア	イ	ウ	エ	オ
①	一定の技能	生活との関わり	他者と協働	諸外国の音楽	他者
②	思いや意図	他の芸術との関わり	他者と協働	郷土の伝統音楽	他者
③	一定の技能	他の芸術との関わり	主体的に思考	諸外国の音楽	自分
④	思いや意図	生活との関わり	他者と協働	郷土の伝統音楽	自分
⑤	思いや意図	生活との関わり	主体的に思考	諸外国の音楽	他者

(☆☆☆◎◎◎)

【２】次の文は，中学校学習指導要領解説音楽編(平成29年文部科学省)
「第2章　音楽科の目標及び内容」「第1節　音楽科の目標」「1　教科の
目標」の一部を抜粋したものである。文中の(ア)〜(エ)に当て
はまる語句の正しい組合せを選びなさい。

　　表現及び鑑賞の幅広い活動を通して，音楽的な見方・考
　え方を働かせ，生活や社会の中の音や音楽，音楽文化と豊
　かに関わる資質・能力を次のとおり育成することを目指す。

○　表現及び鑑賞の幅広い活動とは，多様な音楽活動を行うこ
　とを意味している。我が国や郷土の伝統音楽を含む我が国及
　び諸外国の様々な音楽を教材として扱い，音楽の素材となる
　音に(ア)音楽の多様性を理解したりしながら，生徒一人一
　人の個性や(イ)を生かした歌唱，器楽，創作，鑑賞の活動
　を行うことが重要である。

○　音楽的な見方・考え方とは，「音楽に対する(ウ)を働か
　せ，音や音楽を，音楽を形づくっている要素とその働きの
　(エ)で捉え，自己のイメージや感情，生活や社会，伝統や
　文化などと関連付けること」であると考えられる。

140

	ア	イ	ウ	エ
①	よさを感じたり	興味・関心	感性	関係
②	関心をもったり	興味・関心	感性	視点
③	関心をもったり	技能	想像力	関係
④	よさを感じたり	興味・関心	想像力	視点
⑤	関心をもったり	技能	感性	視点

(☆☆☆◎◎◎)

【3】次の文は，中学校学習指導要領解説音楽編(平成29年文部科学省)「第2章　音楽科の目標及び内容」「第1節　音楽科の目標」「1　教科の目標」の一部を抜粋したものである。文中の(ア)～(オ)に当てはまる語句の正しい組合せを選びなさい。

> (1)　曲想と音楽の構造や背景などとの関わり及び音楽の多様性について理解するとともに，創意工夫を生かした音楽表現をするために必要な技能を身に付けるようにする。
>
> ○　曲想と音楽の構造や背景などとの関わりを理解するとは，(ア)の雰囲気や表情，(イ)などを感じ取りながら，自己のイメージや感情と音楽の構造や背景などとの関わりを捉え，理解することである。したがって，単に教材となる曲の形式などを覚えたり，曲が生まれた背景に関するエピソードなどを知ったりするのみでは，理解したことにはならないことに留意する必要がある。
> 　なお，背景などとしているのは，歌唱分野における「(ウ)」も含んでいるからである。
> ○　創意工夫を生かした音楽表現をするために必要な技能とは，(エ)でもった音楽表現に対する思いや意図に応じて，その思いや意図を音楽で表現する際に(オ)できる技能のことである。

	ア	イ	ウ	エ	オ
①	その音楽固有	味わい	作詞者の思い	創意工夫の過程	概ね満足
②	その音楽固有	音色やリズム	歌詞の内容	学習の導入段階	概ね満足
③	多様な音楽	音色やリズム	作詞者の思い	創意工夫の過程	自ら活用
④	多様な音楽	味わい	歌詞の内容	学習の導入段階	概ね満足
⑤	その音楽固有	味わい	歌詞の内容	創意工夫の過程	自ら活用

(☆☆☆◎◎◎)

【４】次の文は，中学校学習指導要領解説音楽編(平成29年文部科学省)
「第2章　音楽科の目標及び内容」「第1節　音楽科の目標」「1　教科の
目標」の一部を抜粋したものである。文中の(ア)～(オ)に当て
はまる語句の正しい組合せを選びなさい。

> (2)　音楽表現を創意工夫することや，音楽のよさや美しさ
> 　　を味わって聴くことができるようにする。

○　音楽表現を創意工夫するとは，音や音楽に対する自己のイ
　メージを膨らませたり他者のイメージに共感したりして，音
　楽を形づくっている要素の働かせ方などを(ア)，表したい
　音楽表現について考え，どのように音楽で表現するかについ
　て思いや意図をもつことである。また，思いや意図は，創意
　工夫の過程において，知識や技能を得たり生かしたりしなが
　ら，さらに深まったり新たな(イ)となったりする。
○　音楽のよさや美しさを味わって聴くとは，曲想を感じ取り
　ながら，音や音楽によって喚起された自己のイメージや感情
　を，音楽の構造や背景などと関わらせて(ウ)，その音楽の
　意味や価値などについて自分なりに評価しながら聴くことで
　ある。
○　音楽表現を創意工夫したり，音楽のよさや美しさを味わっ
　て聴いたりするためには，音楽を形づくっている要素や要素
　同士の関連を知覚し，それらが生み出す特質や雰囲気を感受
　しながら，知覚したことと感受したこととの関わりについて

考えることが必要である。その過程においては，（　エ　）及び言葉によるコミュニケーションを図り，音楽科の特質に応じた（　オ　）を適切に位置付けられるよう指導を工夫することが大切である。

	ア	イ	ウ	エ	オ
①	試行錯誤しながら	知識や技能	捉え直し	非言語活動	表現や鑑賞の活動
②	決定し	知識や技能	聴き取り	音や音楽	表現や鑑賞の活動
③	試行錯誤しながら	思いや意図	捉え直し	音や音楽	言語活動
④	決定し	思いや意図	捉え直し	非言語活動	表現や鑑賞の活動
⑤	試行錯誤しながら	思いや意図	聴き取り	音や音楽	言語活動

(☆☆☆◎◎◎)

【5】次の文は，中学校学習指導要領解説音楽編(平成29年文部科学省)「第2章　音楽科の目標及び内容」「第1節　音楽科の目標」「1　教科の目標」の一部を抜粋したものである。文中の（　ア　）～（　オ　）に当てはまる語句の正しい組合せを選びなさい。

> (3)　音楽活動の楽しさを体験することを通して，音楽を愛好する心情を育むとともに，音楽に対する感性を豊かにし，音楽に親しんでいく態度を養い，豊かな情操を培う。

○　音楽を愛好する心情とは，（　ア　），生涯にわたって音楽を愛好しようとする思いである。この思いは音楽のよさや美しさなどを感じ取ることによって形成される。そのためには，音楽が醸し出すよさや美しさなどが人々の（　イ　）に何をもたらすのか，ということに着目する必要がある。音楽活動によって生まれる楽しさや喜びを実感したり，曲想と音楽の構造との関わりや，（　ウ　），文化や歴史などを理解したりすることを通して，音楽についての（　エ　）を深めていくことが音楽を愛好する心情を育てていく。

○　音楽に対する感性とは，音や音楽のよさや美しさなどの質的な世界を価値あるものとして感じ取るときの心の働きを意味している。音楽科の学習は，生徒が音や音楽の存在に気付き，それらを（　オ　）に捉えることによって成立する。

	ア	イ	ウ	エ	オ
①	生活に音楽を生かし	感情	背景となる風土	認識	主体的
②	音楽活動を通して	生活	作曲者の思い	認識	主体的
③	生活に音楽を生かし	生活	作曲者の思い	感じ方	客観的
④	音楽活動を通して	生活	背景となる風土	感じ方	客観的
⑤	生活に音楽を生かし	感情	背景となる風土	感じ方	主体的

(☆☆☆◎◎◎)

【6】次の文は，中学校学習指導要領解説音楽編(平成29年文部科学省)「第2章　音楽科の目標及び内容」「第1節　音楽科の目標」「2　学年の目標」「(2)　各学年の目標の趣旨」の一部を抜粋したものである。文中の（　ア　）〜（　ウ　）に当てはまる語句を答えなさい。ただし，同じ記号には同じ語句が入る。また，文中の「曲にふさわしい※」という言葉が，なぜ第2学年及び第3学年に加えられているかについて説明しなさい。

① 「知識及び技能」の習得に関する目標

第1学年	第2学年及び第3学年
(1)　曲想と音楽の構造などとの関わり及び音楽の多様性について理解するとともに，創意工夫を生かした音楽表現をするために必要な歌唱，器楽，創作の技能を身に付けるようにする。	(1)　曲想と音楽の構造や（　ア　）などとの関わり及び音楽の多様性について理解するとともに，創意工夫を生かした音楽表現をするために必要な歌唱，器楽，創作の技能を身に付けるようにする。

○　「技能」に関することは，第1学年と第2学年及び第3学年において同様に示している。これは，第1学年と第2学年及び第3学年で求めている音楽表現の技能に関する目標の趣旨が同じであることを意味している。ここでの「技能」は，「創意工夫

144

を生かした音楽表現をするために必要な技能」である。音楽表現の創意工夫は，新たな知識や技能を得たり生かしたりしながら行われるため，創意工夫の(イ)に応じて，おのずと第2学年及び第3学年では，第1学年より，求められる「技能」に高まりが生じる。したがって，第1学年と第2学年及び第3学年では，その文言は同様であっても，(イ)の差があることが含意されている。

② 「(ウ)」の育成に関する目標

第1学年	第2学年及び第3学年
（2） 音楽表現を創意工夫することや，音楽を自分なりに評価しながらよさや美しさを味わって聴くことができるようにする。	（2） 曲にふさわしい※音楽表現を創意工夫することや，音楽を評価しながらよさや美しさを味わって聴くことができるようにする。

(☆☆☆◎◎◎)

【高等学校】

【1】次の文は，高等学校学習指導要領解説芸術編(平成21年文部科学省)「第1章 総説」「第3節 芸術科の科目編成」「2 科目の性格」の一部を抜粋したものである。文中の(ア)～(オ)に当てはまる語句の正しい組合せを選びなさい。

(1) Ⅰを付した科目
　Ⅰを付した科目には，「音楽Ⅰ」，「美術Ⅰ」，「工芸Ⅰ」及び「書道Ⅰ」の4科目があり，すべての生徒がこれらのうちから1科目を履修することとしている。Ⅰを付した科目は，高等学校において芸術を履修する最初の段階の科目であり，(ア)を基礎にして，表現活動と鑑賞活動についての(イ)を通して，(ウ)芸術の諸能力を伸ばすことをねらいとしている。

(2) Ⅱを付した科目
　Ⅱを付した科目は，それぞれに対応するⅠを付した科目を履修した生徒が，興味・関心等に応じて(エ)学習として履

145

修することを原則としたものであり，（　オ　）芸術の諸能力を
伸ばすことをねらいとしている。

	ア	イ	ウ	エ	オ
①	中学校の学習	幅広い学習	基礎的な	発展的な	幅広い
②	中学校の学習	幅広い学習	創造的な	発展的な	個性豊かな
③	中学校の学習	基礎的な学習	創造的な	探究的な	幅広い
④	個々の音楽経験	幅広い学習	創造的な	探究的な	幅広い
⑤	個々の音楽経験	基礎的な学習	基礎的な	発展的な	個性豊かな

(☆☆☆◎◎◎)

【２】次の文は，高等学校学習指導要領解説芸術編(平成21年文部科学省)
「第2章　各科目」「第1節　音楽Ⅰ」「2　目標」の一部を抜粋したもの
である。文中の（　ア　）～（　オ　）に当てはまる語句の正しい組合せを
選びなさい。

> 　音楽の幅広い活動を通して，生涯にわたり音楽を愛好す
> る心情を育てるとともに，（　ア　），（　イ　）表現と鑑賞の
> 能力を伸ばし，音楽文化についての理解を深める。

○　目標は，次の二点について改善を図っている。
　　一点目は，「音楽を愛好する心情」に新しく「生涯にわたり」
　を加えた点である。「生涯にわたり」は，従前は「（　ウ　）」
　の目標にのみ示していたが，生涯学習社会の一層の進展に対
　応して，生涯にわたって音楽への（　エ　）をはぐくんでいくこ
　とを重視し，「音楽Ⅰ」の目標にも明記した。
　　二点目は，「音楽文化についての理解を深める」ことを新た
　に加えた点である。「音楽文化についての理解」は，従前は
　「（　オ　）」の目標に示していたが，芸術科の目標に「芸術文
　化についての理解を深め」ることを加えたことを受け，「音楽
　Ⅰ」の目標にも明記した。

	ア	イ	ウ	エ	オ
①	思考力をはぐくみ	創造的な	音楽Ⅱ	見方・考え方	音楽Ⅱ
②	思考力をはぐくみ	個性的な	音楽Ⅲ	見方・考え方	音楽Ⅲ
③	感性を高め	創造的な	音楽Ⅱ	見方・考え方	音楽Ⅲ
④	感性を高め	個性的な	音楽Ⅱ	永続的な愛好心	音楽Ⅲ
⑤	感性を高め	創造的な	音楽Ⅲ	永続的な愛好心	音楽Ⅱ

(☆☆☆◎◎◎)

【3】次の文は，高等学校学習指導要領解説芸術編(平成21年文部科学省)「第2章　各科目」「第1節　音楽Ⅰ」「3　内容」「A　表現」の一部を抜粋したものである。文中の(a)～(e)に当てはまる語句の正しい組合せを選びなさい。ただし，同じ記号には同じ語句が入る。

---

(1)　歌唱

ア　曲想を歌詞の内容や楽曲の背景とかかわらせて感じ取り，(a)をもって歌うこと。

イ　(b)に応じた発声の特徴を生かし，(c)歌うこと。

ウ　様々な表現形態による歌唱の特徴を生かし，(c)歌うこと。

エ　音楽を形づくっている要素を知覚し，それらの働きを感受して歌うこと。

○　指導に当たっては，事項(d)と関連付けて指導し，(e)を明確にして歌唱の学習の充実を図るように留意する。

---

	a	b	c	d	e
①	イメージ	個	表現意図をもって	アをイ，ウ，エ	ねらいや手立て
②	思いや意図	曲種	表現を工夫して	アをイ，ウ，エ	ねらいや手立て
③	イメージ	曲種	表現を工夫して	ア，イ，ウをエ	ねらいや手立て
④	イメージ	個	表現意図をもって	ア，イ，ウをエ	生徒の課題
⑤	思いや意図	個	表現を工夫して	アをイ，ウ，エ	生徒の課題

(☆☆☆◎◎◎)

【4】次の文は，高等学校学習指導要領解説芸術編(平成21年文部科学省)「第2章　各科目」「第2節　音楽Ⅱ」「3　内容」「B　鑑賞」の一部を抜粋したものである。文中の(a)～(f)に当てはまる語句の正しい組合せを選びなさい。ただし，同じ記号には同じ語句が入る。

> ア　声や楽器の音色の特徴と(a)とのかかわりを理解して鑑賞すること。

○　この事項は従前にはなかったが，音楽の素材としての音そのものの(b)をとらえることが鑑賞の学習において極めて重要であることから，今回の改訂で，「音楽Ⅰ」の「声や楽器の音色の特徴と(a)とのかかわりを感じ取って鑑賞すること」の学習を更に深めることとし，指導内容を明確にするため「声や楽器の音色の特徴と(a)とのかかわりを理解して」とするとともに，「鑑賞すること」とした。

○　指導に当たっては，(c)を準備して，個々の声や楽器の音色，それらの組合せによる響きについて，それらの(b)を(d)言葉に置き換えて表したり，発声や楽器の(e)について考えたり，音楽表現にどのような効果を生み出しているかを(f)するなどして，主体的な鑑賞の活動となるようにすることが大切である。

	a	b	c	d	e	f
①	表現上の効果	質感	適切な教材	比喩的な	発音原理	話し合ったり
②	表現上の効果	価値	複数の教材	比喩的な	背景	調べたり
③	音楽的構造	質感	複数の教材	適切な	発音原理	話し合ったり
④	表現上の効果	価値	適切な教材	適切な	背景	話し合ったり
⑤	音楽的構造	質感	適切な教材	適切な	発音原理	調べたり

(☆☆☆◎◎◎)

【5】次の文は，高等学校学習指導要領解説音楽編(平成21年文部科学省)「第1章　総説」「第3節　音楽科の科目編成」「1　科目の編成」及び

「2　科目の性格」の内容の一部を抜粋したものである。文中の（　ア　）～（　オ　）に当てはまる語句の正しい組合せを選びなさい。

『1　科目の編成』
　○　今回の改訂では，科目の編成について，「（　ア　）」の新設，従前の「（　イ　）」を「演奏研究」に改めたことにより，従前の（　ウ　）に改めている。

『2　科目の性格』
　○　「音楽理論」は，音楽に関する基礎的な理論を理解することを，「音楽史」は，我が国及び諸外国の音楽史の理解を深めることを，「演奏研究」は，（　エ　）を尊重した演奏の能力を養うことを，「（　オ　）」は，音楽性豊かな表現のための基礎的な能力を養うことを主なねらいとする科目である。

	ア	イ	ウ	エ	オ
①	鑑賞研究	演奏法	6科目から7科目	基礎的な技能	アナリーゼ
②	作曲基礎	基礎演奏	6科目から7科目	音楽の様式	ソルフェージュ
③	作曲基礎	基礎演奏	7科目から8科目	基礎的な技能	アナリーゼ
④	鑑賞研究	演奏法	7科目から8科目	音楽の様式	ソルフェージュ
⑤	鑑賞研究	基礎演奏	7科目から8科目	音楽の様式	アナリーゼ

（☆☆☆◎◎◎）

【6】次の文は，「評価規準の作成，評価方法等の工夫改善のための参考資料(高等学校芸術〔音楽〕)(平成24年国立教育政策研究所教育課程研究センター)「第2編　芸術科　音楽における評価規準の作成，評価方法等の工夫改善」「第2章　音楽Ⅰ」に示されている【「Ａ　表現・創作」の評価規準に盛り込むべき事項】の一部を抜粋したものである。文中の（　ア　）～（　オ　）に当てはまる語句を答えなさい。ただし，同じ記号には同じ語句が入る。

【「A　表現・創作」の評価規準に盛り込むべき事項】

音楽への関心・意欲・態度	音楽表現の（　ウ　）	（　オ　）
音階，旋律，（　ア　）や和音，音素材の特徴，反復，変化，対照などの（　イ　），音楽を形づくっている要素の働きの変化などに関心をもち，創作の学習に主体的に取り組もうとしている。	音楽を形づくっている要素を知覚し，それらの働きを感受しながら，音階を選んで旋律をつくり，その旋律に（　ア　）や和音などを付けたり，音素材の特徴を生かし，反復，変化，対照などの（　イ　）を考えたり，音楽を形づくっている要素の働きを変化させ，変奏や編曲をしたりし，表現したい音楽をイメージして音楽表現を工夫し，どのように音楽をつくるかについて（　エ　）をもっている。	（　ウ　）を生かした音楽表現をするために必要な創作の技能を身に付け，創造的に表している。

(☆☆☆◎◎◎)

解答・解説

【中高共通】

【1】①

〈解説〉A　cadenzaはドイツ語の楽語で，協奏曲の楽章の最後に設けられる。　B　attaccaは楽章の終わりに書かれ，次の楽章に入ること。　C　diminuendoは強弱標語。　D　いずれも曲想を表す標語。pesanteは重々しく。他は悲しげに。楽語についてはイタリア語のものを中心にできるだけ多く覚えておくこと。フランス語やドイツ語の楽語の意味を答える問題もあるので，余裕があればそちらの学習もしておくと万

全である。

【2】②

〈解説〉楽曲の様式に関する問題である。全部分からなくても消去法で考えればある程度解答を絞り込める。イのフーガは「逃亡，逃走」の意味を持つ。遁走曲ともいう。エは「幻想的」からファンタジア。オはイタリア語のカンターレ(cantare,「歌う」の意) に由来している。

【3】②

〈解説〉楽曲の速度を示す楽語は頻出度が比較的高い。Grave→Largo→Larghetto→Adagio($\downarrow$＝52前後)→Lentoである。

【4】④

〈解説〉主調を中心として，その近くにある密接に関係している調を近親調と呼ぶ。近親調は同主調(主調と主音が同じ調)，平行調(主調と同じ調号を持つ調)，下属調(主調の完全5度下の調)，属調(主調の完全5度上の調)の4つである。

【5】②

〈解説〉アはモーツァルトの交響曲第40番，イはドボルザークの新世界，ウはヴィヴァルディのバイオリン協奏曲，エはシューベルトの鱒，オはホルストの木星である。一番古いのはヴィヴァルディで，最も新しいのはホルストである。

【6】④

〈解説〉ロシアの五人組はロシア国民音楽に大きな影響を与えた。ムソルグスキー，ボロディン，コルサコフ，バラキレフ，キュイである。

【7】③

〈解説〉注意したいのは「作品の背景と関係の深い国」で，作曲者の出身

地を問われているわけではない。歌劇「トゥーランドット」はプッチ
ーニの作品であるが，作品と関係の深い国は中国である。交響曲第3
番「英雄」はベートーヴェン，連作交響曲「我が祖国」はスメタナ，
組曲「展覧会の絵」はムソルグスキーが作曲者である。

【8】⑤

〈解説〉イ　音高を高くするのがカリである。　ウ　篠笛の奏法に指なら
しというものはない。　オ　龍笛で説明されている塩梅は篳篥の奏法。
なお，エの笙はハーモニカのように吸っても吐いても音が出る。

【9】②

〈解説〉提示されている楽譜は「さくらさくら」で，基本的な曲である。
平調子なので，九はC，十はE，斗はF，為はA，巾はHである。

【10】⑤

〈解説〉面をかけてさまざまな人物を演じる主人公を，シテという。その
相手役はワキと呼ばれる。地謡という斉唱でうたうグループが心理描
写や情景描写を担当する。「羽衣」は羽衣伝説を基にする有名な能の
演目である。「東遊びの〜」と始まる。「俊寛」など教科書に掲載され
ている演目についても概要を押さえておくこと。

【11】②

〈解説〉いずれも基本的な民族楽器である。たたいて音を出す楽器は打楽
器，吹いて音を出す楽器は気鳴楽器，擦って音を出す楽器は擦弦楽器，
はじいて音を出す楽器を撥弦楽器という。モリンホールはモンゴルの
2弦の擦弦楽器。ガンサはインドネシアやフィリピンの打楽器で，ば
ちでたたくものと素手でたたくものがある。ズルナはトルコやアラブ
のダブルリードの気鳴楽器。タンスは韓国のリードをもたないタイプ
の縦型フルート。バラフォンは西アフリカで使われる木琴。シタール
は北インドの撥弦楽器。

【12】②

〈解説〉民謡については大きく2つに分類できる。1つは，はっきりとした拍節感をもつ八木節形式。もう1つは，はっきりとした拍節感をもたない追分様式である。八木節様式の特徴は多人数で歌えることで，こきりこ節などが挙げられる。追分様式の特徴は1人で歌うことで，南部牛追い歌などが挙げられる。

【13】小節数…31小節　　演奏時間…90秒(1分30秒)

〈解説〉まず小節数については，1. 2，やbis(2回繰り返して)などの表記に注意して勘定すればよい。演奏時間については公式に当てはめて計算してみる。まず，♩＝60の4拍子の小節数は全部で16小節あるので，4×16×60÷60=64〔秒〕である。6拍子は8小節あるので6×8×60÷180＝16〔秒〕である。2拍子は3小節あるので2×3×60÷120＝3〔秒〕である。3拍子は2小節あるので3×2×60÷120＝3〔秒〕である。♩＝120の4拍子は2小節あるので4×2×60÷120＝4〔秒〕である。全部足すと，64＋16＋3＋3＋4＝90〔秒〕ということになる。

【14】①　三味線…3本　　ギター…6本　　楽琵琶…4本　　②　サワリ
③　三味線は，各弦の調弦が第1弦から順に「EBGDAE」と決まっているギターとは異なり，一緒に演奏する楽器や声の高さなどに応じて，基準となる音の高さを変えて演奏するから。

〈解説〉①　三味線は三という数字が示すように3本の弦を有する。ギターは6本で，通常低い音からミラレソシミと調弦する。楽琵琶は4本の弦を有する。　②　上駒とは竹や金属でできた駒のことである。
③　三味線はギターのように明確な音階があるわけでなく，一緒に演奏する人の声の高さや楽器の音高に合わせる必要があるため様々な本調子が存在する。

【15】

〈解説〉半音高くするので，出だしの音はGとなる。調性も変わり，D dur
からEs durになる。コードネームは構成音から導き出そう。歌詞を書
くのを忘れないようにしたい。

【中学校】

【１】④

〈解説〉新学習指導要領の音楽の目標(1)で示された「創意工夫を生かし
た音楽表現をするために必要な技能」とは，創意工夫の過程でもった
音楽表現に対する思いや意図に応じて，その思いや意図を音楽で表現
する際に自ら活用できる技能のことである。新学習指導要領は中学校
では既に先行実施期間に入っており，平成33年から全面実施される予
定である。新学習指導要領については目標部分を含め，全体に目を通
しておくこと。また，同解説にも目を通しておくこと。

【２】②

〈解説〉枠内の冒頭の部分は，音楽の目標の柱の部分である。「音楽的な
見方・考え方」という文言は新学習指導要領で新設されたものである
ので，今後も出題される可能性が高いと思われる。

【３】⑤

〈解説〉教科の目標については，現行の学習指導要領から大きく変わって
いる。音楽の目標や内容は，「知識及び技能」，「思考力，判断力，表
現力等」，「学びに向かう力，人間性等」の3つの柱で再整理されてい
る。

【4】③

〈解説〉本問で問われている部分は新設事項である。【2】【3】の解説でも
　　ふれたが，新学習指導要領では現行の指導要領に加わる形で，派生的
　　に(1)〜(3)のように新設事項が設けられている。

【5】①

〈解説〉本問も新設事項からの出題である。この(3)は，学びに向かう力，
　　人間性等の涵養に関する目標である。日々の生活やその生活を営む社
　　会の中には，様々な音や音楽，音楽文化があり人々の営みに直接，間
　　接に影響を与えている。したがって，生活や社会の中の音や音楽，音
　　楽文化と豊かに関わる資質・能力を育成することは，生徒がその後の
　　人生において，音や音楽，音楽文化と主体的に関わり，心豊かな生活
　　を営むことにつながる，と説明している。

【6】ア　背景　　イ　質的な高まり　　ウ　思考力，判断力，表現力等
　　説明…第2学年及び第3学年では多くの人が共通に感じ取れるような，
　　その曲固有のよさや特徴などを捉え，他者と共有，共感しながら，音
　　楽表現を創意工夫することを求めているから。(第1学年では，音楽を
　　形づくっている要素を知覚・感受し，その関わりを考えながら，自分
　　なりに創意工夫することを求めているから。)

〈解説〉第1学年と第2・第3学年での記述の違いについて問われている。
　　これは，発達段階を考慮し，第1学年では「自分なり」に創意工夫す
　　ることを求めており，一方，第2・第3学年では「多くの人が共通に感
　　じ取れる」ような音楽表現に関わる創意工夫を求めているからである。

【高等学校】

【1】②

〈解説〉「音楽Ⅰ」は，高等学校で音楽を履修する生徒のために設けられ
　　た最初の科目で，中学校音楽科における学習を基礎にして，「A表現」，
　　「B鑑賞」などについての幅広い活動を展開し，創造的な表現と鑑賞の

能力を伸ばすことなどをねらいとしている。なお，高等学校では平成31年度から新学習指導要領の先行実施期間に入る。そこでは，音楽Ⅰの目標の柱の部分は，「音楽の幅広い活動を通して，音楽的な見方・考え方を働かせ，生活や社会の中の音や音楽，音楽文化と幅広く関わる資質・能力を次のとおり育成することを目指す。」となっている。

【2】⑤

〈解説〉音楽Ⅰの目標について新学習指導要領では，以下のように，派生的な新設事項がある。「(1)　曲想と音楽の構造や文化的・歴史的背景などとの関わり及び音楽の多様性について理解するとともに，創意工夫を生かした音楽表現をするために必要な技能を身に付けるようにする。　(2)　自己のイメージをもって音楽表現を創意工夫することや，音楽を評価しながらよさや美しさを自ら味わって聴くことができるようにする。　(3)　主体的・協働的に音楽の幅広い活動に取り組み，生涯にわたり音楽を愛好する心情を育むとともに，感性を高め，音楽文化に親しみ，音楽によって生活や社会を明るく豊かなものにしていく態度を養う。」

【3】③

〈解説〉「内容」についても，新学習指導要領ではより細分化されて書かれている。該当部分を確認しておくこと。

【4】①

〈解説〉新学習指導要領では，鑑賞に関する資質・能力については，アとして「思考力，判断力，表現力等」に関する資質・能力を示している。「ア　鑑賞に関わる知識を得たり生かしたりしながら，次の(ア)から(ウ)までについて考え，音楽のよさや美しさを深く味わって聴くこと。(ア) 曲や演奏に対する評価とその根拠　(イ) 自分や社会にとっての音楽の意味や価値　(ウ) 音楽表現の共通性や固有性」となっている。

【5】④

〈解説〉本問で問われている部分は，科目の一番基本的な項目である。新
　学習指導要領では，各科目のねらいは，以下の資質・能力を育成する
　ことである。「音楽理論」…音楽に関する基礎的な理論について理解
　することなどの資質・能力。「音楽史」…我が国及び諸外国の音楽の
　歴史について理解することなどの資質・能力。「演奏研究」…音楽作
　品を尊重して演奏したり鑑賞したりする態度などの資質・能力。「ソ
　ルフェージュ」…音楽性豊かな表現をするための基礎となる学習を大
　切にする態度などの資質・能力。使われている文言が変わっている部
　分があり，そこが出題されやすい。比較しておくこと。

【6】ア　副次的な旋律　　イ　構成　　ウ　創意工夫　　エ　表現意図
　オ　音楽表現の技能

〈解説〉評価に関係した問題では，国立教育政策研究所教育課程研究セン
　ターの示している資料がよく出題される。高等学校学習指導要領(平成
　21年版)　第7節　芸術　音楽Ⅰでは，創作の指導事項について，以下
　のように示されている。「ア　音階を選んで旋律をつくり，その旋律に
　副次的な旋律や和音などを付けて，イメージをもって音楽をつくるこ
　と。　　イ　音素材の特徴を生かし，反復，変化，対照などの構成を工夫
　して，イメージをもって音楽をつくること。　　ウ　音楽を形づくってい
　る要素の働きを変化させ，イメージをもって変奏や編曲をすること。
　エ　音楽を形づくっている要素を知覚し，それらの働きを感受して音楽
　をつくること。」これらを踏まえ，音楽Ⅰの特性に応じた創作の評価
　の観点が示されている。

【中学校】

【１】次の文は，中学校学習指導要領解説音楽編(平成20年文部科学省)「第2章　音楽科の目標及び内容」「第1節　音楽科の目標」「1　教科の目標」の一部を抜粋したものである。文中の（　ア　）～（　オ　）に当てはまる語句の正しい組合せを選びなさい。

　表現及び鑑賞の幅広い活動を通して，音楽を愛好する心情を育てるとともに，音楽に対する感性を豊かにし，音楽活動の基礎的な能力を伸ばし，音楽文化についての理解を深め，豊かな情操を養う。

○「音楽を愛好する心情」とは，（　ア　），生涯にわたって音楽を愛好しようとする思いである。この思いは音楽のよさや美しさなどを（　イ　）ことによって形成される。(略)　音楽活動によって生まれる喜びや楽しさを実感したり，音楽の（　ウ　）とのかかわりや，背景となる風土や文化・歴史などを理解したりすることを通して，音楽について認識を深めていくことが音楽を愛好する心情を育てていく。

○「音楽活動の基礎的な能力」とは，（　エ　）楽しく豊かな音楽活動ができるための基になる能力を意味している。(略)

　また，音楽活動を行うためには，音楽に関する用語や記号，（　オ　），発声法や楽器の奏法などの知識や技能が必要となる。

	ア	イ	ウ	エ	オ
①	生活に音楽を生かし	聴き取る	構造と曲想	生涯にわたって	歴史
②	音楽文化に親しみ	感じ取る	構造と曲想	中学校の段階において	楽譜
③	音楽文化に親しみ	聴き取る	要素と仕組み	生涯にわたって	歴史
④	生活に音楽を生かし	感じ取る	構造と曲想	生涯にわたって	楽譜
⑤	生活に音楽を生かし	感じ取る	要素と仕組み	中学校の段階において	歴史

(☆☆☆◎◎◎)

【2】次の文は，中学校学習指導要領解説音楽編(平成20年文部科学省)「第2章　音楽科の目標及び内容」「第2節　音楽科の内容」「2　各領域及び〔共通事項〕の内容」「(1)表現領域の内容」及び「(2)鑑賞領域の内容」の一部を抜粋したものである。文中の（　ア　）～（　オ　）に当てはまる語句の正しい組合せを選びなさい。

○　音楽の表現における技能

　生徒が感じ取ったことを声や楽器，楽譜などを使って表現するためには，技能が必要である。発声や発音，楽器の奏法，音楽をつくる技能などを獲得し，（　ア　），曲想などを適切に表現することが重要となる。また，身体をコントロールし，姿勢，呼吸法，身体の動きなどを意識することも大切である。

　技能の必要性は，音楽を形づくっている要素や要素同士の関連の知覚，特質や雰囲気の感受，そして，そこから導き出される（　イ　）を通して理解されなければならない。したがって，音楽の表現における技能の指導は，こうした一連の活動の中に適切に位置付けるものである。

○　音楽の鑑賞における批評

　音楽の鑑賞は，音楽を聴いてそれを享受するという意味から受動的な行為ととらえられることがある。しかし，音楽科における鑑賞の学習は，音楽によって喚起された（　ウ　）などを，自分なりに言葉で言い表したり書き表したりする主体的・能動的な活動によって成立する。

　　音楽のよさや美しさなどについて，（　エ　）他者に伝えることが音楽科における批評である。(略)　ただし，それが他者に理解されるためには，（　オ　）理由を基にして，自分にとってどのような価値があるのかといった評価をすることが重要となる。

	ア	イ	ウ	エ	オ
①	音楽に対する解釈やイメージ	イメージ	イメージや感情	言葉で表現し	自分なりの
②	楽譜に記された内容	イメージ	イメージや感情	多様な方法で	客観的な
③	音楽に対する解釈やイメージ	表現の工夫	曲想や構造	言葉で表現し	自分なりの
④	楽譜に記された内容	イメージ	曲想や構造	多様な方法で	客観的な
⑤	音楽に対する解釈やイメージ	表現の工夫	イメージや感情	言葉で表現し	客観的な

(☆☆☆◎◎◎)

【3】次の文は，中学校学習指導要領解説音楽編(平成20年文部科学省)「第3章　各学年の目標及び内容」「第1節　第1学年の目標と内容」「2　内容」「(1)A表現」の一部を抜粋したものである。文中の（　a　）～（　d　）に当てはまる語句の正しい組合せを選びなさい。

> (1)　歌唱の活動を通して，次の事項を指導する。
>
> > ア　歌詞の内容や曲想を感じ取り，表現を工夫して歌うこと。

　「曲想」とは，（　a　）や味わいなどのことである。歌唱曲では，歌詞も曲想にかかわる重要な要素の一つと言える。「曲想を感じ取」ることは，音楽を形づくっている要素や構造の働きをとらえることが基になる。

(略)

　曲想を感じ取る活動と，（　b　）歌う活動とは表裏一体の関係にあり，これらの活動を繰り返していくことにより，曲想の感じ取り方が徐々に深まり表現の質も高まっていく。

160

> (2) 器楽の活動を通して，次の事項を指導する。

> イ 楽器の特徴をとらえ，基礎的な奏法を(c)演奏すること。

　「楽器の特徴をとらえ」とは，楽器の構造や奏法を知り，その楽器固有の音色や響き，よさなどをとらえることである。器楽の表現においては，特定の楽器を用いて専門的な奏法を身に付けさせることにねらいがあるわけではない。特に第1学年では，学校や生徒の実態に即しながら，必要に応じて様々な種類の楽器を用いることで，楽器の音を(d)とらえ，その楽器の音でしか表せない表現を体験させることによって，音楽表現の豊かさや美しさに気付かせることが考えられる。

	a	b	c	d
①	その音楽固有の表情	表現を工夫して	身に付けて	音楽の素材として
②	その音楽固有の表情	要素を知覚しながら	身に付けて	客観的に
③	自分なりの感じ方	要素を知覚しながら	生かして	音楽の素材として
④	自分なりの感じ方	表現を工夫して	身に付けて	客観的に
⑤	その音楽固有の表情	表現を工夫して	生かして	客観的に

(☆☆☆◎◎◎)

【4】次の文は，中学校学習指導要領解説音楽編(平成20年文部科学省)「第3章　各学年の目標及び内容」「第1節　第1学年の目標と内容」「2　内容」「(3)〔共通事項〕」の一部を抜粋したものである。文中の(a)～(e)に当てはまる語句の正しい組合せを選びなさい。ただし，同じ記号には同じ語句が入る。

> (1) 「A表現」及び「B鑑賞」の指導を通して，次の事項を指導する。

> ア　音色，リズム，速度，旋律，テクスチュア，強弱，
> 　形式，構成などの音楽を形づくっている要素や要素同
> 　士の関連を知覚し，それらの働きが生み出す特質や雰
> 　囲気を感受すること。

　ここで言う「知覚」は，聴覚を中心とした感覚器官を通して音や音楽を判別し，意識することであり，「感受」は，音や音楽の特質や雰囲気などを感じ，（　a　）ことである。本来，知覚と感受は一体的な関係にあると言えるが，指導に当たっては，音楽を形づくっている要素のうちどのような要素を知覚したのかということと，その要素の働きによってどのような特質や雰囲気を感受したのかということを，それぞれ確認しながら（　b　）いくことが重要となる。

(略)

　こうした考え方を踏まえ，それぞれの要素に関連する学習の指導例を以下に示す。

　「音色」に関連する学習では，声や楽器の音色，自然音や環境音，曲種に応じた発声及び楽器の奏法による様々な音色，それらの（　c　）や変化などが生み出す響きなどについて指導することが考えられる。

(略)

　「速度」に関連する学習では，ふさわしい速度の設定，速度を保ったり様々に変化させたりすること，緩急の対比，我が国の伝統音楽に見られる（　d　）などについて指導することが考えられる。

(略)

　「形式」に関連する学習では，二部形式，三部形式，ソナタ形式，我が国や諸外国の音楽に見られる様々な楽曲形式などについて指導することが考えられる。なお，我が国の伝統音楽に見られる（　d　），（　e　）形式などを扱うことも考えられる。

	a	b	c	d	e
①	聴き取る	結び付けて	固有の響き	コブシ	音頭一同
②	聴き取る	個別に指導して	固有の響き	序破急	追分
③	受け入れる	結び付けて	組合せ	序破急	音頭一同
④	聴き取る	個別に指導して	組合せ	コブシ	追分
⑤	受け入れる	結び付けて	組合せ	序破急	追分

(☆☆☆◎◎◎)

【5】次の文は，中学校学習指導要領解説音楽編(平成20年文部科学省)
「第3章　各学年の目標及び内容」「第2節　第2学年及び第3学年の目標
と内容」「2　内容」「(1)A表現」の一部を抜粋したものである。文中の
(a)~(e)に当てはまる語句の正しい組合せを選びなさい。

> (3)　創作の活動を通して，次の事項を指導する。
>
> > ア　言葉や音階などの特徴を生かし，表現を工夫して旋
> > 律をつくること。
>
> 「言葉や音階などの特徴」は，旋律をつくるための手掛かりと
> して示したものである。言葉の特徴には，(a)，アクセント，
> リズムなど，音階の特徴には，音階の構成音によって生み出さ
> れる独特な雰囲気などがあげられる。
> (略)
> なお，旋律をつくる手掛かりとして，我が国の伝統音楽に見
> られる手などの旋律型を基にしてそれを発展させるようにつく
> ったり，(b)を基にしてそれに合う旋律をつくったりするこ
> となども考えられる。
>
> > イ　表現したいイメージをもち，音素材の特徴を生かし，
> > 反復，変化，対照などの(c)や全体のまとまりを工
> > 夫しながら音楽をつくること。
>
> この事項の創作活動は，特定の音楽形式に必ずしも限定され

ないことから，特に，創作活動の源となるイメージをもつことが大切になる。その際，（　d　）を聴くことによって，イメージが形成されたりイメージ自体が変化し発展していったりすることがある。

(略)

　創作で用いる「音素材」としては，声や楽器の音のほか，自然界や日常生活の中で聴くことのできる様々な音が含まれる。

(略)

第1学年においては，音素材の特徴を感じ取ったり，音素材と表現したいイメージとのかかわりを(　e　)に感じ取ったりすることにねらいがあった。

	a	b	c	d	e
①	響き	既存の旋律	構成	様々な音楽	多面的，多角的
②	抑揚	コード進行	構成	鳴らした音	感覚的，直感的
③	響き	既存の旋律	形式	鳴らした音	感覚的，直感的
④	抑揚	コード進行	形式	様々な音楽	感覚的，直感的
⑤	響き	コード進行	構成	様々な音楽	多面的，多角的

(☆☆☆◎◎◎)

【6】次の文は，中学校学習指導要領解説音楽編(平成20年文部科学省)「第4章　指導計画の作成と内容の取扱い」「2　内容の取扱いと指導上の配慮事項」の一部を抜粋したものである。文中の(　ア　)〜(　オ　)に当てはまる語句の正しい組合せを選びなさい。

> (3)　我が国の伝統的な歌唱や和楽器の指導については，言葉と音楽との関係，姿勢や身体の使い方についても配慮すること。

　言葉と音楽との関係においては，(　ア　)に注目する必要がある。(略)
言葉のまとまり，リズム，抑揚，(　イ　)アクセント，発音及び

（　ウ　）といったものが（　エ　）に作用し，旋律の動きやリズム，間，声の音色など，日本的な特徴をもった音楽を生み出す源となっている。このことは，歌唱に限らない。（　オ　）に見られるように，楽器の演奏においても言葉の存在が音楽と深くかかわっている。

	ア	イ	ウ	エ	オ
①	日本語	高低	所作	直接的	朗詠
②	発声法	高低	音質	間接的	唱歌
③	日本語	強弱	所作	間接的	朗詠
④	日本語	高低	音質	直接的	唱歌
⑤	発声法	強弱	所作	間接的	唱歌

（☆☆☆○○○）

【7】次の音楽用語で関係の深い組合せになっているものを五つ選んだとき，正しく選んでいる番号を選びなさい。

ア　alla breve　と　𝄵

イ　arco　　　と　col legno

ウ　cantando　と　arioso

エ　coda　　　と　pesante

オ　grave　　と　con

カ　senza　　と　affettuoso

キ　feroce　　と　𝄴

ク　Mordent　と　♫

ケ　ad libitum　と　a piacere

コ　amoroso　と　simile

①	ア	イ	カ	キ	コ
②	ア	エ	オ	ク	ケ
③	ウ	エ	カ	キ	コ
④	ア	イ	ウ	ク	ケ
⑤	ウ	オ	ク	ケ	コ

(☆☆☆◯◯◯)

【8】次のア～オの音を指定されたとき，三和音の基本形(a～j)を正しく
選んでいるものの組合せを選びなさい。

	ア	イ	ウ	エ	オ
①	b	d	f	i	g
②	b	c	f	j	g
③	a	d	e	j	h
④	a	c	e	i	g
⑤	b	c	f	i	h

(☆☆◎◎◎)

【9】次のア～オの各文の(　　)に適する調の正しい組合せを選びなさい。

ア　C durの下属調の平行調は，(　　)である。

イ　A durは，G durの平行調の下属調から見て，(　　)である。

ウ　h mollの同主調の平行調は，(　　)である。

エ　♯♭ は，(　　)の第4音である。

オ　♭ は，(　　)の第5音と異名同音である。

	ア	イ	ウ	エ	オ
①	d moll	同主調	g moll	Fis durの下属調	gis moll
②	dis moll	属調	g moll	Fis durの下属調	gis moll
③	dis moll	属調	gis moll	Fis durの下属調	As dur
④	dis moll	同主調	gis moll	E durの平行調	As dur
⑤	d moll	同主調	gis moll	E durの平行調	gis moll

(☆☆◎◎◎)

【10】次のア～オの各文は，雅楽で使われる楽器について説明したものである。正しいものを○，間違っているものを×としたとき，正しい組合せを選びなさい。

ア　鉦鼓は，2本のばちで革の両面を打つ。

イ　鞨鼓は，2本のばちで太鼓の片面を打ち，全体のテンポをリードする役目がある。

ウ　笙は，吹いても吸っても音が出る。

エ　篳篥は，葦で作られたリードを，竹の管に差し込んで音を出し，和音を奏することができる。

オ　楽琵琶は，5本の弦をばちを使って弾く。

	ア	イ	ウ	エ	オ
①	○	○	○	×	×
②	×	×	×	○	×
③	×	×	○	×	×
④	○	○	×	×	×
⑤	×	×	○	○	○

(☆☆☆◎◎◎)

【11】次の文は，雅楽について説明したものである。（　ア　）～（　エ　）に当てはまる正しい語句の組合せを選びなさい。

　雅楽には，中国・朝鮮半島などから伝わった「舞楽」や「（　ア　）」，日本古来の儀式用の歌や舞である「神楽歌」「東遊」，さらには，平安時代に日本でつくられた歌である「催馬楽」などがある。

　「舞楽」は，舞と音楽によって上演され，「左舞」と「右舞」がある。「左舞」では，「唐楽」が演奏され，装束は原則的に（　イ　）色系統で，演目は「陵王」が有名である。「右舞」では，「高麗楽」が演奏され，（　ウ　）と読む。「唐楽」も「高麗楽」も（　エ　）だけで演奏される。

	ア	イ	ウ	エ
①	声明	赤	こらがく	吹きものと打ちもの
②	管絃	青	こまがく	吹きものと弾きもの
③	管絃	赤	こらがく	弾きものと打ちもの
④	声明	青	こまがく	吹きものと弾きもの
⑤	管絃	赤	こまがく	吹きものと打ちもの

(☆☆☆◎◎◎)

【12】ヴェルディ作曲のオペラ「アイーダ」の主な登場人物である次の5人は，それぞれどの声域で歌うように作曲されているか，登場人物と声域の組合せで正しいものを選びなさい。

	エジプト王	アムネリス	ラダメス	アイーダ	アモナスロ
①	バス	メッゾ・ソプラノ	テノール	ソプラノ	バリトン
②	バス	ソプラノ	バリトン	ソプラノ	バリトン
③	バス	メッゾ・ソプラノ	バリトン	メッゾ・ソプラノ	バリトン
④	バリトン	ソプラノ	テノール	メッゾ・ソプラノ	バス
⑤	バリトン	ソプラノ	テノール	ソプラノ	バス

(☆☆☆☆◎◎)

【13】次の，地図中の A ～ E の地域では，どのような音楽文化と結び
つきが深いか，正しい組合せを選びなさい。

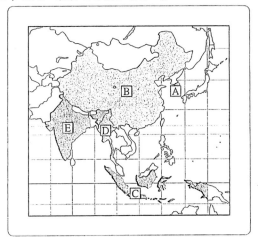

	地図中の地域	音楽文化
①	A	ジンジュ
②	B	タンソ
③	C	ガムラン
④	D	タブラ・バーヤとシタール
⑤	E	ジェゴグ

(☆☆☆☆◎◎)

【14】次のア～エは，シューベルト作曲の歌曲「魔王」の歌詞の一部を示
　　　したもので，楽譜a～g(原調とは異なる)は，同曲の一部を示したもの
　　　である。歌詞と楽譜の組合せとして正しいものを選びなさい。

　　ア　Mein Sohn was brigst du so bang dein Gesicht?

　　イ　Ich liebe dich, mich reizt deine schöne Gestalt,

　　ウ　in seinen Armen das Kind war tot.

　　エ　Mein Vater, mein Vater, und hörest du nicht,

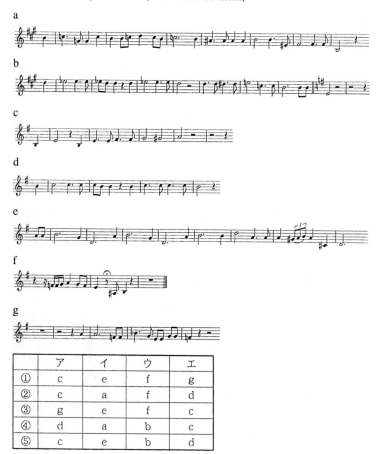

	ア	イ	ウ	エ
①	c	e	f	g
②	c	a	f	d
③	g	e	f	c
④	d	a	b	c
⑤	c	e	b	d

(☆☆☆◎◎)

【15】 次の図は，ギターのフィンガーボードである。(ア)〜(ウ)の時，①〜⑯のどのポジションを押さえて弾けばよいか，答えなさい。

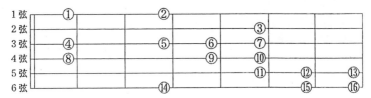

(ア) 4弦の開放弦を調弦するとき

(イ) 2弦の開放弦を調弦するとき

(ウ) 次のように楽譜に記音されているとき

(☆☆☆◎◎◎)

【16】 ギターの楽譜中，音符の下に「p」(ギターの右手の奏法に関わる記号)とあるとき，その音はどの指で弾くように指定されているのか，次の図の(　)の中に，○を書きなさい。

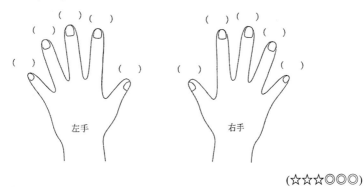

(☆☆☆◎◎◎)

【17】 次の旋律について，あとの①〜④に答えなさい。

171

① 作曲者名を書きなさい。(カタカナで答えること)

② 作曲者の活躍した時代を書きなさい。(西洋音楽史上の時代で答えること)

③ 作曲者の生まれた国と活躍した国を書きなさい。

④ 曲名を書きなさい。

(☆☆◎◎)

【18】黒御簾音楽について，次の①〜③に答えなさい。

① この音楽が使用される，我が国を代表する舞台芸術の名称を書きなさい。

② その役割を書きなさい。

③ この音楽の別の名称を書きなさい。

(☆☆☆◎◎◎)

【19】バッハ作曲の「フーガ　ト短調(BWV578)」の第2声部は，冒頭から何小節目に現れるのかを答え，その第2声部のはじまりから3小節までの旋律を書きなさい。ただし，記譜は原調とすること。

(☆☆☆☆◎◎)

【20】三下りで調弦した三味線で，次の楽譜(文化譜)を演奏したとき，どのような旋律になるかを五線譜に書きなさい。

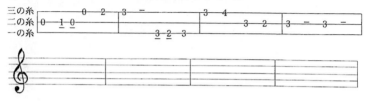

(☆☆☆◎◎◎)

解答・解説

【中学校】

【1】④

〈解説〉音楽科の目標は「生活を明るく豊かにするための音楽を愛好する心情を育てること」「音楽に対する感性を豊かにすること」等によって豊かな情操を養う，つまり音楽科で培ったものを授業だけでなく，日常生活に役立てることも視野に入れていることをおさえておきたい。音楽科で培われた美しさを受容し求める心は，他の価値においても通じるものがあるという視点から述べられていることも知っておこう。

【2】⑤

〈解説〉問題文にある「音楽を形づくっている要素」も頻出なので，問題文と同様におさえておく必要がある。本資料によると音楽を形づくっている要素として音色，リズム，速度，旋律，テクスチュア，強弱，形式，構成などがあげられている。

【3】①

〈解説〉学習内容は文言を捉えるばかりでなく，その背景などもおさえておくこと。(1)のアは歌詞の内容や曲想を感じ取り，表現したい思いや意図をもって表現を工夫して歌う能力を育てること，(2)のイは文言の通り，楽器の特徴をとらえ，基礎的な奏法を身に付けて演奏する能力を育てること，をねらいとしている。

【4】③

〈解説〉本資料では，問題で示された以外の要素に関する指導例も示されているので，確認しておくこと。なお，選択肢中にあるコブシは民謡で使われている声の技巧のことであり，追分は東日本を中心に謡われ

ている民謡のことである。

【5】②

〈解説〉本資料によると(3)アの指導の留意点として，「生徒が音のつなが
り方を十分試すことができるような活動を設定し，旋律をつくる楽し
さや喜びを実感できるように指導を工夫すること」としている。一方，
イは「音を音楽へと構成する楽しさや喜びを実感できるようにすると
ともに，反復，変化，対照などの音楽を構成する原理の働きや，全体
的なまとまりが音楽として意味をもたらすことに気付くようにするこ
とが重要」としている。

【6】④

〈解説〉選択肢中にある「朗詠」とは雅楽の用語で，漢詩の佳句や序など
の一節から七言二句の対句を抜き出し，旋律を付したものである。平
安時代には催馬楽とともに貴族に愛唱されていた。

【7】④

〈解説〉アの「alla breve(アラブレーヴェ)」は2分の2拍子，イの「arco (ア
ルコ)」は弓で，「col legno(コル・レーニョ)」は弓の木部で弾く奏法を
指す。ウの「cantando(カンタンド)」，「arioso(アリオーソ)」は共に歌う
ように，といった意味がある。エの「coda(コーダ)」は集結部分を指
し，「pesante(ペザンテ)」とオの「grave(グラーヴェ)」は重々しく，ま
た，オの「con(コン)」は「…で」という意味がある。カの「senza(セ
ンツァ)」は「…なしに」，「affettuoso(アフェットゥオーソ)」は優しさ
を込めて，という意味である。キの「feroce(フェローチェ)」は野性的
に激しく，ケの「a piacere(ピアチェーレ)」，「ad libitum(アドリビトゥ
ム)」は演奏者の自由にといった意味がある。コの「amoroso(アモロー
ソ)」は愛情に満ちて，「simile(シーミレ)」は前と同じように，という
意味である。

【8】②

〈解説〉増三和音は根音から長3度と増5度からなる和音，長三和音は根音
　から長3度と完全5度からなる和音，短三和音は根音から短3度と完全5
　度からなる和音，減三和音は根音から短3度と減5度からなる和音であ
　る。以上を基に，問題の条件と合わせながら考えるとよい。

【9】⑤

〈解説〉ア　C dur(ハ長調)の下属調は完全4度上のへ長調であり，へ長調
　の平行調は短3度下のニ短調(d moll)である。　イ　G durはト長調であ
　り，ト長調の平行調ホ短調，ホ短調の下属調はイ短調である。
　ウ　h mollはロ短調であり，同主調はロ長調である。そしてロ長調の
　平行調は嬰ト短調(gis moll)である。　エ　Fis dur(嬰へ長調)の下属調は
　h dur(ロ長調)，E dur(ホ長調)の平行調はcis moll(嬰ハ短調)である。

【10】③

〈解説〉ア　鉦鼓は雅楽の唯一の金属製楽器で，金属製の皿型を2本のば
　ちで打って鳴らす。　イ　鞨鼓は太鼓の両面を2本のばちで打って鳴
　らす。　エ　篳篥はいわゆる縦笛で，旋律を担当する楽器である。
　オ　楽琵琶は4弦である。

【11】⑤

〈解説〉ア　雅楽は舞楽，管弦，国風歌舞，歌物の4つに大別される。
　イ　左舞は唐楽の音楽を用い，赤系統の装束を身に着けて舞う，中国
　系の楽舞を源とする舞楽である。　エ　舞楽では弦楽器は用いられず，
　管楽器と打楽器のみによる編成になる。

【12】①

〈解説〉声域の高い順にアイーダ(ソプラノ)，アムネリス(メッゾソプラ
　ノ)，ラダメス(テノール)，アモナスロ(バリトン)，エジプト王(バス)と
　なる。

【13】③

〈解説〉①の「ジンジュ」は中国の伝統的な古典演劇の京劇のこと。②の
　　「タンソ」は韓国の伝統楽器で，縦笛である。④のタブラ・バーヤと
　　シタールはともにインドの楽器，⑤のジェゴグはインドネシアの巨大
　　な竹のガムランである。

【14】②

〈解説〉「魔王」では語り手，父親，息子，魔王の4人が登場し，それぞれ
　　異なる音域と固有のリズムによって表されているので，それぞれの特
　　徴を知っておくのが解答へのカギとなる。歌詞はドイツ語で，アは父
　　親「息子よ，何をおまえはそう怖がって顔をかくしているのか」，イ
　　は魔王で「私はおまえが大好きだ，お前のそのかわいい姿が」，ウは
　　語り手で「彼の腕の中で子供は死んでいた」，エは息子で「お父さん，
　　お父さん，本当に聞こえないの？」という訳になる。「shon」が「son」，
　　「vater」が「father」，「kind」が「kids」など英語のスペルに似た，キー
　　ワードとなる単語を知っておくと歌詞の内容もわかりやすくなる。

【15】（ア）　⑪　　（イ）　⑥　　（ウ）　②

〈解説〉ア　ギターのチューニング方法は音叉と開放弦を活用して行う。
　　音叉と同じ5弦開放の音を合わせ，5弦開放の音と6弦5フラットの音が
　　同じ音程なので同じ高さになるように6弦を合わせる。同じように5弦
　　5フラットの音と4弦開放の音が同じようになるように4弦を合わせる。
　　イ　2弦開放の音と同じなのは3弦4フラットの音である。　ウ　ギタ
　　ーの開放弦の音は第6弦から，ホ音，イ音，一点ニ音，一点ト音，一
　　点ロ音，二点ホ音となっている。楽譜の音は二点ト音なので，第1弦3
　　フラットとなる。

【16】

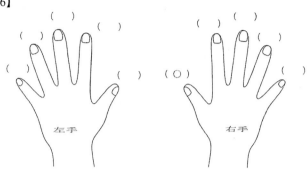

〈解説〉クラシックギターの楽譜には左手の指番号，右手の指記号が書か
　れている。指記号にはスペイン語の頭文字が用いられており，親指が
　p，人差し指がi，中指がm，薬指がa，小指がch，となっている。

【17】 ① ベートーヴェン ② 古典派 ③ 生まれた国…ドイツ
　活躍した国…オーストリア ④ 交響曲第9番ニ短調(作品125)
〈解説〉楽譜よりベートーヴェン作曲の交響曲第9番ニ短調の第4楽章の
　「歓喜の歌」であることがわかる。ベートーヴェンはドイツ三大Bに含
　まれるドイツ生まれの音楽家だが，ウィーン古典派とも呼ばれ，ウィ
　ーンで活躍した古典派の最後を飾る音楽家でもある。

【18】 ① 歌舞伎 ② 効果音 ③ 下座音楽
〈解説〉歌舞伎の演出効果を高めるための音楽のことを指す。舞台下手の
　黒塗りの御簾を垂らした黒板塀に囲まれた中で演奏するため，その場
　所を指す下座音楽や黒御簾音楽，陰囃子などと呼ばれている。

【19】 何小節目から現れるか…6小節目

〈解説〉本曲は4声部のフーガで，第1声部で主題である旋律が提示され，

それが終わると続いて第2声部が第1声部の主題に対し，属調で応答し主唱を模倣する構造となっている。

【20】

〈解説〉三下りは一の糸と二の糸，二の糸と三の糸が完全4度の関係になり，各糸の開放弦の音は一の糸から口音，ホ音，イ音となる。文化譜に書かれた数字は各糸の勘所を指し，音符の下に下線がある音は8分音符を，下線がないものは4分音符を表し，数字の横の線は音符の長さを2倍にする。

2017年度　実施問題

【中学校】

【1】次の文は，中学校学習指導要領解説音楽編(平成20年文部科学省)「第2章　音楽科の目標及び内容」「第1節　音楽科の目標」「1　教科の目標」の一部を抜粋したものである。文中の(ア)～(オ)に当てはまる語句の正しい組合せを，あとの　　　の①～⑤から一つ選びなさい。ただし，同じ記号には同じ語句が入る。

> 　表現及び鑑賞の幅広い活動を通して，音楽を愛好する(ア)を育てるとともに，音楽に対する(イ)を豊かにし，音楽活動の基礎的な(ウ)を伸ばし，音楽文化についての理解を深め，豊かな情操を養う。

○　この目標は，表現及び鑑賞の幅広い活動を通して学習が行われることを前提とし，生活を明るく豊かにするための音楽を愛好する(ア)を育てること，音楽に対する(イ)を豊かにすること，音楽活動の基礎的な(ウ)を伸ばすこと，人間と音や音楽とのかかわりとして音楽文化についての理解を深めること，これらが(エ)豊かな情操を養うことによって構成されている。

○　「表現及び鑑賞の幅広い活動」とは，多様な音楽活動を行うことを意味している。我が国や郷土の伝統音楽を含む我が国及び諸外国の様々な音楽を教材として扱い，音楽の素材となる音に関心をもったり音楽の(オ)を理解したりするなど，生徒一人一人の個性や興味・関心を生かした歌唱，器楽，創作，鑑賞の活動を行うことが重要である。

	ア	イ	ウ	エ	オ
①	態度	感性	能力	独自にはたらいて	特徴
②	心情	感性	能力	総合的に作用し合い	多様性
③	心情	知識	技能	独自にはたらいて	特徴
④	態度	知識	能力	総合的に作用し合い	特徴
⑤	心情	感性	技能	総合的に作用し合い	多様性

(☆☆☆◎◎◎)

【2】次のA〜Eの各文は，中学校学習指導要領解説音楽編(平成20年文部科学省)に示されている「歌唱」の活動を通して指導する事項及び内容の取扱いと指導上の配慮事項について述べたものである。文中の下線部ア〜オについて，正しいものを〇，誤っているものを×としたとき，正しい組合せを，あとの◻◻◻の①〜⑤から一つ選びなさい。

A　第1学年の内容に示されている「曲種に応じた発声により，言葉の特性を生かして歌うこと。」の「曲種に応じた発声」とは，ア何通りもの発声の方法を身に付け，対象とする音楽について，本来の持ち味がより的確に表現できるように使い分けて歌うことである。

B　第1学年の内容に示されている「声部の役割や全体の響きを感じ取り，表現を工夫しながら合わせて歌うこと。」の「声部」とは，イ和声的，対位法的な意味に限定されるものではない。例えば合唱では，歌声の各声部だけではなく，伴奏も役割をもった声部の一つである。

C　第1学年は「歌詞の内容や曲想を感じ取り」としているが，第2学年及び第3学年は「歌詞の内容や曲想を味わい」としている。味わうとは，ウ対象から感じ取ったものの価値を自らの感性によって確認することであり，ここには価値を判断することが含まれている。

D　各学年の「A表現」の(4)のイの(ア)に示す歌唱教材について，我が国のよき音楽文化を世代を超えて受け継がれるようにす

る観点から，その趣旨にふさわしい楽曲を共通教材として具体的に示し，ェ3年間を通じて3曲以上を取り扱うことと示している。

E　移動ド唱法を用いて，楽譜を見て音高などを適切に歌う活動を通じて，オ絶対的な音程感覚を育てるだけではなく，歌唱における読譜力を伸ばすとともに，音と音とのつながり方をとらえて，フレーズなどを意識して表現を工夫する能力を養うこともできると考えられる。

	ア	イ	ウ	エ	オ
①	×	×	○	○	○
②	○	×	×	×	○
③	×	○	×	○	×
④	○	×	○	×	×
⑤	×	○	○	×	×

(☆☆◎◎)

【3】次の文は，中学校学習指導要領解説音楽編(平成20年文部科学省)「第4章　指導計画の作成と内容の取扱い」「2　内容の取扱いと指導上の配慮事項」の一部を抜粋したものである。文中の(ア)〜(オ)に当てはまる語句の正しい組合せを，あとの□□の①〜⑤から一つ選びなさい。ただし，同じ記号には同じ語句が入る。

> (4)　読譜の指導については，小学校における学習を踏まえ，♯や♭の(ア)としての意味を理解させるとともに，3学年間を通じて，(イ)をもった(ア)の楽譜の視唱や視奏に慣れさせるようにすること。

♯や♭がもつ(ウ)としての半音を上下させる働きのほか，

（　ア　）としての役割があることを理解させ，（　エ　）の位置を知ることによって，（　オ　）による読譜も可能となる。

	ア	イ	ウ	エ	オ
①	臨時記号	1♯，1♭程度	調号	主音	音名唱法
②	調号	1♯，2♭程度	臨時記号	主音	移動ド唱法
③	臨時記号	1♯，2♭程度	調号	属音	音名唱法
④	調号	1♯，1♭程度	臨時記号	主音	移動ド唱法
⑤	臨時記号	1♯，2♭程度	調号	属音	移動ド唱法

（☆☆◎◎◎）

【4】次のア～オの各文は，中学校学習指導要領解説音楽編(平成20年文部科学省)「第4章　指導計画の作成と内容の取扱い」「1　指導計画作成上の配慮事項」の一部について述べたものである。正しいものを○，誤っているものを×としたとき，正しい組合せを，あとの　　　　の①～⑤から一つ選びなさい。

> ア　各学年の内容の〔共通事項〕は表現及び鑑賞に関する能力を育成する上で共通に必要となるものであり，表現及び鑑賞の各活動とは別に十分な指導が行われるよう工夫すること。
>
> イ　各学年の内容については，生徒がより個性を生かした音楽活動を展開できるようにするため，表現方法や表現形態を選択できるようにするなど，学校や生徒の実態に応じ，効果的な指導ができるよう工夫すること。
>
> ウ　音楽科の年間指導計画の作成などに際して，道徳教育の全体計画との関連，指導の内容及び時期等に配慮し，両者が相互に効果を高め合うようにすることが大切である。
>
> エ　指導計画の作成に当たっては，歌唱，器楽，創作，鑑賞について，特定の活動に偏らず，それぞれ決められた時間数を実施できるよう留意すること。
>
> オ　〔共通事項〕をよりどころとして，表現と鑑賞の相互関連を図った題材の指導計画を作成したり，歌唱，器楽，創作の相

互関連を図った題材の指導計画を作成したりすることも重要である。

	ア	イ	ウ	エ	オ
①	×	○	×	○	○
②	×	○	○	×	○
③	○	×	○	×	○
④	×	×	○	○	×
⑤	○	○	×	○	×

(☆☆☆◎◎)

【5】次の文は，中学校学習指導要領解説音楽編(平成20年文部科学省)「第3章　各学年の目標及び内容」「第1節　第1学年の目標と内容」「2　内容」「(1)A　表現」の一部を抜粋したものである。文中の(A)～(E)に当てはまる語句の正しい組合せを，あとの□□の①～⑤から一つ選びなさい。ただし，同じ記号には同じ語句が入る。

(3)　創作の活動を通して，次の事項を指導する。

　ア　言葉や音階などの特徴を感じ取り，(A)簡単な旋律をつくること。

　この事項は，言葉や音階などの特徴を感じ取り，(A)簡単な旋律をつくる能力を(B)ことをねらいとしている。
　「(A)簡単な旋律をつくる」ためには，自己のイメージと音楽を形づくっている要素とをかかわらせながら，音のつながり方を試行錯誤して旋律をつくっていくことが重要である。

　イ　表現したいイメージをもち，音素材の特徴を感じ取り，反復，変化，対照などの構成を工夫しながら音楽をつくること。

　　この事項は，表現したいイメージ，音素材の特徴，反復，変化，対照などの音楽を構成する(C)をかかわらせながら，音楽をつくる能力を(B)ことをねらいとしている。

　　この事項においては，生徒が，音素材の特徴と音楽の構成に直接向き合うこととなるので，実際に形として表れる音楽表現の(D)するだけではなく，活動の(E)に目を向けた指導を行うことが重要である。

	A	B	C	D	E
①	様々な発想をもって即興的に	高める	原理	完成度を追求	終末までに身に付いた知識
②	表現を工夫して	育てる	仕組み	完成度を追求	過程ではぐくまれる能力
③	表現を工夫して	高める	原理	難易度を考慮	終末までに身に付いた知識
④	様々な発想をもって即興的に	高める	仕組み	難易度を考慮	終末までに身に付いた知識
⑤	表現を工夫して	育てる	原理	完成度を追求	過程ではぐくまれる能力

(☆☆☆◎◎)

【6】次の文は，「評価規準の作成，評価方法等の工夫改善のための参考資料(中学校　音楽)」(平成23年国立教育政策研究所教育課程研究センター)「第2編　評価規準に盛り込むべき事項等」「第2　内容のまとまりごとの評価規準に盛り込むべき事項及び評価規準の設定例」「Ⅱ　第2学年及び第3学年」「2　第2学年及び第3学年の評価の観点の趣旨」の一部を抜粋したものである。文中の下線部ア～オについて，正しいものを○，誤っているものを×としたとき，正しい組合せを，あとの　　　の①～⑤から一つ選びなさい。

第2学年及び第3学年の評価の観点の趣旨

音楽への 関心・意欲・態度	音楽表現の創意工夫	音楽表現の技能	鑑賞の能力
音楽活動の楽しさを体験することを通して, ァ音や音楽に対する関心をもち, 主体的に音楽表現や鑑賞の学習に取り組もうとする。	音楽を形づくっている要素を知覚し, それらの働きが生み出す特質や雰囲気を感受しながら, ィふさわしい音楽表現を工夫し, どのように表すかについて思いや意図をもっている。	創意工夫を生かしたゥ音楽表現をするための方法を身に付け, 歌唱, 器楽, 創作で表している。	音楽を形づくっている要素を知覚し, それらの働きが生み出す特質や雰囲気を感受しながら, ェ解釈したり価値を考えたりして, ォ多様な音楽のよさや美しさを味わって聴いている。

	ア	イ	ウ	エ	オ
①	○	○	×	○	○
②	×	○	×	○	×
③	○	○	○	×	×
④	×	×	×	×	×
⑤	○	×	○	×	○

(☆☆☆◎◎)

【7】 次のア〜オの音楽用語の意味として正しい組合せを, 下の□□の①〜⑤から一つ選びなさい。

ア amoroso〔伊〕　　イ con malinconia〔伊〕　　ウ sostenuto〔伊〕
エ pastorale〔伊〕　　オ con spirito〔伊〕

	ア	イ	ウ	エ	オ
①	激しく	憂鬱に	遅くならないように	静かに	元気に
②	愛情豊かな	憂鬱に	音の長さを十分に保って	牧歌風に	元気に
③	愛情豊かな	生き生きと	遅くならないように	牧歌風に	上品に

④	激しく	生き生きと	遅くならない ように	静かに	上品に
⑤	愛情豊かな	生き生きと	音の長さを 十分に保って	静かに	元気に

(☆☆☆◎◎◎)

【8】次のア～オの各文は，世界の民族音楽及び民族楽器について述べたものである。正しいものを○，誤っているものを×としたとき，正しい組合せを，下の◻️◻️の①～⑤から一つ選びなさい。

ア　シタールは，北インドの代表的な弦楽器で，7本の演奏弦と共鳴弦によって特徴的な響きを出す。共鳴弦のことをタブラーという。

イ　ジンジュは，中国の伝統的な音楽劇で，京劇ともいわれる。

ウ　オルティンドーは，パキスタンを代表する民謡の一種で，速度の変化とともに，音楽が盛り上がる。

エ　ウードは，西アジアに伝わる楽器で，琵琶，ピーパー，リュートの祖といわれている。

オ　ケーナは，ペルーの民族楽器で発音は尺八と同じである。

	ア	イ	ウ	エ	オ
①	×	○	×	○	○
②	○	○	○	×	○
③	×	○	×	×	×
④	○	×	○	○	○
⑤	○	×	×	○	×

(☆☆☆◎◎◎)

【9】次のア～カの作曲家のうち，日本の江戸時代と同時期に活躍した者について，正しいものを○，誤っているものを×としたとき，正しい組合せを，あとの◻️◻️の①～⑤から一つ選びなさい。

ア　ホルスト　(Holst, G.)

イ　ヴィヴァルディ(Vivaldi, A.)

ウ　ロドリーゴ　(Rodrigo, J.)

エ　ショパン　(Chopin, F.F.)

オ　ストラヴィンスキー　(Stravinsky, I.F.)

カ　八橋検校

	ア	イ	ウ	エ	オ	カ
①	○	×	×	○	○	×
②	×	○	○	×	○	×
③	○	○	○	×	×	×
④	×	×	○	○	×	○
⑤	×	○	×	○	×	○

(☆☆☆◎◎)

【10】次のア〜エの各文は，中学校歌唱共通教材及びその作者について述べたものである。正しいものを○，誤っているものを×としたとき，正しい組合せを，あとの□□□の①〜⑤から一つ選びなさい。

ア　「赤とんぼ」「待ちぼうけ」は，山田耕筰の作品である。作詞は「赤とんぼ」が北原白秋「待ちぼうけ」は三木露風である。山田耕筰は，日本で初の交響楽団を作った人とも言われている。

イ　「荒城の月」は，滝廉太郎の作品で，滝廉太郎は他に，組歌「四季」や，「箱根八里」「旅愁」がある。

ウ　「荒城の月」の作詞をした土井晩翠は，会津若松の鶴ヶ城と故郷である仙台の青葉城をイメージしてこの詞を書いたといわれている。

エ　「夏の思い出」を作曲した中田喜直は，「早春賦」の作曲者の息子である。また，「夏の思い出」の作詞者は，「花の街」の作詞者でもある。

	ア	イ	ウ	エ
①	○	×	○	×
②	○	○	×	○
③	×	×	○	○
④	○	○	×	×
⑤	×	○	○	○

(☆☆☆○○○)

【11】箏及び三味線の奏法及び解説として正しい組合せを，下の□の①～⑤から一つ選びなさい。

〈奏法〉

　a　引き色　　b　スクイ　　c　後押し　　d　スリ

〈解説〉

　ア　右手で弾いた後，左手で弦を押し，余韻を下げる。

　イ　右手で弾いた後，左手で弦を押し，余韻を上げる。

　ウ　弦を押さえる左手を滑らせる。

　エ　左手の指で弦を弾く。

　オ　右手で弾いた後，左手で弦を引き，余韻を下げる。

　カ　右手で弾いた後，左手で弦を引き，余韻を上げる。

　キ　隣の弦と同音にし，2弦同時に弾く。

　ク　基本的な奏法とは逆に，撥の先で下から上に弾く。

	箏		三味線	
	奏法	解説	奏法	解説
①	a	カ	b	キ
②	a	エ	d	ク
③	d	オ	a	キ
④	c	イ	b	ク
⑤	c	ア	a	ウ

(☆☆☆○○○)

188

【12】 次のア～オの各楽譜は，日本の民謡の一部を示したものである。発祥の県名と民謡の曲名の正しい組合せを，下の□□の①～⑤から一つ選びなさい。

ア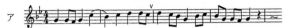

イ

ウ

エ

オ

	楽譜	県名	曲名
①	ア	富山県	こきりこ節
②	イ	青森県	ソーラン節
③	ウ	宮崎県	南部牛追い歌
④	エ	岩手県	斎太郎節
⑤	オ	福岡県	五木の子守歌

(☆☆☆◎◎◎)

【13】 次のア～クの各楽譜は，楽曲の一部を抜き出したものである。どの楽曲から抜き出したのかを語群a～hから選んだとき，正しい組合せを，あとの□□の①～⑤から一つ選びなさい。ただし，1曲のうち2箇所以上から抜き出したものもある。

ア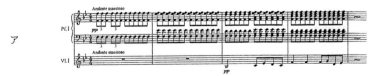

189

190

《語群》

a 組曲「惑星」　ホルスト　(Holst,G.)作曲

b 組曲「動物の謝肉祭」　サン＝サーンス　(Saint-Saëns,C.C.)作曲

c 交響詩「わが祖国」より「ブルタバ」　スメタナ(Smetana,B.)作曲

d 交響曲「新世界から」　ドボルザーク　(Dvořák,A.)作曲

e 組曲「展覧会の絵」　ムソルグスキー　(Musorgskii,M.P.)作曲

f 「和声と創意の試み」第1集「四季」　ヴィヴァルディ　(Vivaldi,A.)
　作曲

g 交響曲第5番　ベートーヴェン(Beethoven,L.v.)作曲

h 交響曲第9番　ベートーヴェン(Beethoven,L.v.)作曲

	ア	イ	ウ	エ	オ	カ	キ	ク
①	e	g	h	a	d	f	h	f
②	b	c	h	d	h	f	h	c
③	e	c	c	d	d	b	h	f
④	e	g	c	a	h	f	g	c
⑤	b	g	c	d	d	b	g	c

(☆☆☆○○○)

【14】次のア～オの各文は，歌舞伎について述べたものである。正しいも
のを○，誤っているものを×としたとき，正しい組合せを，あとの
　　　の①～⑤から一つ選びなさい。

　ア　歌舞伎「勧進帳」において，勧進帳を朗々と読み上げるのは，源義経である。

　イ　歌舞伎における特殊な化粧法で，紅や墨などの色彩で一定の型に顔面を彩ることをシテという。

　ウ　歌舞伎独特の花道を使った歩行の方法のことを六方(六法)という。

　エ　歌舞伎で歌われる唄と三味線のことを唱歌という。

　オ　歌舞伎の舞台のうち花道にあるせりのことをスッポンという。

	ア	イ	ウ	エ	オ
①	×	×	○	×	○
②	×	○	×	○	○
③	○	○	○	×	×
④	×	×	○	○	×
⑤	○	×	×	○	×

(☆☆◎◎◎)

【15】次の文は，中央教育審議会教育課程企画特別部会(平成27年8月26日)において取りまとめられた「論点整理」「5.　各学校段階，各教科等における改訂の具体的な方向性」「(2)各教科・科目等の内容の見直し」「⑦音楽，芸術(音楽)」の一部を抜粋したものである。文中の(　ア　)～(　エ　)に当てはまる語句を記入しなさい。

　　音楽科，芸術科(音楽)においては，音楽のよさや楽しさを感じるとともに，思いや意図を持って表現したり味わって聴いたりする力を育成すること，音楽と生活との関わりに関心を持って，(　ア　)にわたり音楽文化に親しむ態度を育むこと等に重点を置いて，現行の学習指導要領に改訂され，その充実が図られてきているところである。

　一方で，感性を働かせ，他者と（　イ　）しながら音楽表現を生み出したり音楽を聴いてそのよさや価値等を考えたりしていくこと，我が国や郷土の伝統音楽に親しみ，よさを一層味わえるようにしていくことや，音楽文化についての関心や理解を深めていくことについては，更なる充実が求められるところである。次期改訂に向けては，幼児期に育まれた豊かな感性と表現等の基礎の上に，小・中・高等学校教育を通じて育成すべき（　ウ　）を，三つの柱に沿って明確化し，各学校段階を通じて，創造的に表現したり鑑賞したりする力の育成，生活や社会における音楽の（　エ　）や音楽文化に関する学習活動の充実等を図り，豊かな情操を養っていくことが求められる。

（☆☆☆☆◎）

【16】次のア～ウの和音のコードネームを記入しなさい。

（☆☆☆◎◎◎）

【17】次の文は，文楽について述べたものである。文中の（　ア　）～（　オ　）に当てはまる語句を記入しなさい。ただし，同じ記号には同じ語句が入る。

　文楽は，大坂（現在の大阪）で生まれた（　ア　）劇である。文楽では，義太夫節という音楽が用いられ，（　イ　）と呼ばれる語り手と（　ウ　）奏者で演奏される。（　イ　）は，登場人物のせりふや情景や心理を描写する文を（　エ　）人で語り分ける。また，（　オ　）という種類の（　ウ　）が用いられる。

（☆☆☆◎◎◎）

【18】共通歌唱教材「早春賦」の歌詞つき(1番)の楽譜を書きなさい。

・楽譜は，歌が始まってから8小節，歌の旋律だけ書きなさい(伴奏は不要)。

・楽譜の下に歌詞をつけること(1番の8小節分)。

・調は自由とする。

(☆☆◎◎◎)

解答・解説

【中学校】

【1】②

〈解説〉中学校学習指導要領解説より，ア　音楽のよさや美しさなどを音楽活動によって実感し，理解することで，音楽についての認識を深め，生涯にわたって音楽を愛好しようとする思いを育てる。　イ　音楽科の学習の重要なねらい。音や音楽のよさや美しさなどの質的な世界を感じ取りながら思考・判断し表現する過程を指導する。　ウ　音楽を形作っている要素を知覚し，それらの働きが生み出す特質や雰囲気を感受する能力と音楽に関する用語や記号，楽譜，発声法や楽器の奏法

などの知識や技能。　エ　前述の4つの事柄が総合的に作用し合うことによって情操を養う。　オ　多様な音楽活動を通して音楽の多様性を理解した上で，生徒一人一人の個性や興味・関心を生かした活動をすることが大切である。

【2】⑤

〈解説〉中学校学習指導要領解説より，アについて「曲種に応じた発声」とは，自国の伝統的な歌唱や諸外国の様々な音楽の特徴を表現することができるような発声のことで，それぞれの楽曲の本来の持ち味がより的確に表現できるよう創意工夫して歌うことが重要である。何通りもの発声の方法を身に付けて歌うことがねらいではない。　イ　それぞれの声部が音楽の構造においてどのような役割を持っているかを生徒自身が感じ取ることが大切であるので，伴奏や民謡におけるかけ声や囃しことばなども役割をもった声部の一つとして考えられる。ウ　曲想の味わい方が深まり表現の質を高めるために，対象から感じ取った価値を自らの感性によって確認し，その価値を判断することが含まれる。　エ　各学年ごとに1曲以上を取り扱うことを示している。オ　相対的な音程感覚を育てるために，移動ド唱法を用いる。

【3】④

〈解説〉中学校学習指導要領解説より，ア・イについては，小学校ではハ長調とイ短調の楽譜を見たり演奏することを学習しているので，中学校では1♯，1♭程度をもった調号の視唱や視奏に慣れさせる。ウ・エ・オについては，♯や♭が持つ臨時記号の働きや調号の働きを理解させ，そこから各調の主音の位置を知り，移動ド唱法による読譜にも役立たせることができる。

【4】②

〈解説〉アは「表現及び鑑賞の各活動とは別に」の部分が間違い。共通事項は表現及び鑑賞の各活動を行うための支えとなるものであるので，

195

各活動と切り離して単独に指導するものではない。エは「それぞれ決められた時間数を実施できるよう留意すること」が間違い。中学校における指導では幅広い活動を通して生徒の興味関心を引き出し，学習への意欲を喚起することが大切になってくる。指導計画にあたっては活動に偏りがないように留意して，各活動を効果的に関連させながら教科及び学年の目標を実現できるように年間計画を作成しなければならない。

【5】⑤

〈解説〉中学校学習指導要領解説より，A・Bについては，自己のイメージと音楽を形作っている要素をかかわらせながら，音のつながり方を試行錯誤して旋律をつくれるように指導する。生徒が旋律をつくる楽しさや喜びを実感できるようにし，この能力を育てることが大切である。　C　「反復，変化，対照など」は音を音楽へと構成する原理である。　D・E　生徒が自己のイメージを膨らませながら，音素材を探ったり音を音楽へと構成したりすることを通して，創作する楽しさや喜びを実感できるようにすることが求められる。そこで，完成度を追求するだけでなく，活動の過程ではぐくまれる能力に注目して指導することが大切である。

【6】②

〈解説〉「評価規準の作成，評価方法等の工夫改善のための参考資料」より，アは「関心をもち」が第1学年の内容。正しくは「高め」。ウは「身に付け」が第1学年の内容。正しくは「伸ばし」。オは「音楽のよさや美しさを味わって」が間違い。正しくは「音楽に対する理解を深め」。

【7】②

〈解説〉アの「アモローソ」は「愛情豊かな，愛らしく」の意味。イの「コン・マリンコニーア」は「憂鬱に，暗く悲しげに」の意味。ウの

「ソステヌート」は「各音符の長さを十分に保って，テンポを少しおさえ気味に」の意味。エの「パストラーレ」は「牧歌的に，田園ふうに」の意味。オの「コン・スピリート」は「元気に，活気をつけて」の意味。

【8】①

〈解説〉ア　「タブラー」はインドの太鼓の名。　ウ　「パキスタン」が間違い。正しくは「モンゴル」。

【9】⑤

〈解説〉江戸時代は1603～1868年の期間。それぞれの人物の生存期間は，アは1874～1934年でイギリスの作曲家。イは1678～1741年でイタリア出身のバロック後期の作曲家。ウは1901～1999年でスペインの作曲家。エは1810～1849年でポーランド出身のロマン派の作曲家。オは1882～1971年でロシアの作曲家。カは1614～1685年で江戸時代前期の日本の音楽家。

【10】③

〈解説〉ア　「赤とんぼ」の作詞は「三木露風」，「待ちぼうけ」の作詞は「北原白秋」である。　イ　「旅愁」は原曲はアメリカ人のオードウェイの作曲で，作詞(訳詩)は犬童球渓である。

【11】④

〈解説〉a・cが箏の奏法，b・dが三味線の奏法である。解説アは箏の奏法で「余韻を下げる」が間違い。押し手は余韻が上がる。イは「後押し」，ウは「スリ」，エは三味線の奏法「ハジキ」，オは「引き色」の説明である。カは「余韻を上げる」が間違い。キは箏の奏法「かき爪」，クは「スクイ」の説明である。

【12】①
〈解説〉②　「青森県」は間違い，正しくは「北海道」。　③　「宮崎県」
　　が間違い，正しくは「岩手県」。　④　「岩手県」が間違い，正しくは
　　「宮城県」。　⑤　「福岡県」が間違い，正しくは「熊本県」。

【13】⑤
〈解説〉ア・カ　アはサン＝サーンス作曲「動物の謝肉祭」より第4曲
　　「亀」，カも同じ楽曲の第13曲「白鳥」である。アはオッフェンバック
　　の「天国と地獄」の旋律が特徴的。カはチェロ独奏曲としても有名で
　　ある。　イ・キ　イはベートーヴェン作曲の交響曲第5番の第3楽章，
　　キも同じ楽曲の第4楽章。イはホルンが「運命の動機」をくりかえし
　　ている。　ウ・ク　ウはスメタナ作曲の交響詩「わが祖国」より第2
　　曲「ブルタバ」の森の狩猟の場面，クは同じ楽曲の冒頭のモルダウの
　　源流の場面である。　エ・オ　エはドヴォルザーク作曲の交響曲「新
　　世界から」の第2楽章，オは第4楽章の冒頭。エのイングリッシュホル
　　ンによる主題は有名で，「家路」や「遠き山に日は落ちて」などの愛
　　唱歌に編曲された。

【14】①
〈解説〉アは「源義経」が間違い，正しくは「弁慶」。イは「シテ」が間
　　違い，正しくは「隈取り」。エは「唱歌」が間違い，正しくは「長唄」。

【15】ア　生涯　　イ　協働　　ウ　資質・能力　　エ　働き
〈解説〉「論点整理」は次の学習指導要領改訂に向けての議論の結果(最終
　　ではない)である。見慣れない資料であるが，現行の学習指導要領の学
　　習状況と問題点，改善点，新たな学習方法を取り込み議論されている
　　ものなので，現行の学習指導要領を参考にしながら，前後の文脈から
　　適切な語句を考えることができる。中央教育審議会教育課程企画特別
　　部会の論点整理より，アは，現行の学習指導要領第1章　2音楽科改訂
　　の趣旨(i)改善の基本方針にあげられている通り，生涯にわたり音楽文

化に親しむ態度を育むことを重視する。イは，更に今後改善が求められる点で，他者と協働しながら音楽表現を生み出していくことが必要。ウは，指導を通して育成すべき資質と能力である。エの豊かな情操を養っていくには，音楽のよさを感じ取りその価値を認めることが必要である。そのためには音楽の働きを知覚，理解する事が必要となる。

【16】ア　Em7　　イ　B♭7　　ウ　Cdim
〈解説〉アはホ音を根音とした短三和音に短7度の音を加えた和音。イは変ロ音を根音とした長三和音に短7度の音を加えた和音の第1転回形。ウはハ音を根音とした減三和音。

【17】ア　人形　　イ　太夫　　ウ　三味線　　エ　1　　オ　太棹
〈解説〉ア　文楽は江戸時代初期に成立し人形浄瑠璃と呼ばれ，多くの人形浄瑠璃座が盛衰を繰り返してきた。幕末に植村文楽軒が大坂で始めた一座が最も有力となり，やがて人形浄瑠璃は文楽と呼ばれるようになった。　イ・ウ　太夫と三味線が競演しながら義太夫節を組み立てていく。　エ　太夫は，場面の情景や物語の背景，登場人物全員の言葉などを全て一人で語り分ける。　オ　三味線は一般的に，細棹，中棹，太棹に分けられるが，文楽では棹が太くて胴も大きく重く，駒や撥も大きく作られた太棹を用いる。

【18】

〈解説〉8小節目までの歌詞は「春はなのみの　風の寒さや　谷の鶯　歌は思えど」となる。拍子や小節割りを正確に書くこと，歌詞はすべて平仮名で音符に当てるなどに注意して記譜する。

2016年度　実施問題

【中高共通】

【1】次の楽譜は，ある楽曲の一部である。これを見て，問1～問2に答え
なさい。

問1　この楽譜の曲名及び作曲者として正しいものを，次の□□□の①
～⑤から一つ選びなさい。

	曲名	作曲者
①	アメリカ	ドヴォルジャーク（A.Dvořák）
②	大公トリオ	ベートーヴェン（L.v.Beethoven）
③	白鳥	サン＝サーンス（C.C.Saint-Saëns）
④	ます	シューベルト（F.Schubert）
⑤	ユーモレスク	ドヴォルジャーク（A.Dvořák）

問2　この曲の編成として正しい組合せを，次の□□□の①～⑤から一
つ選びなさい。

①	ピアノ，ヴァイオリン，チェロ
②	フルート，オーボエ，クラリネット，ファゴット，ホルン
③	ピアノ，ヴァイオリンⅠ，ヴァイオリンⅡ，ヴィオラ，チェロ
④	ヴァイオリンⅠ，ヴァイオリンⅡ，ヴィオラ，チェロ
⑤	ピアノ，ヴァイオリン，ヴィオラ，チェロ，コントラバス

(☆☆◇◎◎)

【2】次の文は，ある曲の調とその関係調について述べたものである。こ
の曲の元の調として正しいものを，あとの□□□の①～⑤から一つ選
びなさい。

　ある曲の調が，属調に転調し，さらにその属調に転調した結果，5個の#を調号とする長調の同主調になった。

①	イ短調
②	ロ短調
③	イ長調
④	ロ長調
⑤	ホ短調

(☆☆◎◎)

【3】次の楽譜は，ある楽曲の一部分である。この楽曲の曲名，作曲者及び拍子として正しい組合せを，下の□の①～⑤から一つ選びなさい。

	曲名	作曲者	拍子
①	浜辺の歌	成田　為三	8分の6
②	浜辺の歌	成田　為三	8分の9
③	田園	ベートーヴェン（L.v.Beethoven）	8分の6
④	早春賦	中田　章	8分の6
⑤	早春賦	中田　章	8分の9

(☆☆☆◎◎◎)

【4】次のア～オの各文は，器楽曲について説明したものである。ア～オの説明が当てはまる器楽曲の種類を，語群a～eから選んだとき，正しい組合せを，あとの□の①～⑤から一つ選びなさい。

ア	劇やオペラの幕間に演奏される器楽曲。			
イ	異なる楽想を挟みながら主題が何度も反復される。			
ウ	ロマン派の時代に多く書かれた。表情豊かな旋律をもつものが多い。			
エ	ロマン派の時代に多く書かれた。物語的な内容をもつものが多い。			
オ	叙事的，英雄的，民族的な色彩を持っている。			

《語群》

  a ノクターン(Nocturne)〔英・仏〕

  b インテルメッゾ(Intermezzo)〔伊〕

  c ロンド(Rondo)〔英・仏・伊〕

  d バラーデ(Ballade)〔独〕

  e ラプソディ(Rhapsody)〔英〕

	ア	イ	ウ	エ	オ
①	d	a	b	e	c
②	b	c	a	d	e
③	e	c	a	b	d
④	b	e	c	d	a
⑤	d	c	a	b	e

(☆☆◎)

【5】次のア～オの各文は，声楽曲について説明したものである。ア～オ
の説明が当てはまる声楽曲の種類を，語群a～eから選んだとき，正し
い組合せを，あとの□□□の①～⑤から一つ選びなさい。

ア	あまり旋律的ではなく，主人公の置かれた状況の説明や，ストーリー展開を説明するときに用いられる。
イ	独唱・重唱・合唱からなる声楽曲で，器楽伴奏を伴って演奏される。
ウ	オペラなどで主人公の心情を旋律に乗せて情緒的に歌う独唱曲である。
エ	ドイツの芸術歌曲をさす言葉として用いられることも多い。
オ	おおむね宗教的なテーマによる劇音楽。演奏会形式で上演される。

《語群》

  a カンタータ(Cantata)〔伊・英〕

  b オラトリオ(Oratorio)〔英・仏・伊〕

c　レチタディーヴォ(Recitative)〔英・仏・伊・独〕

d　リート(Lied)〔独〕

e　アリア(Aria)〔伊・独〕

	ア	イ	ウ	エ	オ
①	c	a	e	d	b
②	a	e	c	b	d
③	e	a	c	d	b
④	c	b	e	d	a
⑤	a	d	c	b	e

(☆☆☆◎◎)

【6】次のA～Eの木管楽器の最低音を，左から低い順に正しく配列したものを，下の□の①～⑤から一つ選びなさい。

A	オーボエ
B	テナー・サクソフォン
C	クラリネット（B♭管）
D	ファゴット
E	ピッコロ

①	D→B→C→E→A
②	D→C→B→A→E
③	E→A→B→C→D
④	D→B→C→A→E
⑤	B→C→D→E→A

(☆☆☆◎◎)

【7】次のア～オは，それぞれ何の楽器を示しているか。正しい組合せを，
下の□□の①～⑤から一つ選びなさい。

ア　Corno〔伊〕　　　　イ　Arpa〔伊〕　　　ウ　Tromba〔伊〕
エ　Gran-Cassa〔伊〕　　オ　Piatti〔伊〕

	ア	イ	ウ	エ	オ
①	ホルン	ハープ	トロンボーン	コントラバス	シンバル
②	トランペット	ファゴット	トロンボーン	コントラバス	ピッコロ
③	ホルン	ハープ	トランペット	大太鼓	シンバル
④	トロンボーン	ファゴット	トランペット	大太鼓	ピッコロ
⑤	トランペット	ハープ	トロンボーン	大太鼓	ピッコロ

(☆☆☆◎◎)

【8】次のア～オの音楽用語の意味として正しい組合せを，下の□□の
①～⑤から一つ選びなさい。

ア　agitato〔伊〕　　　イ　tranquillo〔伊〕　　　ウ　serioso〔伊〕
エ　calando〔伊〕　　　オ　appassionato〔伊〕

	ア	イ	ウ	エ	オ
①	激して	静かに	厳粛に	次第に弱めながら遅く	熱情的に
②	愛情をこめて	静かに	おどけて	次第に弱めながら遅く	重々しく
③	激して	静かに	厳粛に	次第に遅めながら強く	熱情的に
④	愛情をこめて	輝かしく	おどけて	次第に遅めながら強く	重々しく
⑤	激して	輝かしく	厳粛に	次第に弱めながら遅く	重々しく

(☆☆◎◎)

【9】次のア～エに示す音階の名称について，正しい組合せを，下の
　　　□の①～⑤から一つ選びなさい。

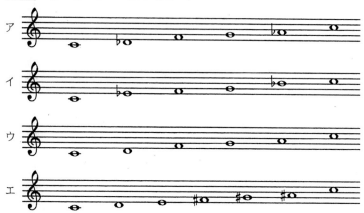

	ア	イ	ウ	エ
①	律音階	民謡音階	都節音階	全音音階
②	琉球音階	律音階	民謡音階	都節音階
③	都節音階	律音階	民謡音階	琉球音階
④	都節音階	民謡音階	律音階	全音音階
⑤	全音音階	琉球音階	律音階	都節音階

(☆☆◎◎)

【10】次の①～⑤は，世界の民族音楽の楽器等の名称を示したものである。
　　すべて弦楽器名である正しい組合せを，次の□の①～⑤から一つ
　　選びなさい。

①	カッワーリー，タブラー，モリンホール
②	カヤグム，サウンガウ，サズ
③	ツィター，アルフー，ウズン ハワ
④	ヒメネ，モリンホール，シタール
⑤	チャランゴ，ツィター，ガムラン

(☆☆◎◎)

【11】 次の能舞台の図を見て，問1～問2に答えなさい。

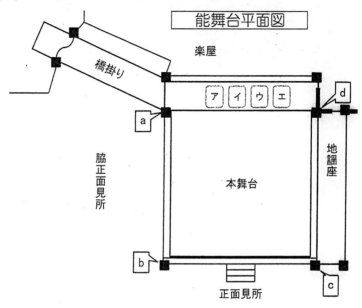

問1　図中のア～エの囃子に用いる楽器の配置として正しい組合せを，次の□の①～⑤から一つ選びなさい。

	ア	イ	ウ	エ
①	笛	小鼓	大鼓	太鼓
②	笛	太鼓	小鼓	大鼓
③	笛	小鼓	太鼓	大鼓
④	大鼓	小鼓	太鼓	笛
⑤	太鼓	大鼓	小鼓	笛

問2　図中のa～dの柱の名前として正しい組合せを，次の◯の①～
　　　⑤から一つ選びなさい。

	a	b	c	d
①	笛柱	シテ柱	目付柱	ワキ柱
②	笛柱	目付柱	ワキ柱	シテ柱
③	シテ柱	目付柱	ワキ柱	笛柱
④	シテ柱	ワキ柱	目付柱	笛柱
⑤	笛柱	目付柱	シテ柱	ワキ柱

（☆☆☆◎◎）

【12】次の用語の違いを簡単に説明しなさい。
　　　*D.C.*と*D.S.*

（☆☆◎◎）

【13】「リトルネッロ形式」について，多く用いられたのは何時代か。ま
　　　た，この形式について簡単に説明しなさい。

（☆☆☆☆◎◎）

【14】次の(1)～(2)は，篠笛で使われる用語である。それぞれの読みと，
　　　何を表しているかを答えなさい。
　　　(1)　「甲」　　　(2)　「筒音」

（☆☆☆☆◎◎）

【15】箏を平調子で調弦したとき，次の音は，どの弦を使用するか，その
　　　弦の名称を漢字で答えなさい。ただし，一の音を「ホ音」にした場合
　　　で答えること。

（☆☆◎◎）

【16】ギターの奏法で,「アポヤンド奏法とアル・アイレ奏法」について簡単に説明しなさい。ただし,次の(1)及び(2)の観点についてそれぞれ述べること。

(1) どのような演奏をするときに適しているか。

(2) 奏法の特徴。

(☆☆☆◎◎)

【17】次の楽譜を見て答えなさい。

(1) この曲の題名と,作曲者名をそれぞれ答えなさい。

(2) この楽譜はトランペット用に書かれたものである。これをアルトサックス用に移調しなさい。ただし,調号を用いて,同じ音域になるようにすること。

(☆☆☆◎◎)

【18】次のリズム譜を,与えられた拍子に従って,けた(連桁)とタイを用いて書きなさい。

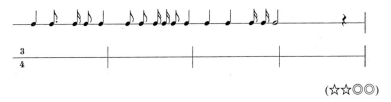

(☆☆◎◎)

【19】次の楽譜は，ある曲の一部分を抜き出したものである。空欄の部分
の主旋律を書きなさい。

(☆☆☆◎◎)

【中学校】

【１】次の文は，中学校学習指導要領解説音楽編(平成20年文部科学省)
「第2章　音楽科の目標及び内容」「第2節　音楽科の内容」「2　各領域
及び〔共通事項〕の内容」「(1)表現領域の内容」の一部を抜粋したも
のである。文中の(　ア　)～(　オ　)に当てはまる語句の正しい組合せ
を，あとの□の①～⑤から一つ選びなさい。

○音楽によって喚起されるイメージや感情

　音楽の構造をとらえることは，実際の音楽活動を通して行われる。
この場合，生徒の(　ア　)に作用し，表現を発展させるものでなくて
はならない。音楽の構造を解き明かすことが，生徒のイメージや感情
を一層喚起する。

　音楽は，その音楽固有の表情，雰囲気，気分や味わいを醸し出して
いる。これが曲想であり，一人一人が自己のイメージや感情を伴って，
音楽との(　イ　)の中で感じ取ることになる。曲想は，音楽を形づくっ
ている要素や構造の働きによって生み出されるものであるから，それら

をとらえることによって，曲想をより深く味わうことが可能となる。

　曲想を感じ取りながら，それを音楽の構造との(ウ)において再度とらえ直すといった活動を繰り返すことによって，生徒の感じ取った内容が質的に(エ)，イメージや感情も広がり豊かになる。したがって，生徒一人一人がこうしたイメージや感情を意識し，(オ)をしながら表現活動を進めていくことが大切になってくる。

	ア	イ	ウ	エ	オ
①	心の動き	かかわり	相互作用	深まり	自己認識
②	内的な世界	相互作用	かかわり	深まり	自己認識
③	内的な世界	かかわり	相互作用	深まり	自己解決
④	心の動き	相互作用	かかわり	高まり	自己解決
⑤	内的な世界	かかわり	相互作用	高まり	自己解決

(☆☆☆◎◎)

【2】次の文は，中学校学習指導要領解説音楽編(平成20年文部科学省)「第2章　音楽科の目標及び内容」「2　学年の目標」の一部を抜粋したものである。文中の(ア)～(オ)に当てはまる語句の正しい組合せをあとの□□の①～⑤から一つ選びなさい。ただし，同じ記号には同じ語句が入る。

第1学年	第2学年及び第3学年
(1)　音楽活動の楽しさを(ア)ことを通して，音や音楽への興味・関心を養い，音楽によって生活を明るく豊かなものにする態度を育てる。 (2)　多様な音楽表現の豊かさや美しさを感じ取り，基礎的な表現の技能を身に付け，(イ)表現する能力を育てる。 (3)　多様な音楽の(ウ)を味わい，幅広く(エ)に鑑賞する能力を育てる。	(1)　音楽活動の楽しさを(ア)ことを通して，音や音楽への興味・関心を高め，音楽によって生活を明るく豊かなものにし，生涯にわたって音楽に親しんでいく態度を育てる。 (2)　多様な音楽表現の豊かさや美しさを感じ取り，表現の技能を伸ばし，(イ)表現する能力を高める。 (3)　多様な音楽に対する(オ)，幅広く(エ)に鑑賞する能力を高める。

	ア	イ	ウ	エ	オ
①	体験する	創意工夫して	よさや美しさ	積極的	理解を深め
②	感受する	自分から進んで	よさや美しさ	主体的	関心を高め
③	体験する	創意工夫して	よさや美しさ	主体的	理解を深め
④	感受する	創意工夫して	特徴	積極的	関心を高め
⑤	体験する	自分から進んで	特徴	主体的	理解を深め

(☆☆◎◎)

【3】次の文は，中学校学習指導要領解説音楽編(平成20年文部科学省)
「第3章　各学年の目標及び内容」「第2節　第2学年及び第3学年の目標
と内容」「2　内容」の一部を抜粋したものである。文中の(a)～
(e)に当てはまる語句の正しい組合せを，あとの □ の①～⑤か
ら一つ選びなさい。

(2)　器楽の活動を通して，次の事項を指導する。
　　ア　曲想を(a)，曲にふさわしい表現を工夫して演奏すること。
　　イ　楽器の特徴を理解し，基礎的な奏法を(b)演奏すること。
　　ウ　声部の役割と全体の響きとのかかわりを(c)，表現を工夫し
　　　ながら合わせて演奏すること。

(4)　表現教材は，次に示すものを取り扱う。
　　ア　我が国及び諸外国の様々な音楽のうち，指導のねらいに適切で，
　　　生徒の意欲を高め親しみのもてるものであること。
　　イ　歌唱教材には，次の観点から取り上げたものを含めること。
　　　(ア)　我が国で長く歌われ親しまれている歌曲のうち，我が国の
　　　　自然や四季の美しさを感じ取れるもの又は我が国の文化や(d)
　　　　のもつ美しさを味わえるもの
　　　(イ)　民謡，長唄などの我が国の伝統的な歌唱のうち，地域や学
　　　　校，生徒の実態を考慮して，伝統的な(e)を感じ取れるもの

	a	b	c	d	e
①	感じ取り	身に付けて	理解して	情景	声の特徴
②	味わい	生かして	理解して	情景	声の特徴
③	感じ取り	身に付けて	感じ取り	日本語	歌詞の特徴
④	味わい	生かして	理解して	日本語	声の特徴
⑤	味わい	身に付けて	感じ取り	日本語	歌詞の特徴

(☆☆☆◎◎)

【4】次の文は，中学校学習指導要領(平成20年告示，平成27年3月一部改正)「第2章　各教科」「第5節　音楽」「第2　各学年の目標及び内容」「〔第1学年〕」「2　内容」「B　鑑賞」の一部を抜粋したものである。文中の(a)～(e)に当てはまる語句の正しい組合せを，下の◻︎の①～⑤から一つ選びなさい。

(1) 鑑賞の活動を通して，次の事項を指導する。

　ア　音楽を形づくっている要素や構造と(a)とのかかわりを(b)聴き，(c)するなどして，音楽のよさや美しさを味わうこと。

　イ　音楽の特徴をその背景となる文化・歴史や他の芸術と関連付けて，鑑賞すること。

　ウ　我が国や郷土の伝統音楽及び(d)音楽の特徴から音楽の(e)を感じ取り，鑑賞すること。

	a	b	c	d	e
①	表現	感じ取って	根拠をもって批評	アジア地域の諸民族の	表情や雰囲気
②	表現	感じ取って	言葉で説明	諸外国の様々な	多様性
③	曲想	理解して	言葉で説明	諸外国の様々な	表情や雰囲気
④	曲想	理解して	根拠をもって批評	アジア地域の諸民族の	表情や雰囲気
⑤	曲想	感じ取って	言葉で説明	アジア地域の諸民族の	多様性

(☆☆◎◎)

【5】次の文は,「評価規準の作成,評価方法等の工夫改善のための参考資料(中学校音楽)」(平成23年国立教育政策研究所教育課程研究センター)「第2編　評価規準に盛り込むべき事項等」に示されている第2学年及び第3学年における【「A　表現・創作」の評価規準に盛り込むべき事項】の一部を抜粋したものである。文中の下線部ア～オについて,正しいものを○,誤っているものを×としたとき,正しい組合せを,下の□□の①～⑤から一つ選びなさい。

【「A　表現・創作」の評価規準に盛り込むべき事項】

音楽への関心・意欲・態度	音楽表現の創意工夫	音楽表現の技能
言葉や音階などの特徴,音素材の特徴,反復,変化,対照などの構成や全体のまとまりなどに関心をもち,それらを生かし ア即興的に音楽をつくる学習に主体的に取り組もうとしている。	音楽を形づくっている要素を イ聴き取り,それらの働きが生み出す ウよさや面白さを感受しながら,言葉や音階などの特徴,音素材の特徴,反復,変化,対照などの エ構成や全体のまとまりを生かすなどして音楽表現を工夫し,どのように音楽をつくるかについて思いや意図をもっている。	オ創意工夫を生かした音楽表現をするために必要な技能を身に付けて音楽をつくっている。

	ア	イ	ウ	エ	オ
①	×	×	×	○	○
②	×	○	○	×	○
③	×	○	○	×	×
④	○	×	×	○	○
⑤	○	○	×	○	×

(☆☆◎◎)

【高等学校】

【1】次の文は，高等学校学習指導要領(平成21年告示)「第2章　各学科
　に共通する各教科」「第7節　芸術」「第2款　各科目」のうち，「第1
　音楽Ⅰ」及び「第3　音楽Ⅲ」それぞれの「2　内容」「B　鑑賞」の一
　部を抜粋したものである。文中の(A)～(E)に当てはまる語句
　の正しい組合せを，下の□の①～⑤から一つ選びなさい。

音楽Ⅰ	音楽Ⅲ
鑑賞に関して，次の事項を指導する。 ア　声や楽器の音色の特徴と(A) 　とのかかわりを感じ取って鑑賞す 　ること。 イ　音楽を形づくっている要素を知 　覚し，それらの働きを感受して鑑 　賞すること。 ウ　楽曲の(B)や，作曲者及 　び演奏者による表現の特徴を理解 　して鑑賞すること。 エ　我が国や郷土の伝統音楽の 　(C)とそれぞれの特徴を理解 　して鑑賞すること。	鑑賞に関して，次の事項を指導する。 ア　音楽の構造上の特徴と(D) 　とのかかわりを理解して鑑賞する 　こと。 イ　(E)我が国及び諸外国の音 　楽の特徴を理解して鑑賞すること。 ウ　音楽と他の芸術や文化とのかか 　わりを理解して鑑賞すること。 エ　生活及び社会における音楽や音 　楽にかかわる人々の役割を理解し 　て鑑賞すること。

	A	B	C	D	E
①	表現上の効果	文化的・歴史的背景	種類	美しさ	現代の
②	美しさ	構成	種類	表現上の効果	伝統的な
③	表現上の効果	文化的・歴史的背景	多様性	美しさ	伝統的な
④	表現上の効果	構成	多様性	美しさ	伝統的な
⑤	美しさ	文化的・歴史的背景	種類	表現上の効果	現代の

(☆☆◎◎)

【2】次のA～Eの各文は，高等学校学習指導要領解説芸術編(平成21年文
　部科学省)「第1部　芸術編」「第2章　各科目」「第1節　音楽Ⅰ」「2
　目標」の一部を抜粋したものである。文中の下線部ア～オについて，
　正しい組合せを，あとの□の①～⑤から一つ選びなさい。

A　「音楽の幅広い活動を通して」とは，「音楽Ⅰ」の学習において，歌唱，器楽，創作の各表現活動と鑑賞活動のいずれも扱うとともに，ア我が国及び西洋の様々な音楽を教材として用いるなどして，生徒が幅広く音楽にかかわるようにすることを意味している。

B　「生涯にわたり音楽を愛好する心情を育てる」ためには，音楽活動を通して，音や音楽のよさや美しさなどを感じ取るとともに，イ思いや意図をもって表現したり味わって鑑賞したりする力を育成する必要がある。

C　「感性を高め」の感性とは，例えば，「音の動きが羽のように軽やかだ」，「この響きは輝かしくて美しい」といったように，音楽のよさや美しさなどのウ質的な世界を価値あるものとして感じ取るときの心の働きを意味している。

D　「創造的な表現と鑑賞の能力を伸ばし」とは，生涯にわたって豊かな音楽活動ができるための基になる能力を育てることであり，「創造的な」は，エ「表現」に係っている。

E　歌唱，器楽，創作において，音のつながり方を考え，どのようなつながり方がよいのかを判断し，オ技能を高めながら表現することは創造的な活動である。

	ア	イ	ウ	エ	オ
①	○	○	○	×	×
②	○	×	○	○	×
③	×	○	○	×	○
④	×	○	×	○	×
⑤	×	×	×	○	○

(☆☆☆◎◎◎)

【3】次の文は，高等学校学習指導要領解説芸術編(平成21年文部科学省)「第1部　芸術編」「第2章　各科目」「第1節　音楽Ⅰ」「3　内容」「A　表現」の一部を抜粋したものである。文中の下線部a～eについて，正しいものを○，誤っているものを×としたとき，正しい組合せを，あ

との ＿＿＿ の①〜⑤から一つ選びなさい。

(3) 創作

ア 音階を選んで旋律をつくり，その旋律に副次的な旋律や和音などを付けて，イメージをもって音楽をつくること。

　○ 「音階を選んで旋律をつくり」とは，幾つかの種類の音階について，それぞれの音階が醸し出す雰囲気の違いなどを <u>感じ取って音階を選び</u>，その音階を基にして旋律を創作することである。

イ 音素材の特徴を生かし，反復，変化，対照などの構成を工夫して，イメージをもって音楽をつくること。

　○ 「音素材の特徴を生か」すためには，音楽の素材としての音そのものの <u>強弱をとらえる</u>ことが重要となる。

ウ 音楽を形づくっている要素の働きを変化させ，イメージをもって変奏や編曲をすること。

　○ 「イメージをもって」と示したのは，表現したい音楽のイメージを膨らませながら，思いや意図をもって変奏や編曲をすることを重視したからである。このような活動を通して，音楽を形づくっている要素の一部を変化させることで， <u>音楽全体の表情や雰囲気が変わる</u>ことを生徒が実感することは，創作の学習の一つとして意義あることである。

エ 音楽を形づくっている要素を知覚し，それらの働きを感受して音楽をつくること。

　○ 「音楽を形づくっている要素」とは，中学校音楽科で示しているように，音色，リズム，速度，旋律，テクスチュア，強弱，形式，構成などを指す。また，「知覚」とは，聴覚を中心とした感覚器官を通して <u>音や音楽を判別し</u>，意識することであり，「感受」とは， <u>音や音楽のよさや美しさなどを感じ</u>，受け入れることである。

	a	b	c	d	e
①	×	○	×	○	○
②	×	○	○	×	○
③	○	×	×	○	○
④	○	○	×	×	×
⑤	○	×	○	○	×

(☆☆◎◎)

【４】次の文は，高等学校学習指導要領解説芸術編(平成21年文部科学省)
「第1部　芸術編」「第2章　各科目」「第2節　音楽Ⅱ」「4　内容の取扱
い」の一部を抜粋したものである。文中の(ア)～(オ)に当ては
まる語句の正しい組合せを，あとの　　　の①～⑤から一つ選びなさ
い。ただし，同じ記号には同じ語句が入る。

　「音楽Ⅱ」は，「音楽Ⅰ」の学習を基礎にして，表現と鑑賞の諸能力
を伸ばすため，「A表現」及び「B鑑賞」のそれぞれの(ア)を有機
的に関連付けて指導できるように題材の設定を工夫することや，年間
指導計画において，各題材のねらいや内容を踏まえ，題材同士の接続
性や関連性を十分考慮して題材の配列を工夫することなどによって，
「A表現」及び「B鑑賞」相互の関連を図ることが大切である。

　また，「音楽Ⅱ」では，(イ)表現の能力を伸ばす観点から，生徒
の特性，地域や学校の実態を考慮し，「A表現」の「(1)歌唱」，「(2)器
楽」又は「(3)創作」のうち(ウ)以上を選択して扱うことができる
こととしている。なお，「B鑑賞」については，(エ)扱うこととし
ている。

　指導計画の作成に当たっては，生徒の特性，地域や学校の実態を考
慮し，一人一人の(イ)表現の能力と(オ)鑑賞の能力を伸ばすこ
とができるように，内容の構成や主題の設定及び適切な教材の選択な
どに十分配慮する必要がある。

	ア	イ	ウ	エ	オ
①	共通事項	基礎的な	二つ	必ず	主体的な
②	共通事項	個性豊かな	一つ	適宜	創造性豊かな
③	指導事項	個性豊かな	二つ	適宜	主体的な
④	指導事項	個性豊かな	一つ	必ず	主体的な
⑤	指導事項	基礎的な	二つ	適宜	創造性豊かな

(☆☆◎◎)

【5】次の文は,「評価規準の作成,評価方法等の工夫改善のための参考資料(高等学校芸術〔音楽〕)」(平成24年国立教育政策研究所教育課程研究センター)「第2編　芸術科　音楽における評価規準の作成,評価方法等の工夫改善」「第2章音楽Ⅰ」に示されている【「A　表現・歌唱」の評価規準に盛り込むべき事項】の一部を抜粋したものである。文中の下線部ア～オについて,正しいものを○,誤っているものを×としたとき,正しい組合せを,あとの［　　］の①～⑤から一つ選びなさい。

【「A　表現・歌唱」の評価規準に盛り込むべき事項】

音楽への関心・意欲・態度	音楽表現の創意工夫	音楽表現の技能
曲想と歌詞の内容や楽曲の背景との関わり,曲種に応じた_ア発声の工夫,様々な_イ表現形態による歌唱の特徴などに関心をもち,歌唱の学習に主体的に取り組もうとしている。	音楽を形づくっている要素を知覚し,それらの働きを_ウ理解し,曲想を歌詞の内容や楽曲の背景と関わらせて感じ取ったり,曲種に応じた_ア発声の工夫を生かしたり,様々な_イ表現形態による歌唱の特徴を生かしたりして音楽表現を工夫し,どのように歌うかについて_エ表現意図をもっている。	_オ創意工夫を生かした音楽表現をするために必要な歌唱の技能を身に付け,創造的に表している。

	ア	イ	ウ	エ	オ
①	○	○	×	○	×
②	×	○	×	○	○
③	○	×	○	×	×
④	○	×	○	×	○
⑤	×	○	×	×	○

(☆☆◎◎)

解答・解説

【中高共通】

【1】問1　④　　問2　⑤

〈解説〉問2　歌曲「ます」は変ニ長調だが，この楽譜はニ長調なのでピアノ5重奏の第4楽章，歌曲「ます」の旋律による変奏曲と判断する。通常のピアノ1台と弦楽四重奏のピアノ5重奏とは異なる編成で，ヴァイオリンが2本でなく1本であるのが特徴といえる。

【2】①

〈解説〉＃5個の調号をもつ長調の同主調はロ短調であり，これを属調とする調は完全5度下のホ短調，さらにこれを属調とする調は完全5度下になる。

【3】③

〈解説〉楽譜よりベートヴェン作曲，交響曲第6番ヘ長調第5楽章「牧歌，嵐の後の喜ばしい感謝の気持ち」のヴァイオリンの第1主題と判断できる。

【4】②

〈解説〉ア 「インテルメッゾ」は間奏曲という意味がある。 イ 「ロンド」は回旋曲という意味があり，主題が異なった楽想の挿入部を挟んで何度も回帰することに特徴がある。 ウ 「ノクターン」は夜想曲という意味があり，ショパンにより自由でロマンティックな楽曲へと発展した。 エ 「バラーデ」は「譚詩曲」という意味があり，「物語」を意味する仏語に由来し，ショパンにより器楽曲に転用されるようになった。 オ 「ラプソディ」は「狂詩曲」という意味があり，元来ギリシア叙事詩のなかの吟唱者が歌う部分を意味した。

【5】①

〈解説〉ア 「レチタディーヴォ」は叙唱，朗読という意味がある。 イ 「カンタータ」は交声曲という意味がある。劇的な内容を持たないオーケストラ伴奏付きの声楽曲である。 ウ 「アリア」は詠唱という意味がある。叙事的，旋律的な特徴の強い独奏曲である。 エ 「リート」は多声的な歌曲を意味するものだが，音楽史のリートは主としてシューベルトから始まるドイツ・リートについて主に使われる。 オ 「オラトリオ」は劇的な内容を持つが，演劇的には演じないオーケストラ伴奏付きの声楽曲である。

【6】④

〈解説〉楽器の大きさや音域をヒントに判断しよう。各楽器の最低音はファゴットがB1，テナー・サクソフォンがA2，B♭管クラリネットがD3，オーボエがB3，ピッコロがC5である。

【7】③

〈解説〉特に，英語名と異なる楽器名は注意が必要だろう。トランペットの伊語は「Tromba」だが，トロンボーンは「Trombone」である。イについて，ファゴットの伊語は「Fagotto」である。エのコントラバスの伊語は「Contrabbasso」，オのピッコロの伊語は「Ottavino」である。

【8】①

〈解説〉ア　「愛情をこめて」は「affettuoso」である。　イ　「輝かしく」は「brillante」である。　ウ　「おどけて」は「giocoso」である。　エ　「次第に遅めながら強く」は「allargando」である。　オ　「重々しく」は「pesante」である。

【9】④

〈解説〉アは短2度＋長3度の音の組み合わせを繰り返す音階なので「都節音階」である。「琉球音階」は長3度＋短2度の組み合わせである。イは短3度＋長2度の組み合わせを繰り返す音階なので「民謡音階」である。ウは長2度＋短3度の組み合わせを繰り返す音階なので「律音階」，エは全音のみからなる音階なので「全音音階」である。

【10】②

〈解説〉①　「カッワーリー」はイスラム神秘主義の宗教賛歌のこと，「タブラー」はインドの伝統楽器で太鼓の一種である。　③　「ウズン　ハワ」はトルコの民謡で自由なリズムで，「こぶし」をきかせ長く伸ばす歌である。　④　「ヒメネ」はタヒチの賛美歌である。　⑤　「ガムラン」はインドネシアの打楽器合奏の総称である。

【11】問1　⑤　　　問2　③

〈解説〉問1　囃子方は舞台正面奥の囃子座に位置し，右から笛・小鼓・大鼓・太鼓と並ぶ。　問2　aはシテがこの場所を起点にして演技を行うことから「シテ柱」と呼ばれる。bは演者が面をつけることにより視野が制限されるため，この柱に目を付けることで舞台上の位置を見定めて舞うことから「目付柱」と呼ばれる。cはワキのいる場所にもっとも近いため「ワキ柱」と呼ばれる。dは笛方の位置に最も近いため「笛柱」と呼ばれる。

【12】*D.C.*はその記号のあるところから最初へ戻り，指定されたところまで演奏すること。*D.S.*はその記号のあるところから％記号へ戻り，指定されたところまで演奏すること。

〈解説〉「*D.C.*」は「da＝…から」と「capo＝頭や冒頭」という意味から成る楽語で，楽譜の先頭に戻って演奏することを指示したもの。「*D.S.*」は「dal＝…から＋定冠詞」と「segno＝印」を意味する楽語で目印から演奏することを指示したもの。いずれも繰り返した後はfineかフェルマータが記された箇所で曲を終える。

【13】時代…バロック時代　　説明…リトルネッロと呼ばれる主題を何度もはさみながら，曲が進行する。協奏曲では，主題を合奏で主題以外を独奏楽器で演奏して，主題が繰り返されていく。

〈解説〉伊語「ritorno＝復帰」から派生した言葉で，反復回帰する部分(リトロネッロ)をもち，協奏曲では合奏で演奏しソロと交代しながら進んでいく音楽の形式。リトロネッロは最初と最後を除き主調以外の調で演奏される。ヴィヴァルディの「四季」やJ.S.バッハの「イタリア協奏曲」など，バロック時代の協奏曲にこの形式が多く使われている。

【14】(読み：意味の順)　(1)　かん：音域の名前　　(2)　つつね：最低音

〈解説〉(1)　高く鋭い音や声を「甲高い」と表現するように，日本音楽で声または楽器の音域のことを「甲」という。篠笛の音域では低音域を「呂音(りょおん)」，中音域を「甲音」，高音域を「大甲音」と呼ばれる。　　(2)　最低音を「筒音」といい，全ての指穴をおさえて出す音のこと。

【15】為

〈解説〉平調子は「半音，二音，一音，半音，二音」の音の並びの調子のことで，宮音が一，五，十の弦にあらわれる。問題よりホ音を宮音とする平調子は「ホ，ヘ，イ，ロ，ハ，ホ」の音並びになる。一と五は

同音で十はそのオクターブ音になるので，十弦が宮音のE5になりイ音
(A5)は為弦となる。

【16】アヤポンド奏法…弦をはじいた後，隣の弦に指をあてて止める。旋
律を弾いたり，低音をしっかり鳴らしたりするときに使う奏法。
アル・アイレ奏法…弦をはじいた指は，手の平のほうに戻しながら弾
ませる。和音を同時に弾いたりアルペッジョを弾いたりするときに適
している奏法。

〈解説〉アポヤンドの原形であるアポヤールは「よせかける，もたれかか
る」の意味であり，弾き終わった指を次の弦によりかからせるように
触れてストップさせる奏法である。強く，切れのよい音が出るのでメ
ロディーに適している。アル・アイレは「空間の方向に」という意味
をもち，指が空間に向かって弾弦すること，弾き終わった指がどの弦
にも触れないで手のひらに向かって曲げるようにする奏法を指す。余
韻が長く細く優しい音が出るので伴奏に適している。

【17】(1)　題名…展覧会の絵　　作曲者名…ムソルグスキー
(2)

〈解説〉(1)　楽譜は，ムソルグスキー作曲の組曲『展覧会の絵』の「プ
ロムナード」の有名なフレーズである。4分の5拍子と4分の6拍子が交
替して出てくるのが特徴的である。　　(2)　アルトサックスの記譜音は
実音より長6度高くなる。楽譜よりB♭Bトランペット記譜音は実音より
長2度高いので，楽譜の記譜音を更に5度高くすればよい。調号もハ長
調から5度上になる。

【18】

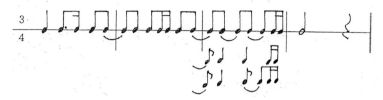

〈解説〉拍子に適したリズム割りと拍がわかりやすく表記されていること
　　が重要であろう。1小節に4分音符が3拍分入るようにリズムを始めか
　　ら区切っていく。同じ種類の音符が続くときや「はた」をもつ音符が
　　続くときは「けた」を使って，またリズムが小節をまたぐ場合はタイ
　　を用いて「拍」をわかりやすくする。

【19】

〈解説〉楽譜より滝廉太郎作曲の「花」とわかる。この曲は1〜3番の歌詞
　　によって旋律が変化するのが特徴。楽譜の旋律の動きやフェルマータ
　　により，3番の旋律と判断する。問題になっている部分の3番の歌詞は
　　「げに一刻も千金の」になり「げに一刻も」と「千金の」に区別する
　　ことができ，その間に16分音符休符が入る。1・2番の同じ部分と休符
　　の付け方が違うことに注意する。

【中学校】

【1】②

〈解説〉似たような意味を持つ語句に惑わされないよう正確に語句の意味
　　を掴み解説文を理解しておくことが求められる。学習指導要領解説の
　　文章を暗記していない場合は，ウ，オから考えると選択肢を絞りやす
　　いだろう。　ウ　曲想は音楽の構造によって生み出されるので，「相

互作用」ではなく，「かかわり」のほうが適切。　オ　生徒が深まったイメージや感情を意識して，それを表現活動に反映させることが目的なので「自己解決」より，「自己認識」のほうが適切と考えられる。

【２】③

〈解説〉本問のように目標などを学年で比較し，その差異を認識させるといった出題が増えている。学習効率の点からも有効なので，参考にしてほしい。　ア　音楽の表現や鑑賞の活動に取り組むことを前提にしているので「体験する」が適切である。　イ　表現に関する目標で「創造的に表現する」から改訂された部分である。自分なりのイメージや表現意図を試行錯誤して表現する能力を育てる。　ウ　「多様な音楽に興味・関心をもち」から改訂された部分。音楽の内容を価値あるものとして自らの感性によって確認する主体的な行為を促している。エ　「幅広く鑑賞する能力」から改訂された部分。主体的・能動的な鑑賞活動を重視している。　オ　「音楽に対する総合的な理解を深める」から改訂された部分で，第1学年のウを更に深化させたものと位置づけられている。

【３】④

〈解説〉a　曲想を「感じ取る」のは第1学年の内容である。「味わう」ことは対象から感じ取ったものの価値を判断することが含まれる。
　b　表現活動では，基礎的な奏法を「生かした」表現をすることが必要である。　c「感じ取る」は第1学年の内容である。　d「情景」は「自然や四季の美しさ」に含まれるものである。自国の文化の良さを味わい，日本語の響きを感じ取ることが大切。　e「コブシ」や「産字」など伝統的な声の特徴や良さを感じとることにより自国の音楽文化に対する理解を深める。

【4】⑤

〈解説〉a〜b　鑑賞活動では音楽をより主体的に聴き味わうために，要素や構造とそれらのはたらきによって生みだされる曲想とのかかわりを感じ取る活動が重要となる。なお，b「理解する」のは第2・3学年の内容である。　c「根拠をもって批評する」のは第2・3学年の内容である。　d「諸外国」は第2・3学年の内容である。　e　教科の目標に含まれた改訂点でもある。「音楽文化についての理解を深める」ためには，さまざまな音楽がもつ固有の価値を尊重し，その多様性を理解することが重要である。

【5】①

〈解説〉近年は本資料からの出題が多いので，学習指導要領解説と同様に内容を習熟しておく必要がある。アは「音楽表現を工夫して」，イは「知覚し」，ウは「特質や雰囲気」が正しい。

【高等学校】

【1】①

〈解説〉特に，B，Cを学習しておこう。　B「楽曲の歴史的背景」からの改訂部分である。さまざまな音楽は文化や伝統などの影響を受け生み出され，育まれてきた。　C　雅楽・能楽・歌舞伎・三味線音楽などの民謡や民俗芸能の種類を理解し，よさや美しさを味わって鑑賞することが求められる。

【2】③

〈解説〉アは「我が国及び諸外国の」が正しい。西洋に限らず，アジアやアフリカなどのさまざまな音楽に関わることが重視されている。エは「表現と鑑賞の両方に係っている」が正しい。鑑賞において音の組み合わせの特徴をとらえ，楽曲の背景をかかわらせて考え，自分なりに価値判断し，批評するという形で表現することも創造的な活動にあたる。

【３】⑤

〈解説〉bは「質感をとらえること」が正しい。音素材には人の声や楽器の音，それらの奏法の工夫によってうまれる音のほか，自然音や環境音など多種多様あるので，それらの強弱だけをとらえるのは不十分である。eは「音や音楽の特質や雰囲気などを感じ」が正しい。音楽を形作っている要素や要素同士の関連のはたらきが生み出す，質的な内容を感じとることを「感受」といっている。

【４】④

〈解説〉特に，ア～ウについておさえておきたい。　ア　「共通事項」は表現及び鑑賞の各活動の支えになるものとして，共通に指導する内容でのことで，単独に指導するものでなく各活動内容と関連させて指導し，指導事項に含まれるものである。　イ　「基礎的な」能力は音楽Ⅰの内容であり，音楽Ⅱでは個性豊かな表現能力と主体的な鑑賞能力を伸ばすことをねらいとしている。　ウ　個性豊かな表現能力を伸ばすために選択制になっていることに注意しよう。

【５】②

〈解説〉近年は本資料からの出題が多いので，学習指導要領解説と同様に内容を習熟しておく必要がある。アは「発声の特徴」，ウは「感受しながら」が正しい。

2015年度　実施問題

【中学校】

【1】次の文は，中学校学習指導要領解説音楽編(平成20年文部科学省)「第1章　総説」「2　音楽科改訂の趣旨」「(i)改善の基本方針」及び「(ii)改善の具体的事項」の一部を抜粋したものである。文中の(ア)～(オ)に当てはまる語句の正しい組合せを，下の□の①～⑤から一つ選びなさい。

○　創作活動は，音楽をつくる楽しさを体験させる観点から，小学校では「(ア)」，中・高等学校では「創作」として示すようにする。また，鑑賞活動は，音楽の面白さやよさ，美しさを感じ取ることができるようにするとともに，(イ)自分なりに批評することのできるような力の育成を図るようにする。

○　我が国の音楽文化に親しみ一層の愛着をもつ観点から，我が国の自然や四季，文化，(ウ)などを味わうことのできる歌曲を更に取り上げるようにする。

○　合唱や合奏など全員で一つの音楽をつくっていく体験を通して，(エ)を伝え合ったり，(オ)を感じたりする指導を重視する。

	ア	イ	ウ	エ	オ
①	音楽づくり	思いや意図をもって	日本語のもつ美しさ	具体的な表現方法	協同する喜び
②	音遊び	根拠をもって	旋律の美しさ	表現したいイメージ	音楽の世界観
③	音遊び	思いや意図をもって	日本語のもつ美しさ	具体的な表現方法	協同する喜び
④	音楽づくり	根拠をもって	日本語のもつ美しさ	表現したいイメージ	協同する喜び
⑤	音楽づくり	根拠をもって	旋律の美しさ	具体的な表現方法	音楽の世界観

(☆☆☆◎◎◎◎)

【2】次のア～エの各文は，小学校学習指導要領(平成20年告示)「第2章　各教科」「第6節　音楽」又は中学校学習指導要領(平成20年告示)「第2章　各教科」「第5節　音楽」に示されている創作における内容の一部を抜粋したものである。中学校学習指導要領に示されている内容とし

229

て正しい組合せを，下の◻️の①〜⑤から一つ選びなさい。

ア　言葉や音階などの特徴を感じ取り，表現を工夫して簡単な旋律を
　　つくること。

イ　音を音楽に構成する過程を大切にしながら，音楽の仕組みを生か
　　し，見通しをもって音楽をつくること。

ウ　表現したいイメージをもち，音素材の特徴を生かし，反復，変化，
　　対照などの構成や全体のまとまりを工夫しながら音楽をつくるこ
　　と。

エ　いろいろな音楽表現を生かし，様々な発想をもって即興的に表現
　　すること。

①	ア，イ，エ
②	ア，ウ，エ
③	ウ，エ
④	ア，ウ
⑤	イ，エ

(☆☆◎◎◎◎)

【3】次の文は，中学校学習指導要領解説音楽編(平成20年文部科学省)
「第3章　各学年の目標及び内容」「第1節　第1学年の目標と内容」「2
内容」「(1)A表現」の一部について述べたものである。文中の下線部a
〜dについて，正しいものを〇，誤っているものを×としたとき，正
しい組合せを，あとの◻️の①〜⑤から一つ選びなさい。

〇　歌詞の内容には，歌詞の言葉の意味，歌詞が表す情景や心情，
　a歌詞の成立の背景なども含まれる。

〇　b「音楽的感受性」とは，その音楽固有の表情や味わいなどのこ
　　とである。

〇　「表現を工夫して歌う」とは，表現したい思いや意図をもち，c要
　素の働かせ方を試行錯誤し，よりよい表現の方法を見いだして歌う
　　ことである。

〇　「声部の役割」とは，それぞれの声部がdパート内においてどのよ

230

うな役割をもっているかということであり，「全体の響き」とは，いくつかの声部がかかわり合って生み出される総体的な響きのことである。

	a	b	c	d
①	○	×	×	○
②	○	○	○	×
③	○	×	○	×
④	×	○	○	○
⑤	×	○	×	×

(☆☆○○○○)

【4】次のア～エ及びa～dは，中学校学習指導要領解説音楽編(平成20年文部科学省)「第4章　指導計画の作成と内容の取扱い」「2　内容の取扱いと指導上の配慮事項」に示されている歌唱共通教材とその指導例の一部を抜粋したものである。正しい組合せを，あとの◻◻の①～⑤から一つ選びなさい。

ア　「赤とんぼ」　　イ　「花の街」　　ウ　「荒城の月」

エ　「早春賦」

a　原曲と山田耕筰の編作によるものとがある。例えば，歌詞の内容や言葉の特性，短調の響き，旋律の特徴などを感じ取り，これらを生かして表現を工夫することなどを指導することが考えられる。

b　日本情緒豊かな曲として，人々に愛されて親しまれてきた楽曲である。例えば，拍子や速度が生み出す雰囲気，旋律と言葉との関係などを感じ取り，歌詞がもっている詩情を味わいながら日本語の美しい響きを生かして表現を工夫することなどを指導することが考えられる。

c　希望に満ちた思いを叙情豊かに歌いあげた楽曲である。例えば，強弱の変化と旋律の緊張や弛緩との関係，歌詞に描かれた情景などを感じ取り，フレーズのまとまりを意識して表現を工夫することなどを指導することが考えられる。

d　滑らかによどみなく流れる旋律にはじまり，春を待ちわびる気持ちを表している楽曲である。例えば，拍子が生み出す雰囲気，旋律と強弱とのかかわりなどを感じ取り，フレーズや曲の形式を意識して，情景を想像しながら表現を工夫することなどを指導することが考えられる。

	ア	イ	ウ	エ
①	c	d	a	b
②	a	c	b	d
③	b	c	a	d
④	a	c	d	b
⑤	b	d	c	a

(☆☆◎◎◎◎)

【5】次のア～オの各文は，中学校学習指導要領解説音楽編(平成20年文部科学省)「第4章　指導計画の作成と内容の取扱い」「2　内容の取扱いと指導上の配慮事項」の一部を述べたものである。正しいものを○，誤っているものを×としたとき，正しい組合せを，あとの[　　]の①～⑤から一つ選びなさい。

ア　変声は健全な成長の一過程であり，誰もが体験することであるということに気付かせて，変声に伴う不安や羞恥心をもつことがないよう配慮するとともに，声にはそれぞれの個性があること，自分の声に自信をもって表現することを大切にするような指導の工夫が望まれる。

イ　相対的な音程感覚などを育てるために，すべての歌唱教材曲について，階名唱をすることが求められている。

ウ　指揮は，主体的に音楽を表現する手段の一つとして意味のある活動である。合唱コンクール等でも活用できるため，指揮法の専門的な技術を習得する活動が必要である。

エ　和楽器については，その指導を更に充実するため，中学校第1学年から第3学年までの間に1種類以上の和楽器を扱い，表現活動を通

して，生徒が我が国や郷土の伝統音楽のよさを味わうことができる
よう工夫することを示している。

オ　我が国の伝統的な歌唱や和楽器の指導については，言葉と音楽と
の関係，姿勢や身体の使い方についても配慮することを示している。

	ア	イ	ウ	エ	オ
①	○	×	×	○	○
②	○	×	○	○	×
③	○	○	×	×	○
④	×	○	○	○	×
⑤	×	○	○	×	○

(☆☆○○○○)

【6】次のア～エの各文は，小学校学習指導要領(平成20年告示)「第2章
各教科」「第6節　音楽」又は中学校学習指導要領(平成20年告示)「第2
章　各教科」「第5節　音楽」に示されている「第3　指導計画の作成
と内容の取扱い」の一部を抜粋したものである。中学校学習指導要領
に示されている内容として正しい組合せを，あとの□□□の①～⑤か
ら一つ選びなさい。

ア　和音及び和声の指導については，合唱や合奏の活動を通して和音
のもつ表情を感じ取ることができるようにすること。

イ　音楽に関する知的財産権について，必要に応じて触れるようにす
ること。

ウ　器楽の指導については，指導上の必要に応じて和楽器，弦楽器，
管楽器，打楽器，鍵盤楽器，電子楽器及び世界の諸民族の楽器を適
宜用いること。

エ　歌唱教材については，共通教材のほか，長い間親しまれてきた唱
歌，それぞれの地方に伝承されているわらべうたや民謡など日本の
うたを含めて取り上げるようにすること。

①	ア，イ
②	ア，エ
③	イ，ウ
④	イ，エ
⑤	ウ，エ

(☆☆○○○○)

【7】次の各文は，中学校学習指導要領解説音楽編(平成20年文部科学省)
「第4章　指導計画の作成と内容の取扱い」「2　内容の取扱いと指導上
の配慮事項」の一部を抜粋したものである。文中の（　ア　）～（　エ　）
に当てはまる語句の正しい組合せを，下の　　の①～⑤から一つ選
びなさい。

○　「フレーズ」は，音楽の流れの中で，（　ア　）区切られるまとまり
　　である。

○　「（　イ　）」は，我が国の伝統音楽において，速度が次第に速くな
　　る構成や形式上の（　ウ　）の区分を表すものとして用いられている
　　ものである。

○　（　エ　）は，音楽を構成する単位として最も小さなものである。

	ア	イ	ウ	エ
①	自然に	序急速	三つ	拍
②	自然に	序破急	三つ	動機
③	意図的に	序破急	三つ	動機
④	意図的に	序急速	二つ	拍
⑤	自然に	序破急	二つ	動機

(☆☆☆○○○○)

【8】次の文は，「評価規準の作成，評価方法等の工夫改善のための参考
　資料(中学校音楽)」(平成23年国立教育政策研究所教育課程研究センタ
　ー)「第2編　評価規準に盛り込むべき事項等」に示されている第2学年

234

及び第3学年における【「B 鑑賞」の評価規準に盛り込むべき事項】の一部を抜粋したものである。文中の下線部a〜dについて，正しいものを○，誤っているものを×としたとき，正しい組合せを，下の□の①〜⑤から一つ選びなさい。

【「B 鑑賞」の評価規準に盛り込むべき事項】

鑑賞の能力
音楽を形づくっている要素を a理解し，それらの働きが生み出す b特質や雰囲気を感受しながら，音楽を形づくっている要素や構造と曲想との関わりを理解する，音楽の特徴をその背景となる文化・歴史や他の芸術と関連付けて理解する，我が国や郷土の伝統音楽及び諸外国の様々な音楽の特徴から c音楽の多様性を理解するなどして， d要素を知覚したり，価値を考えたりし，根拠をもって批評するなどして，多様な音楽のよさや美しさを味わって聴いている。

	a	b	c	d
①	○	○	×	×
②	○	×	○	×
③	×	○	×	○
④	×	×	○	○
⑤	×	○	○	×

(☆☆☆○○○)

【9】次のア〜エの意味をもつ，発想に関する音楽の用語はどれか。正しい組合せを，あとの□の①〜⑤から一つ選びなさい。

ア	悲しく
イ	おどけて愉快に
ウ	決然と
エ	熱烈に

	ア	イ	ウ	エ
①	agitato	giocoso	risoluto	con fuoco
②	lamentoso	giocoso	comodo	con fuoco
③	agitato	delizioso	risoluto	con grazia
④	lamentoso	delizioso	comodo	con grazia
⑤	lamentoso	giocoso	risoluto	con fuoco

(☆☆○○○○)

【10】次の①～⑤は，我が国の音楽文化と諸外国の音楽文化に貢献した人物の組合せである。同じ世紀に活躍した人物同士でない組合せを一つ選びなさい。

①	「観阿弥」と「マショー(Guillaume de Machaut)」
②	「八橋検校」と「リュリ(Jean Baptiste Lully)」
③	「山田耕筰」と「プロコフィエフ(Sergey Prokofiev)」
④	「四世杵屋六三郎」と「ジョスカン・デプレ(Josquin Desprez)」
⑤	「宮城道雄」と「ストラヴィンスキー(Igor Stravinsky)」

(☆☆☆○○○○)

【11】次の文は，中世及びルネサンスの音楽について述べたものである。文中の下線部a～fについて，正しいものを○，誤っているものを×としたとき，正しい組合せを，あとの　　　の①～⑤から一つ選びなさい。

　ヨーロッパ各地の教会で歌われていた礼拝用の音楽は，しだいに整理され，単旋律で斉唱されるグレゴリオ聖歌となった。9世紀末ごろには，単旋律のグレゴリオ聖歌に，ₐ4度または5度の音程で平行に動く新たな声部を加えた手法が見られるようになった。これが平行オルガヌムと呼ばれる最も初期の多声音楽である。その後，12～13世紀のᵦフランドル楽派，14世紀の꜀アルス・ノヴァの作曲家たちによって発達していった。

236

一方，12世紀ごろから，吟遊詩人と呼ばれる$_d$労働階級を中心とした歌人たちが活躍し，民衆の間では世俗音楽が楽しまれるようになった。

16世紀に起こった宗教改革は，音楽にも大きな影響を与えた。ドイツでは宗教改革を行ったルターが，プロテスタント教会の礼拝用音楽として，ドイツ語の歌詞による$_e$カンタータを生み出した。一方，イタリアでは，反宗教改革派のパレストリーナが，均整のとれた$_f$ポリフォニー様式による美しい響きを理想とした音楽を作った。

	a	b	c	d	e	f
①	○	×	○	×	×	○
②	×	○	○	×	×	○
③	○	○	×	×	○	×
④	○	×	○	○	×	×
⑤	×	×	×	○	○	○

(☆☆☆○○○○)

【12】次の文は，リズムについて述べたものである。文中の（ a ）～（ e ）に当てはまる正しい組合せを，あとの☐の①～⑤から一つ選びなさい。

リズムは，よく拍子と混同されるがその性質は違う。リズムは，ビートに乗って流れる音の（ a ），強弱，さらに音のない時間などが組み合わされてできる独自の音型をいうのに対して，拍子は，一定の間隔に刻まれるビートに（ b ）強弱がついて反復される状態をさす。

シンコペーションは，弱拍音と強拍音がタイによって結ばれると，（ c ）に移動して生じるリズムである。

ポリリズムは，特殊な効果を出すために2つ以上の拍子やリズムを同時に，またはずらして組み合わせたリズムである。このポリリズムには，対照的なリズムが2声以上で同時に用いられアクセントの場所が一致している（ d ）と，アクセントの場所がずれている（ e ）がある。

	a	b	c	d	e
①	有無	周期的な	強拍が前の弱拍	ポリメトリック	クロスリズム
②	長短	周期的な	強拍が前の弱拍	クロスリズム	ポリメトリック
③	長短	一時的な	強拍が後の弱拍	ポリメトリック	クロスリズム
④	有無	一時的な	強拍が後の弱拍	クロスリズム	ポリメトリック
⑤	長短	周期的な	強拍が前の弱拍	ポリメトリック	クロスリズム

(☆☆☆◎◎◎◎)

【13】次のア～ウに示すギターのコードダイヤグラムに当てはまるコード
の正しい組合せを，下の□□□の①～⑤から一つ選びなさい。

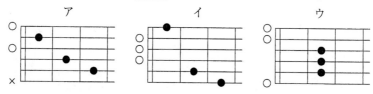

	ア	イ	ウ
①	E	G7	Esus4
②	C	GM7	Em6
③	C	G7	Esus4
④	E	GM7	Esus4
⑤	C	G7	Em6

(☆☆☆◎◎◎◎)

【14】次のア～エに示すそれぞれの音で構成される音階は何調何音階か。
ア～エに当てはまる正しい組合せを，あとの□□□の①～⑤から一つ
選びなさい。

238

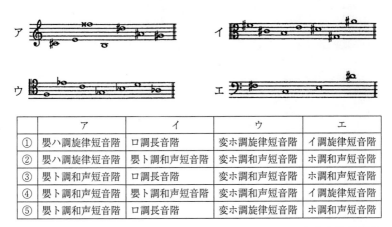

	ア	イ	ウ	エ
①	嬰ハ調旋律短音階	ロ調長音階	変ホ調旋律短音階	イ調旋律短音階
②	嬰ハ調旋律短音階	嬰ト調和声短音階	変ホ調和声短音階	ホ調和声短音階
③	嬰ト調和声短音階	ロ調長音階	変ホ調和声短音階	ホ調和声短音階
④	嬰ト調和声短音階	嬰ト調和声短音階	変ホ調和声短音階	イ調旋律短音階
⑤	嬰ト調和声短音階	ロ調長音階	変ホ調旋律短音階	ホ調和声短音階

(☆☆☆◎◎◎◎)

【15】次のア〜エの※印は，非和声音である。ア〜エの非和声音の名称に当てはまる正しい組合せを，あとの□□□の①〜⑤から一つ選びなさい。

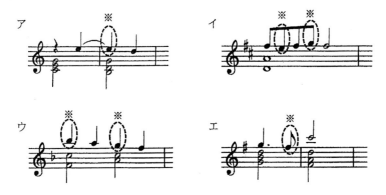

	ア	イ	ウ	エ
①	保続音	刺繍音	経過音	逸音
②	掛留音	刺繍音	経過音	逸音
③	保続音	逸音	倚音	先行音
④	掛留音	刺繍音	倚音	逸音
⑤	掛留音	逸音	倚音	先行音

(☆☆☆◎◎◎◎)

【16】次のア〜エは，オペラの劇中歌である。ア〜エが歌われるオペラの作品名の正しい組合せを，下の□の①〜⑤から一つ選びなさい。

ア	乾杯の歌
イ	婚礼の合唱
ウ	だれも寝てはならぬ
エ	恋とはどんなものかしら

	ア	イ	ウ	エ
①	椿姫	タンホイザー	トゥランドット	魔笛
②	椿姫	ローエングリン	トゥランドット	フィガロの結婚
③	カルメン	タンホイザー	セヴィリアの理髪師	フィガロの結婚
④	椿姫	ローエングリン	セヴィリアの理髪師	魔笛
⑤	カルメン	ローエングリン	トゥランドット	魔笛

(☆☆◎◎◎◎)

【17】次のア〜エは，諸外国の民族音楽又はその音楽で用いられる楽器である。ア〜エの説明を語群のa〜hの中から選び，正しい組合せを，あとの□の①〜⑤から一つ選びなさい。
ア　ヒメネ　　イ　ツィンバロム　　ウ　カッワーリー
エ　バラフォン

《語群》

a　ハンガリーを中心とする東欧地域で見られる打弦楽器

b　西アフリカ地域で見られる，共鳴用のひょうたんが取り付けられている木琴

c　セネガルなどに見られる，民族や家族の歴史を歌うときに用いる弦楽器

d　タヒチ島などポリネシアで見られる，キリスト教の賛美歌の影響を受けた合唱スタイル

e　パキスタンなどに伝わる，ハルモニウムという楽器を伴奏に用いる宗教的な歌

f　モンゴルに見られる，拍を感じさせない自由なリズムで歌われる民謡

g　トルコに見られる，サズという楽器で伴奏をつけ，自由なリズムで歌われる民謡

h　中欧のアルプス地方に見られる，チロル民謡などの演奏に用いられる弦楽器

	ア	イ	ウ	エ
①	d	a	g	b
②	f	h	g	b
③	d	a	e	b
④	f	a	g	c
⑤	f	h	e	c

(☆☆☆◎◎◎◎)

【18】次の文は，歌舞伎の音楽について述べたものである。文中の(a)～(e)に当てはまる語句の正しい組合せを，あとの◯◯◯の①～⑤から一つ選びなさい。

　歌舞伎の音楽には，長唄や義太夫節など，たくさんの三味線音楽が用いられている。舞台の(a)には床と呼ばれる義太夫節を演奏する場所があり，歌舞伎では義太夫節を(b)と呼ぶ。(c)には(d)と呼ばれる場所で三味線や笛，効果音を演奏している。長唄は，歌を

241

担当する唄方と，三味線を担当する三味線方，鳴物(打楽器と笛)を担当する(e)によって演奏される。

	a	b	c	d	e
①	上手	竹本	奈落	奏処	囃子方
②	裏手	竹本	下手	奏処	鳴子方
③	裏手	合方	奈落	黒御簾	囃子方
④	上手	竹本	下手	黒御簾	囃子方
⑤	上手	合方	下手	黒御簾	鳴子方

(☆☆☆○○○)

【19】次のア～ウは，日本の民謡の一部を示したものである。どの県の民謡かを地図中のa～fから選び，正しい組合せを，あとの　　の①～⑤から一つ選びなさい。

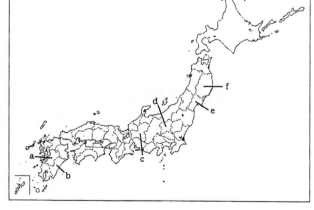

	ア	イ	ウ
①	e	d	a
②	f	d	b
③	e	c	b
④	f	c	a
⑤	e	d	b

(☆☆○○○○)

【20】 次の①及び②の楽曲の主旋律を，下のア〜エの条件に従って記譜し
なさい。

① 「ふるさと」作曲：岡野貞一

② 「大地讃頌(カンタータ「土の歌」から)」作曲：佐藤　眞

条件ア　開始音は，示された音から始めること

　　　　①「ふるさと」は "1点ロ(ロ)"　②「大地讃頌」は "2点イ

　　　　(イ)"

条件イ　示された音から始めた場合の調号を用いること(臨時記号は用
　　　　いない)

条件ウ　拍子は原曲通りであること

条件エ　はじめの4小節を記譜すること(はじめが弱起の場合は5小節)

(☆☆☆○○○○)

【21】 次の語句について簡単に説明しなさい。

① オスティナート

② ポリフォニー

③ ケッヘル番号

④ 定量音楽

(☆☆☆○○○○)

【22】 次に示す作曲家はある共通点があるが，その共通点にあてはまらない作曲家が一人だけいる。あてはまらない作曲家の名前とその理由を解答例に従って答えなさい。

グリンカ　　ヤナーチェク　　グリーグ　　アルベニス
ドビュッシー　　コダーイ

解答例
「作曲家○○は，◇◇主義音楽の作曲家ではなく，△△主義音楽の作曲家である。」

(☆☆◎◎◎◎)

【23】 次の楽譜を「箏」の縦譜に書き直しなさい。ただし，調子は平調子とし，始まりの音(A音)は“七の弦”とする。

(☆☆☆◎◎◎◎)

【24】 中学校学習指導要領解説音楽編(平成20年文部科学省)「第3章　各学年の目標及び内容」「第3節　第2学年及び第3学年の目標と内容」「2　内容」「(1)A表現」「(3)創作の活動を通して，次の事項を指導する。」「ア　言葉や音階などの特徴を生かし，表現を工夫して旋律をつくること。」に示されている例を参考にしながら，「言葉の特徴」と「音階の特徴」の両方を生かした学習活動の具体例を答えなさい。

(☆☆☆◎◎◎◎)

解答・解説

【中学校】

【1】④

〈解説〉学習指導要領の学習では，「A表現・B鑑賞の指導事項」，「共通事項」，そして，「指導計画の作成と内容の取扱い」の3点に重点を置くことが多い。しかし，この問題のように，「音楽科改訂の趣旨」を理解することは，学習指導事項の全体像を理解するうえで大切なことである。各章の関連を意識した学習ノートの作成を工夫するとよい。特に，改善の基本方針の中で，キーワードになる語句をあげると，「思いや意図をもって表現」「音楽文化に親しむ態度」「共通事項」「根拠をもって自分なりに批評する」「我が国や郷土の伝統音楽」が重要な語句になる。

【2】④

〈解説〉創作は普段の授業であまり実施されていないという現状を改善するために，創作の指導内容を焦点化・明確化にした指導事項を2つ示した。アは〔第1学年〕，ウは〔第2学年及び第3学年〕に示されている。〔第1学年〕と〔第2学年及び第3学年〕の表記の違いが，どの様な学習内容から来ているのか，学習指導要領解説をよく読んで理解しておくことが必要である。

【3】③

〈解説〉bは「音楽的感受性」ではなく「曲想」である。dはパート内ではなく，音楽の構造である。

【4】③

〈解説〉基本的には「2　内容の取扱いと指導上の配慮事項」で解説されている内容を理解することが必要であるが，7つの教材について旋律・形式・楽曲の構成などについて教材研究してあれば，この問題は難しいものではない。解答を導き出すキーワードをあげておく。a「原曲と山田耕筰の編作」「短調の響き」，b「日本情緒豊かな曲」「旋律と言葉との関係」，c「希望に満ちた思い」，d「春を待ちわびる気持ち」

【5】①

〈解説〉第4章は授業を実践するにあたって具体的な配慮事項が述べられているので，その内容を完全に理解しておくことが求められる。イは後段が間違っている。正解は「適宜，移動ド唱法を用いること」である。ウは2文目が間違っている。正解は「生徒が指揮を体験する機会を設けることは，音楽を形づくっている要素の働きを意識して表現を工夫する学習につながっていく。」である。

【6】③

〈解説〉小学校と中学校の連携は系統的な音楽教育の中で児童・生徒を育成する上で大切なことである。そのためには，各校種の学習指導要領を学習しておくことが必要である。アとエは小学校で示されている事項である。イは中学校・高等学校で示された内容である。小学生にはまだ難しい。ウは中学校で示されている内容であるが，参考のために小学校の楽器をあげると，〈低学年〉様々な打楽器・オルガン・ハーモニカ，〈中学年〉リコーダー・鍵盤楽器，〈高学年〉電子楽器・和楽器・諸外国に伝わる楽器，となっている。

【7】②

〈解説〉中学校学習指導要領解説　音楽編　第4章の「2　内容の取扱いと指導上の配慮事項」(8)の〔共通事項〕のイの事項に関わる内容からの出題である。ここでは，それぞれの記号や用語を音楽科の学習の観点からどの様に捉えていったらよいか，具体的に述べられているので，しっかり読んで理解すること。

【8】⑤

〈解説〉指導と評価は学習において，表裏一体の関係にある。要するに学習指導要領の内容と合わせて，「評価規準の作成，評価方法等の工夫改善のための参考資料」に目と通しておくことが必要である。この参考資料は，評価について全国の先生方により正しく理解してもらうために，「第3編　評価に関する事例」で具体的な内容で事例を示している。間違いの部分はaは「理解」ではなく「知覚」，dは「要素を知覚したり」ではなく「解釈したり」である。

【9】⑤

〈解説〉今回の用語は比較的使用頻度の高いものなので，そんなに難しい問題ではない。しかし，中に分からないものがあった場合は確実なものを押さえて，選択肢を絞り込んでいくことになる。音楽用語の意味は，楽典の本によって日本語のニュアンスが多少異なる場合がある。文部科学省編「教育用音楽用語」を参考にするとよいであろう。ちなみに読み方を表記しておく。lamentoso(ラメントーソ)，giocoso(ジョコーソ)，risoluto(リソルート)，con fuoco(コン フォーコ)

【10】④

〈解説〉日本と西洋の音楽史を組み合わせた問題は，最近多く見受けられる。その対策としては，音楽史年表を自分なりに作成してみると力が付く。その際，各社から出版されている高等学校の教科書の巻末にある資料編が非常に参考になる。問題で提示された作曲家の年代の組合

せは次のようになる。①観阿弥(1333〜84)とマショー(1300頃〜77)，②八橋検校(1614〜85)とリュリ(1632〜87)，③山田耕筰(1886〜1965)とプロコフィエフ(1891〜1953)④，四世杵屋六三郎(1779〜1855)とジョスカン・デプレ(1445頃〜1521)，⑤宮城道雄(1894〜1956)とストラヴィンスキー(1882〜1971)で，この中で同じ世紀でない組み合わせは④である。

【11】 ①

〈解説〉バロックや古典派の作曲家の音楽はよく耳にする。したがってこの時代の音楽史は比較的理解しやすい。しかし，中世・ルネサンス期の音楽となると西洋音楽史概論などの授業で触れたという程度というのが一般的であろう。音楽様式や様々な技法の芽生えが始まるこの時代の学習を深めておくことが，西洋音楽史の問題に強くなることにつながる。もう一度高校の教科書や大学の授業で使った音楽史の本などを参考に，自分なりにまとめておくとよい。この問題の正解は①であるが，間違っている箇所の正解を挙げると，b：フランドル楽派(×)→ノートル・ダム楽派(○)，d：労働階級(×)→騎士階級(○)，e：カンタータ(×)→コラール(○)である。

【12】 ②

〈解説〉音楽に関するある用語について感覚的には分かっていても，いざ文章化してみると明確に記述することが難しい場合がある。音楽の基本的な要素であるリズムと拍子は正しくその部類に属する用語である。もう一度，楽典の参考書を見て復習しておくことが大切である。シンコペーション(syncopation)を形成する要素には，問題文で示された内容の他に様々なものがある。2・3の例を上げてみる。①休符によるシンコペーション，②音符の長さによるシンコペーション，③特定の音を強くする用語によるシンコペーションなどがある。ポリリズム(polyrhythm)の扱いによって生じるクロスリズム(cross rhythm)とポリメトリック(polymetric)はルンバ，ビギーン，サンバなどの舞踊やロックの音楽などに使われている。

【13】③

〈解説〉この問題では，ギターのフィンガー・ボードと音の関係を完全に理解していることが重要である。開放弦の第1弦から第6弦までの音を参考までに表記する。第1弦(E)，第2限(B)，第3限(G)，第4弦(D)，第5弦(A)，第6弦(E)である。フィンガー・ボードのフレットは半音ずつ上がっていく。このことからアの音を割り出すとECGECの構成音となる。このコードはCになる。イはFBGDBGの構成音でG7である。ウはEBAEBEの構成音であるが，Eコードを構成する3rd(G)がつり上って4th(A)になっているので，Esus4となる。ちなみに，susはsuspended(つり上げる)の略である。

【14】⑤

〈解説〉ア〜エの解答で示されている音階が2種類ずつあるので，その音階を書いてみる。(イの嬰ト調和声短音階はアにもあるので流用する)時間はかかるが，その方法が正確で一番早い方法である。そこで，注意することが3つある。①旋律短音階(上行形)のⅤ—Ⅵ—Ⅶ(導音)の音程を長2度にすること。②和声短音階のⅦ(導音)を半音上げてⅠとの関係を短2度にする。当然Ⅵ—Ⅶは増2度になる。③音部記号に注意する。

【15】④

〈解説〉非和声音に関する問題である。非和声音は楽曲の中では特徴ある音楽の一要素として奏でられるもので，旋律を装飾する音の一種である。アの場合は，前の和声音の一部が次の和声の中に音が繋留し，そこではいったん不協和音になって，次の音で解決するという和声進行になっている。この様な非和声音を「掛留音」という。イの場合は，和声音の上下を修飾して音が動いている。また，弱拍にこの音はある。このような非和声音を「刺繍音」という。「補助音」ともいう場合もある。ウの場合は，いきなり不協和音が強拍にあらわれ，2度下行して和声が解決している。また，1つの和音内で行われている。この様な非和声音を「倚音」という。エの場合は，和声音から順次進行で非

和声音に入り，その後飛躍進行によって次の和声音に入っている。その音は弱拍に現れている。この様な非和声音を「逸音」という。その他，選択肢にある非和声音を参考のために記述しておく。「保続音」はオルガンのペダルで奏されるBassの持続音のことをいう。「経過音」は和音に含まれる和声音の中で，全音もしくは半音で順次進行する中で生じる非和声音で，弱拍に現れる。「先行音」は次に現れる和音構成の音が先に現れて非和声音になり，次の和音で解決していく。弱拍に現れる非和声音である。

【16】②

〈解説〉ここで提示されたアリア名や選択肢にある楽曲名のオペラについては，高等学校の教科書でよく扱われているものである。できれば複数の出版社の教科書を手に入れて，楽曲に関する知識の幅を広げておくことが大切である。ちなみに，「カルメン」は「ハバネラ」や「闘牛士の歌」，「タンホイザー」は「巡礼の合唱」「夕星の歌」，「セヴィリアの理髪師」は「ラ，ラン，ラ，レーラ…町の何でも屋に」や「真実にして不屈の情熱をもつ」，「魔笛」は「私は鳥刺し」や「夜の女王のアリア」などのアリアが有名である。

【17】③

〈解説〉ア～エの解答に示された以外の語群について説明する。cは「コラ」という楽器で，ハープのように弦をはじいて演奏する。グリオが用いる楽器である。fは「オルティンド」で，「長い歌」という意味である。伴奏にはモリンホール(馬頭琴)が用いられる。gは「ウズン・ハワ」で，オルティンドと同様に「長い歌(旋律)」という意味をもつ。伴奏には弦楽器のサズ(バーラマ)が用いられる。hは「ツィター」である。スイスやオーストリアの農村部で用いられていたが，19世紀前半には都市部でも用いられるようになった。映画「第三の男」でツィターが演奏する音楽は有名である。

【18】④

〈解説〉歌舞伎の舞台や音楽等に関する問題である。舞台全体を理解する
　ためには，自分自身で舞台の図を描いてみることが必要である。そう
　することで下手・上手の意味やそこで演奏される音楽についても理解
　を深めることができる。歌舞伎には演目によって「長唄」「義太夫節
　(竹本)」「常磐津節」「清元節」など，様々な音楽が使われる。特に，
　長唄は，江戸時代に歌舞伎とともに発展した三味線音楽の一種で，三
　味線と囃子を伴った歌曲である。

【19】①

〈解説〉日本の各地方には，その風土や芸能と関わりをもって民謡が生ま
　れてきた。今回の問題では6県が示され，五線譜から曲名を導き出し
　て，どの県の民謡かを判断する問題である。民謡の学習では，日本各
　地の民謡を覚えることが大切である。ちなみに，アは宮城県の「斎(さ
　い)太郎(たら)節」，イは群馬県の「草津節」，ウは熊本県の「五木の子
　守歌」の旋律である。また，bは宮崎県で「刈り干し切り歌」，cは岐
　阜県で「郡上節」，fは岩手県で「南部牛追い歌」などがその県の代表
　的な民謡である。

【20】①「ふるさと」

　②「大地讃頌」

〈解説〉①②で示された「ふるさと」「大地讃頌」は中学生でもよく歌わ
　れる曲である。特に，「大地讃頌」については，現在中学校の教科書
　が2社から出版されているが，どちらの教科書にも掲載されている。
　記譜には条件アからエまであるので，注意して記譜にあたること。
　　①「ふるさと」の冒頭の音は主音から始まるので，"1点ロ"という条

件で記譜すると調号はロ長調(H dur)になる。②「大地讃頌」は弱起で
始まって，つぎの小節の冒頭が主音になっている。そこでスタートを
"2点イ"から始めると主音の音はFになるのでヘ長調(F dur)の調号にな
る。

【21】①　ある一定の音型を，たえず反復すること(楽曲全体またはまと
まった楽節を通じて)　②　多声音楽　③　モーツァルトの全作品
の年代順リストに付された番号　④　音の長短が厳格に規定された
音楽

〈解説〉①　「オスティナート」の手法は，ある一定の音型を同一声部で
何回も繰り返す手法で，13世紀中ごろ現れたが，特に，16世紀中ごろ
から18世紀の器楽曲の様式であるシャコンヌやパッサカリアなどに好
まれて用いられた。　②　「ポリフォニー」は複数の声部をもった対
位法的な音楽の総称である。特に，イタリアのパレストリーナによっ
て均整のとれたポリフォニー様式による美しい響きが求められてより
完成度の高い作品が作られた。　③　「ケッヘル番号」はルートヴィ
ヒ・フォン・ケッヘルがモーツァルトの作品を年代順に整理して付番
したもの。　④　「定量音楽」は自由なリズムによるグレゴリオ聖歌
に対して，定量記譜法によって，音符の長短をはっきりさせた音楽(多
声音楽)という意味で名づけられた。

【22】ドビュッシーは，民族主義音楽の作曲家ではなく，印象(象徴)主義
音楽の作曲家である。

〈解説〉問題で提示された6人の作曲家はほぼ19世紀から20世紀にかけて
活躍した。しかし，ドビュッシーを除いて他の5人は自国の民謡や旋
律などをつかって，民族主義色を強く打ち出した作品を多く作曲した。
グリンカ(ロシア)，ヤナーチェク(チェコ)，グリーグ(ノルウェー)，ア
ルベニス(スペイン)，コダーイ(ハンガリー)。ドビュッシーの作品は印
象主義と呼ばれている。印象主義という名称は画家モネたちの明確な
輪郭線を排除し，光と色彩にあふれる美術作品に与えられた名称であ

ったが，1890年代以降，ドビュッシーの作品に対してこの言葉が用いられるようになった。

【23】

〈解説〉筝には13弦が張られ，それぞれの弦に名称が付いている。一から十の弦名はそのまま漢数字を当てはめる。十一弦は「斗(と)」，十二弦は「為(い)」，十三弦は「巾(きん)」という名称に変わる。この調弦(平調子)の仕方はしっかり理解しておかなくてはならない。また，「筝」の縦譜の記述で注意することは，音符の長さの表記である。一マスが八分音符(半拍)で，四分音符(一拍)は二マス使う。休符は○で表し，長さの表記は音符に準じる。

【24】・言葉の抑揚やリズムの特徴を理解しやすい俳句などを取り上げ，いくつかの種類の五音音階から音階を選択させ，旋律をつくる活動。・各地の方言を使った観光客誘致のためのキャッチコピーをつくらせ，その方言やコピーの趣旨に合う音階を選択させ，旋律をつくる活動。　・お気に入りの詩や既習の詩などを取り上げ，詩の雰囲気に合うコード進行を選択し，それを基に合う旋律をつくる活動。　などから1つ。

〈解説〉実際の授業で経験していない受験生は，学習指導要領解説に提示されている部分を参考にして具体的な学習例を考えるとよい。解答で示された模範解答以外に次のような活動も考えられる。わらべ歌の歌詞を用いて，日本の音階(民謡音階・都節音階・律音階・沖縄音階)をつかって，わらべ歌をつくる。また，その作品の拍やリズムを変えたり，カノンのように1小節ずらして旋律を重ねるなどの学習も考えられる。

2014年度　　実施問題

【中学校】

【1】次の文は，中学校学習指導要領解説音楽編(平成20年文部科学省)「第2章　音楽科の目標及び内容」「第1節　音楽科の目標」「1　教科の目標」の一部を抜粋したものである。文中の(ア)～(オ)に当てはまる語句の正しい組合せを，下の①～⑤から一つ選びなさい。

　　表現及び鑑賞の幅広い活動を通して，音楽を愛好する心情を育てるとともに，音楽に対する感性を豊かにし，音楽活動の基礎的な能力を伸ばし，音楽文化についての理解を深め，豊かな情操を養う。

　(略)

　「音楽に対する感性」とは，音や音楽のよさや美しさなどの(ア)世界を価値あるものとして感じ取るときの(イ)を意味している。音楽科の学習は，生徒が音や音楽の(ウ)に気付き，それらを主体的にとらえることによって成立する。

　(略)

　「音楽文化についての理解を深め」ることを今回の改訂で新たに規定した。その背景には，国際化が進展する今日，我が国や郷土の伝統音楽に対する理解を深め，我が国の音楽文化に(エ)をもつとともに諸外国の音楽文化を尊重する態度の育成を重視することがあげられる。(オ)や和楽器で表現したり，音楽をその背景となる文化・歴史と関連付けて鑑賞したりする活動などは，音楽文化の理解につながる学習と言える。

	ア	イ	ウ	エ	オ
①	目に見えない	音楽的能力	まとまり	愛 着	頭声的発声
②	目に見えない	心の働き	存 在	憧 れ	頭声的発声
③	質的な	心の働き	存 在	愛 着	曲種に応じた発声
④	質的な	音楽的能力	まとまり	憧 れ	曲種に応じた発声
⑤	質的な	心の働き	まとまり	愛 着	曲種に応じた発声

(☆☆○○○○)

255

【2】次のア〜エの各文のうち，中学校学習指導要領解説音楽編(平成20年文部科学省)「第2章　音楽科の目標及び内容」「第2節　音楽科の内容」「2　各領域及び〔共通事項〕の内容」「(2)鑑賞領域の内容」「④　音楽の鑑賞における批評」の内容として正しいものをすべて選んだ組合せを，下の①〜⑤から一つ選びなさい。

ア　音楽の鑑賞は，受動的な行為ととらえられることがあるが，音楽科における鑑賞の学習は，音楽によって喚起されたイメージや感情などを，自分なりに言葉で言い表したり書き表したりする主体的・能動的な活動によって成立する。

イ　音楽のよさや美しさなどについて，言葉で表現し他者に伝えることが音楽科における批評である。

ウ　自分の考えなどを表現することは，本来，生徒にとって楽しいものと言える。ただし，それが他者に理解されるためには，客観的な理由を基にして，他者にとってどのような価値があるのかといった評価をすることが重要となる。ここに学習として大切な意味がある。

エ　根拠をもって批評することは創造的な行為であり，それは，漠然と感想を述べたり単なる感想文を書いたりすることとは異なる活動である。

①　ア，イ，エ
②　ア，イ，ウ
③　ウ，エ
④　ア，ウ
⑤　イ，エ

(☆☆☆◎◎◎)

【3】次のア〜オの各文のうち，中学校学習指導要領(平成20年告示)「第2章　各教科」「第5節　音楽」「第2　各学年の目標及び内容」〔第2学年及び第3学年〕の内容として正しいものの組合せを，あとの①〜⑤から一つ選びなさい。

ア　歌詞の内容や曲想を味わい，曲にふさわしい表現を工夫して歌う

こと。

イ　声部の役割や全体の響きを感じ取り，表現を工夫しながら合わせて歌うこと。

ウ　楽器の特徴をとらえ，基礎的な奏法を身に付けて演奏すること。

エ　表現したいイメージをもち，音素材の特徴を感じ取り，反復，変化，対照などの構成を工夫しながら音楽をつくること。

オ　我が国や郷土の伝統音楽及び諸外国の様々な音楽の特徴から音楽の多様性を理解して，鑑賞すること。

① ア，イ

② ア，オ

③ イ，ウ

④ ウ，エ

⑤ エ，オ

(☆☆◎◎◎)

【4】次の文は，中学校学習指導要領解説音楽編(平成20年文部科学省)「第3章　各学年の目標及び内容」「第1節　第1学年の目標と内容」「2　内容」「(1)A表現」の一部を抜粋したものである。文中の(ア)〜(エ)に当てはまる語句の正しい組合せを，下の①〜⑤から一つ選びなさい。

「我が国の伝統的な歌唱」とは，我が国の各地域で歌い継がれている(ア)や盆踊歌などの民謡，歌舞伎における(イ)，能楽における謡曲，文楽における(ウ)，三味線や箏などの楽器を伴う(エ)・箏曲など，我が国や郷土の伝統音楽における歌唱を意味している。

	ア	イ	ウ	エ
①	長　唄	端　唄	仕事歌	義太夫節
②	長　唄	端　唄	義太夫節	地　歌
③	仕事歌	端　唄	地　歌	長　唄
④	仕事歌	長　唄	義太夫節	地　歌
⑤	仕事歌	長　唄	地　歌	義太夫節

(☆☆◎◎◎)

【5】次の文は，中学校学習指導要領(平成20年告示)「第2章　各教科」「第5節　音楽」「第3　指導計画の作成と内容の取扱い」の一部について述べたものである。文中の下線部a〜eについて，正しいものを○，誤っているものを×としたとき，正しい組合せを，下の①〜⑤から一つ選びなさい。

　創作の指導については，即興的に音を出しながら_a音のつながり方を試すなど，_b音を音楽へと構成していく体験を重視すること。その際，_c技能に偏らないようにするとともに，_d必要に応じて作品を_e表現する方法を工夫させること。

	a	b	c	d	e
①	○	○	×	○	×
②	○	○	×	×	×
③	○	×	○	×	○
④	×	×	○	○	×
⑤	×	○	×	×	○

(☆☆☆◎◎◎)

【6】次のア〜オの各文は，中学校学習指導要領解説音楽編(平成20年文部科学省)「第4章　指導計画の作成と内容の取扱い」「2　内容の取扱いと指導上の配慮事項」に示されている「音楽に関する知的財産権」について述べたものである。正しいものを○，誤っているものを×としたとき，正しい組合せを，あとの①〜⑤から一つ選びなさい。

ア　「知的財産権」とは，知的な創作活動によって何かをつくり出した人に対して付与される他人に無断で利用されない権利である。

イ　「知的財産権」の一つに著作権がある。

ウ　インターネットを通じて配信されている音楽については，著作権が存在するということについての認識が十分であるため，特に留意する必要はない。

エ　指導に当たっては，授業の中で表現したり鑑賞したりする多くの楽曲について，それを創作した著作者がいることや，著作物であることを生徒が意識できるようにし，必要に応じて音楽に関する知的

財産権に触れることが大切である。

オ　教育現場では著作権者の了解なしに全ての著作物を自由に利用することができる。

	ア	イ	ウ	エ	オ
①	○	×	○	○	○
②	○	○	×	○	×
③	×	○	×	○	○
④	○	○	○	×	×
⑤	×	×	○	×	○

(☆◎◎◎)

【7】次の文は，「評価規準の作成，評価方法等の工夫改善のための参考資料(中学校音楽)」(平成23年国立教育政策研究所教育課程研究センター)「第1編　総説」「第3章　評価方法等の工夫改善について」「3　各学校における指導と評価の工夫改善について」の一部を抜粋したものである。文中の(ア)～(エ)に当てはまる語句の正しい組合せを，あとの①～⑤から一つ選びなさい。

(1)　指導と評価の一体化

　　新学習指導要領は，基礎的・基本的な知識・技能の習得と思考力，判断力，表現力等をバランスよく育てることを重視している。各教科の指導に当たっては，生徒の(ア)を生かしながら，目標の確実な実現を目指す指導の在り方が求められる。

　　このバランスのとれた学力を育成するためには，学習指導の改善を進めると同時に，学習評価においては，(イ)をバランスよく実施することが必要である。

　　さらに，学習評価の工夫改善を進めるに当たっては，学習評価をその後の学習指導の改善に生かすとともに，学校における教育活動全体の改善に結び付けることが重要である。その際，学習指導の過程や学習の結果を(ウ)に把握することが必要である。

　　各学校では，生徒の(エ)を適切に評価し，評価を指導の改善に生かすという視点を一層重視し，教師が指導の過程や評価方法を

見直して，より効果的な指導が行えるよう指導の在り方について工夫改善を図っていくことが重要である。

	ア	イ	ウ	エ
①	主体的な活動	観点ごとの評価	断続的，機能的	学習状況
②	主体的な活動	能力ごとの評価	継続的，総合的	音楽的技能
③	個性	能力ごとの評価	断続的，機能的	学習状況
④	個性	観点ごとの評価	効率的，断続的	音楽的技能
⑤	主体的な活動	観点ごとの評価	継続的，総合的	学習状況

(☆☆☆◎◎◎)

【8】次の表は，「評価規準の作成，評価方法等の工夫改善のための参考資料(中学校音楽)」(平成23年国立教育政策研究所教育課程研究センター)「第2編　評価規準に盛り込むべき事項等」のうち，第1学年の「A表現・歌唱」の評価規準に盛り込むべき事項を示したものである。表中の下線部a〜dについて，正しいものの組合せを，下の①〜⑤から一つ選びなさい。

音楽への関心・意欲・態度	音楽表現の創意工夫	音楽表現の技能
歌詞の内容や曲想，曲種に応じた発声，a言葉の特性，声部の役割や全体の響きなどに関心をもち，それらを生かし音楽表現を工夫して歌う学習に主体的に取り組もうとしている。	b音楽を形づくっている要素を知覚し，それらの働きが生み出す特質や雰囲気を感受しながら，歌詞の内容や曲想を感じ取る，曲種に応じた発声により，言葉の特性を生かす，声部の役割や全体の響きを感じ取るなどして音楽表現を工夫し，どのように歌うかについてc見通しをもっている。	d多様な音楽表現をするために必要な技能を身に付けて歌っている。

① a，b

② a，c

③ a，d

260

④　b, c

⑤　c, d

(☆☆☆☆○○○)

【9】次のア～エの各文は，主な器楽曲についての説明である。それぞれ何について説明したものか。正しい組合せを，下の①～⑤から一つ選びなさい。

ア　低声部に現れる主題が何度も反復される，変奏曲形式の曲。

イ　ロマン派の時代に多く書かれた性格的小品の一種。即興的な性格をもつものが多い。

ウ　元はヴェネツィアのゴンドラ(舟)を漕ぐときに歌われた歌。ピアノ曲が多い。

エ　19世紀に多く作られた，愉快で気まぐれな性格をもつ器楽小品。

	ア	イ	ウ	エ
①	パッサカリア	ファンタジア	マドリガル	カプリッチョ
②	フーガ	アンプロンプチュ	バルカロール	スケルツォ
③	パッサカリア	アンプロンプチュ	バルカロール	カプリッチョ
④	フーガ	ファンタジア	マドリガル	スケルツォ
⑤	パッサカリア	ファンタジア	バルカロール	カプリッチョ

(☆☆☆○○○)

【10】次のア～エの舞曲の起源と主な拍子の正しい組合せを，あとの①～⑤から一つ選びなさい。

ア　アルマンド

イ　パヴァーヌ

ウ　ポルカ

エ　ガヴォット

261

	ア	イ	ウ	エ
①	ドイツ：4	イタリア：2	チェコ：2	フランス：2
②	フランス：3	イタリア：2	ポーランド：2	ドイツ：2
③	ドイツ：3	フランス：4	ポーランド：3	フランス：2
④	フランス：4	イタリア：4	ポーランド：4	フランス：4
⑤	ドイツ：4	フランス：2	チェコ：4	ドイツ：4

※2＝2拍子　　3＝3拍子　　4＝4拍子

(☆☆☆☆○○○)

【11】次のア～オの音を，バロック式のアルトリコーダーで演奏する際の
正しい運指(指番号)の組合せを，下の①～⑤から一つ選びなさい。

	ア	イ	ウ	エ	オ
①	0, 1, 2, 3, 5	0, 1, 2, 4	2, 4	2, 3, 4, 5, 6	Ø, 1
②	0, 1, 2, 3, 5, 6	0, 1, 3, 4	2, 4	0, 1, 2, 3, 4, 5, 7	Ø, 1, 2, 4, 5
③	0, 1, 2, 3, 5	0, 1, 3, 4	1, 2	0, 1, 2, 3, 4, 5, 7	Ø, 1
④	0, 1, 2, 3, 5, 6	0, 1, 3, 4	1, 2	2, 3, 4, 5, 6	Ø, 1, 2, 4, 5
⑤	0, 1, 2, 3, 5, 6	0, 1, 2, 4	1, 2	2, 3, 4, 5, 6	Ø, 1

(☆☆☆○○○○)

【12】次の文は，オペラ(歌劇)について述べたものである。文中の（　ア　）
～（　オ　）に当てはまる語句の正しい組合せを，あとの①～⑤から一
つ選びなさい。

　オペラの誕生は1600年頃のイタリア・フィレンツェにみることがで
きる。

　（　ア　）と呼ばれる詩人や音楽家，文化人たちのグループは，（　イ　）
を復興させるため試行錯誤を重ね，新しいスタイルの音楽劇を創出し
た。これが今日のオペラの始まりといわれている。

　18世紀にイタリアで発展した喜劇的なオペラの総称を(　ウ　)とい
う。主な作品に「フィガロの結婚」や「セビリアの理髪師」などがあ
る。

262

　19世紀に入り，ヴァーグナーは歌唱中心の従来のオペラでは，ドラマの流れが損なわれると考え，歌詞の詩的内容を重んじ，音楽と舞踊・演技・舞台装置などとの融合を図り，総合芸術としての（　エ　）というオペラ様式を追求した。

　一方，（　オ　）は，市民生活に密着した盛り上がりを示し，ヨーロッパ各国で大衆的な人気を呼んだ。その主な作品には「メリー・ウィドウ」などがある。

	ア	イ	ウ	エ	オ
①	トルヴェール	ギリシャ悲劇	オペラ・ブッファ	ムジークドラーマ	ミュージカル
②	カメラータ	ギリシャ悲劇	オペラ・ブッファ	ムジークドラーマ	オペレッタ
③	トルヴェール	ギリシャ神話	ムジークドラーマ	オペラ・ブッファ	ミュージカル
④	カメラータ	ギリシャ神話	ムジークドラーマ	オペラ・ブッファ	オペレッタ
⑤	トルヴェール	ギリシャ神話	オペラ・ブッファ	ムジークドラーマ	オペレッタ

(☆☆☆◎◎◎)

【13】次のAとBは，教会旋法についての説明である。それぞれ何について説明したものか。正しい組合せを，下の①〜⑤から一つ選びなさい。

A　短調の自然短音階と同じ音配列の旋法

B　長音階と同じ音配列の旋法

	A	B
①	Dorian	Aeolian
②	Phrygian	Lydian
③	Lydian	Mixolydian
④	Aeolian	Ionian
⑤	Ionian	Dorian

(☆☆☆☆◎◎◎)

【14】次のア〜オが示す意味の演奏記号・用語はどれか。正しい組合せを，あとの①〜⑤から一つ選びなさい。

ア　次の楽章に切れ目なく移る

イ　スラーを伴ったスタッカートの奏法

ウ　おおよそ，……のように

エ　弓の背の木部で弦を叩くように奏する

オ　倍音奏法

	ア	イ	ウ	エ	オ
①	attack	con slur	quasi	con arco	tre corde
②	attacca	portato	colla parte	con arco	flageolet
③	attacca	con slur	quasi	con arco	tre corde
④	attack	portato	colla parte	col legno	tre corde
⑤	attacca	portato	quasi	col legno	flageolet

(☆☆☆◎◎◎)

【15】次のア〜エの各文は，尺八の奏法についての説明である。それぞれ何について説明したものか。正しい組合せを，下の①〜⑤から一つ選びなさい。

ア　あごを引いて高音を下げる。

イ　あごを突き出して高音を上げる。

ウ　通常出す音を故意に崩して音を出す。

エ　二つの指孔を交互にすばやく開閉して音を出す。

	ア	イ	ウ	エ
①	メ リ	ユ リ	カ リ	コロコロ
②	メ リ	カ リ	ムラ息	ユ リ
③	ユ リ	メ リ	カ リ	ムラ息
④	ユ リ	カ リ	メ リ	ムラ息
⑤	メ リ	カ リ	ムラ息	コロコロ

(☆☆◎◎◎)

【16】次の文は，能楽について述べたものである。文中の（　ア　）〜（　オ　）に当てはまる語句の正しい組合せを，あとの①〜⑤から一つ選びなさい。

　能楽は（　ア　）時代に大成された芸能で，その大成を築いた（　イ　）は，能楽論書（　ウ　）を記し，後の能楽界に多大な影響を与えた。

　能楽のシテ方の流派には，観世流の他に（　エ　）などの五流があり，現在でも多くの人が謡曲や仕舞を楽しんでいる。能楽は能だけでなく，

264

狂言も含めた名称であり，狂言では，主役を演じる「シテ」と，脇役を演じる(オ)がある。

	ア	イ	ウ	エ	オ
①	室 町	世阿弥	密花能伝	喜多流	ア ド
②	鎌 倉	観阿弥	風姿花伝	大蔵流	ワ キ
③	室 町	世阿弥	風姿花伝	喜多流	ア ド
④	鎌 倉	観阿弥	密花能伝	大蔵流	ワ キ
⑤	室 町	観阿弥	風姿花伝	喜多流	ワ キ

(☆☆☆☆◎◎◎)

【17】次のア～オの各文は，我が国の伝統音楽に関わりのある内容について述べたものである。正しいものの組合せを，下の①～⑤から一つ選びなさい。

ア　声明とは，法会などで僧侶がフシをつけて経文を唱える声楽曲のことである。

イ　河東節は，近畿地方に伝わる民謡の一つである。

ウ　近松門左衛門は，竹本義太夫のために数々の作品を書き，江戸時代に大変人気を博した浄瑠璃作家である。

エ　地謡とは，能において，情景や主人公の心理などを描写する場面の謡を担当する人々である。

オ　能の所作「テラス」は，面を伏せ，悲しみを表す型である。

① ア，イ，エ
② ア，ウ，エ
③ ア，ウ，オ
④ イ，ウ，オ
⑤ イ，エ，オ

(☆☆☆☆◎◎◎)

【18】次の文は，日本の民謡について述べたものである。文中の(ア)～(オ)に当てはまる語句の正しい組合せを，あとの①～⑤から一つ選びなさい。

　黒田節は福岡市の民謡で，もとは(　ア　)に歌われていたものが全国に広まったもので，旋律は，(　イ　)がもとになって生まれた。歌詞は，「酒はのめのめ，のむならば，日の本一のこの槍を，(　ウ　)のむならば，～(後略)～」である。

　富山県のこきりこ節は(　エ　)音階がもとになっており，(　オ　)として親しまれてきた。

	ア	イ	ウ	エ	オ
①	庶民たち	越天楽	のみ取るほどに	民　謡	仕事歌
②	庶民たち	君が代	のみ干すほどに	都　節	踊り歌
③	武士たち	越天楽	のみ取るほどに	民　謡	踊り歌
④	武士たち	君が代	のみ干すほどに	民　謡	仕事歌
⑤	武士たち	越天楽	のみ取るほどに	都　節	仕事歌

(☆☆☆☆◎◎◎)

【19】次の文は，我が国の伝統音楽の楽器について述べたものである。文中の(　ア　)～(　エ　)に当てはまる数，語句の正しい組合せを，下の①～⑤から一つ選びなさい。

　雅楽の管絃に用いられる楽器は，打楽器が(　ア　)種類，弦楽器が(　イ　)種類，管楽器が(　ウ　)種類である。

　郷土の民謡などに用いられる楽器に，小さめの弦楽器を弓で弾く(　エ　)があり，この楽器は，「風の盆」で有名な「越中おはら節」で用いられる。

	ア	イ	ウ	エ
①	2	2	2	二　胡
②	3	3	2	胡　弓
③	2	3	2	二　胡
④	3	2	3	胡　弓
⑤	2	3	3	胡　弓

(☆☆☆☆◎◎◎)

【20】 次の文中の下線部a〜dについて正しいものを○，誤っているもの
を×としたとき，正しい組合せを，下の①〜⑤から一つ選びなさい。

成田為三は，鈴木三重吉の唱導した_a童謡運動に参加し，_b「夕やけ
こやけ」をはじめ多くの作品を残した。また，_c叙情歌「浜辺の歌」
も有名である。

岡野貞一は，教科書などの編纂にあたり，自らも_d「春が来た」，「ふ
るさと」などを作曲した。

	a	b	c	d
①	○	×	×	×
②	×	○	○	○
③	×	○	×	○
④	×	×	○	×
⑤	○	×	○	○

(☆☆◎◎◎)

【21】 次の楽譜は，ヴィヴァルディ作曲「四季より『春』第1楽章」低音
パートの冒頭部分である。以下の①〜④の条件に従い主旋律を記譜し
なさい。

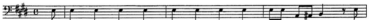

条件① 原曲どおりのリズムを用いること
条件② 上の楽譜の「同主調の平行調の属調」に移調すること
条件③ 調号を用いること(臨時記号は用いない)
条件④ 始まりの音は，第1線から第5線の間に記譜すること

(☆◎◎◎)

【22】 中学校学習指導要領解説音楽編(平成20年文部科学省)「第3章　各
学年の目標及び内容」「第2節　第2学年及び第3学年の目標と内容」
「2　内容」「(2)B鑑賞」の(1)のアにおいては，4つの内容を挙げ，「①
から④の内容を含めて，自分なりに批評をすることができるように指

導することが大切である。」と述べられている。この4つの内容を踏ま
え，ヴェートーヴェン作曲「交響曲第5番ハ短調(運命)」を教材として，
批評文を書きなさい。

(☆☆☆◎◎◎)

【23】指揮法の「たたき」と「しゃくい」は，それぞれどんな動きの特徴
と利点があるかを答えなさい。

(☆☆☆☆◎◎◎)

【24】次の歌唱共通教材の歌詞が示す部分の主旋律を，以下の①〜④の条
件に従い記譜しなさい。
　歌詞「見ずやあけぼの　露浴びて」
　　条件①　原曲を変ロ長調に移調すること
　　条件②　拍子記号を用いること
　　条件③　調号を用いること(臨時記号は用いない)
　　条件④　始まりの音は，第1線から第5線の間に記譜すること

(☆☆☆◎◎◎)

【25】シューベルト作曲「魔王」について，次に示す，「子」と「魔王」
のそれぞれの様子や心情を表すために，作曲者はどのように音楽表現
を工夫して作曲しているかについて答えなさい。また，その音楽表現
の工夫を生徒に知覚・感受させるためにどんな手立てを講じるかにつ
いて答えなさい。
「子」
　病気等で弱っているところに魔王が現れ，その恐怖におののいてい
る。
　　①　作曲者はどのように音楽表現を工夫して作曲しているか
　　②　生徒に知覚・感受させるための手立て

「魔王」

　言葉巧みに誘い出そうとするが，なかなか連れ去れないことに業を煮やし，最後は力尽くで連れ去ろうとしている。

　①　作曲者はどのように音楽表現を工夫して作曲しているか

　②　生徒に知覚・感受させるための手立て

（☆☆☆◎◎◎）

解答・解説

【中学校】

【1】③

〈解説〉教科の目標については全文を覚えることはもちろん，その内容を理解しておきたい。学習指導要領解説では教科の目標でのキーワードについて説明しているので，必ず読んでおこう。それらのキーワードをいくつかおさえていれば，本問のような組合せの選択問題では正答を導くことができるだろう。

【2】①

〈解説〉各文は学習指導要領解説の文章そのままなので，覚えている人は正答できるだろう。ウの「…客観的な理由を基にして，他者にとってどのような価値があるのか…」では，「他者にとって」ではなく「自分にとって」が正しい。

【3】②

〈解説〉イ，ウ，エは全て第1学年の表現に関する指導事項である。各学年の内容は，用いられている表現の違いで学年が判断できる。例えばイ，エで用いられている「感じ取り」という表現は，第2学年及び第3学年ではそれぞれ「理解して」「生かし」となっている。またウの

「(楽器の特徴を)とらえ」という表現も，第2学年及び第3学年では「理
解し」となっている。

【4】④

〈解説〉判断しやすいのがイとウであろう。歌舞伎や文楽など，各ジャン
ルで演奏される音楽の名称はあわせておさえておきたい。

【5】①

〈解説〉下線部cは「技能」ではなく「理論」，下線部eは「表現する方法」
ではなく「記録する方法」が正しい。本問では全文理解していること
が理想ではあるが，全ての正誤が判断できなくても，ポイントとなる
箇所がいくつか分かれば解答できる。問題意識を持ちながら，学習指
導要領を隅々まで読んでポイントをつかむことが重要である。

【6】②

〈解説〉「音楽に関する知的財産権」は学習指導要領改訂で新たに加えら
れた指導上の配慮事項の1つであり，頻出である。学習指導要領で触
れられているのは，音楽に携わる者の常識といえる程度の内容なので，
迷わず解答できるようにしたい。その他，著作権法第35条などを中心
として，参考書で学習しておこう。

【7】⑤

〈解説〉「評価規準の作成，評価方法等の工夫改善のための参考資料」は
学習指導要領，および同解説の内容を踏まえた，評価規準設定の際の
参考資料として位置づけられている。学習指導要領などを学習する際，
または学習後に熟読すると理解が早まると思われる。

【8】①

〈解説〉下線部cは「見通し」ではなく「思いや意図」，下線部dは「多様
な音楽表現をするために」ではなく「創意工夫を生かした音楽表現を

するために」が正しい。これらはいずれも学習指導要領解説でも出現
頻度の高いキーワードである。学習指導要領の内容と評価規準の関連
についてよく学習し，問題を解く際には丁寧に文章を読むことを心が
けていれば，正答できるだろう。

【9】③

〈解説〉キーワードをおさえれば判断しやすく，特にイ，ウはすぐにわか
　　　るだろう。アは「変奏曲形式」からパッサカリア，エは「気まぐれな
　　　性格」からカプリッチョと判断したい。なお，パッサカリアはシャコ
　　　ンヌとともにバロック時代特有の変奏曲形式であり，カプリッチョは
　　　奇想曲と訳されることが多い。

【10】①

〈解説〉舞曲の種類と何拍子かを問う問題は頻出だが，本問ではその起源
　　　まで問われておりやや細かい知識が必要となる。アのアルマンドは
　　　「ドイツ風」という意味。イのパヴァーヌは，フランスの作曲家の作
　　　品のタイトルに使われているものが有名だが(ラヴェル『亡き王女のた
　　　めのパヴァーヌ』など)，起源はイタリア。ウのポルカはチェコが起源
　　　で，その後ポーランドにも広がった。エのガヴォットはもともとフラ
　　　ンスの地名でもある。

【11】④

〈解説〉ソプラノリコーダーとアルトリコーダーの運指については最頻出
　　　問題の1つであるので，必ず覚え，運指表での示し方と指番号での示
　　　し方の双方を確認しよう。またバロック式とジャーマン式の運指，ソ
　　　プラノリコーダーとアルトリコーダーの相違点も必ずおさえておこ
　　　う。

【12】②

〈解説〉アはカメラータで，トルヴェールは12世紀に盛んになった吟遊詩

人のことである。ウやオはそれぞれ作品名が出ており比較的判断しや
すい。ウのオペラ・ブッファは喜劇的オペラの総称だが，これに対す
るジャンルとしてオペラ・セリアがあり，これは神話や伝説に基づく
内容のオペラである。エのムジークドラーマとは楽劇のこと。

【13】④

〈解説〉教会旋法は，全て実際に音を書けるようにしておこう。エオリア
　　旋法(Aeolian)は現在の短調の自然短音階，イオニア旋法(Ionian)は現在
　　の長音階ということができる。

【14】⑤

〈解説〉あまり馴染みのない演奏記号，用語もあるのでやや迷うが，アや
　　オは比較的判断しやすい。イのportato(ポルタート)は，スタッカート
　　とレガートの中間の奏法。ウにあるcolla parteは「(主)声部にしたがっ
　　て」という意味。エのcol legnoはコル・レーニョと読み，弦楽器の特
　　殊奏法の1つである。

【15】⑤

〈解説〉学習指導要領改訂で，和楽器について「簡単な曲の表現を通して，
　　伝統音楽のよさを一層味わうことができるようにする」とあることか
　　ら，和楽器の奏法に関する問題の出題頻度が上がっている。特に，尺
　　八の奏法は頻出であり，本問のような基本的なものはおさえておきた
　　い。また，楽譜についても参考書等で確認し，読み方などを学習して
　　おきたい。

【16】③

〈解説〉日本伝統音楽の各ジャンルについては，基本事項を必ずおさえて
　　おこう。ウの「風姿花伝」は，世阿弥が記した能の理論書で，イにあ
　　る観阿弥は世阿弥の父である。エにある大蔵流は狂言の流派で，オに
　　ある「ワキ」は能の脇役を指す。

【17】②

〈解説〉イにある河東節は浄瑠璃の流派の1つで，江戸で創始された。近畿地方の民謡には串本節などがあげられる。オの能の所作「テラス」は，面をやや上に向け，喜びを表す型である。問題文は「クモラス」である。

【18】③

〈解説〉黒田節はもともと黒田藩の武士らによって作詞・愛唱された。旋律は雅楽の越天楽がもとになっている。こきりこ節は，こきりこ(2本の竹の棒)を打ち鳴らしながら踊る音楽である。

【19】④

〈解説〉雅楽の管絃については，中学校の教科書でも取り上げられており，詳しく学習しておく必要がある。管絃の楽器編成は管楽器が3種類(篳篥，竜笛，笙)，弦楽器が2種類(琵琶，箏)，打楽器が3種類(鞨鼓，太鼓，鉦鼓)である。「越中おはら節」で用いられるのは胡弓で，胡弓が民謡で用いられることは全国的にみて珍しい。

【20】⑤

〈解説〉下線部bの「夕やけこやけ」の作曲者は草川信(作詞者は中村雨紅)である。なお，「浜辺の歌」は中学校歌唱共通教材となっており，岡野貞一は「日のまる」「春が来た」など，小学校共通教材となっている歌を数多く作曲している。

【21】

〈解説〉条件②「同主調の平行調の属調」を考えると，もとの楽譜はホ長調(E dur)なので，その同主調はホ短調(e moll)，ホ短調(e moll)の平行調はト長調(G dur)，ト長調(G dur)の属調はニ長調(D dur)となり，ニ長調

273

(D dur)に移調すればよいことになる。調号は♯2つ。書き出しの位置の指定もあるので，1オクターヴ下から書き始めないように注意しよう。

【22】解答略

〈解説〉「根拠をもって批評する」ことは，現行学習指導要領から鑑賞領域に加えられた事項であり，この事項に関する記述問題は頻出である。実際に鑑賞の授業で生徒に批評文を書かせることを想定して，自分で書いてみる練習をしておくとよいだろう。問題文で述べられている4つの内容とは，①音楽を形づくっている要素や構造，②特質や雰囲気及び曲想，③①と②のかかわり，④気に入ったところ，他者に紹介したいところなど自分にとってどのような価値があるのかといった評価，である。

【23】・たたき　　動きの特徴…打点がはっきりした指揮法(ボールが地面から跳ね上がってまた落ちるような感じ)　　利点…奏者に，拍，アインザッツ，テンポなどを示しやすい　　・しゃくい　　動きの特徴…曲線的な指揮法　　利点…奏者に，柔らかい感じ，ゆったりとした感じを示しやすい

〈解説〉しゃくい，たたきは，どちらも指揮の重要な基本テクニックである。たたきはビートのはっきりした曲調，しゃくいは柔らかい曲調を示す対照的なテクニックといえる。

【24】

〈解説〉共通教材については作詞者，作曲者などの基本事項をおさえるとともに，歌詞と旋律を必ず書けるようにしておこう。示された歌詞は「花」(武島羽衣作詞，滝廉太郎作曲)の2番の歌詞である。この箇所は1番と2番で旋律が若干異なるので(3小節目)注意したい。

【25】(①作曲者はどのように音楽表現を工夫して作曲しているか：②生徒に知覚・感受させるための手立て，の順)　○「子」①登場のたび(計4回)に，段々と音高を上げている。：②子の部分だけを取り出し，1回目の登場から順に比較して聴かせる (音が段々高くなっていることに気付かせるため)。　○「魔王」①登場(計3回)のうち，はじめの2回は長調にし，3回目は長調から短調に変えている(伴奏のリズムパターン等)。：②・長調を短調に変えて聴かせる。　・子の部分と魔王の部分を連続して交互に聴かせる。　・父や子の伴奏で，魔王の歌詞を歌わせる。

〈解説〉音楽表現の工夫については，具体的な理由を記述しよう。音高や調性，伴奏の形などは，中学校の教科書でも実際に鑑賞のポイントとして示している。知覚・感受させるための手立てとして，解答例では音高や調性の変化を比較しながら聴けるような手立てをあげている。どのようにすれば生徒が変化に気付き，作曲者の音楽表現の工夫を知覚・感受できるのか，このようなことは，日頃から自分がどのような授業をするかイメージしていないと出てこないだろう。十分な教材研究と実践に向けたイメージの双方を充実させた学習を心がけたい。

2013年度　　実施問題

【中学校】

【1】中学校学習指導要領解説音楽編(平成20年文部科学省)「第3章　各学年の目標及び内容」「第1節　第1学年の目標と内容」「2　内容」「(3)〔共通事項〕」について，問1に答えなさい。

問1　次の文中の下線部a～eについて正しいものを○，誤っているものを×としたとき，正しい組合せを，あとの①～⑤から一つ選びなさい。

(1)「A表現」及び「B鑑賞」の指導を通して，次の事項を指導する。

ア　音色，リズム，速度，旋律，テクスチュア，強弱，形式，構成などの音楽を形づくっている要素や要素同士の関連を知覚し，それらの働きが生み出す特質や雰囲気を感受すること。

　　(略)

　　a「旋律」に関連する学習では，音や旋律の組合せ方，和音や和声，多声的な音楽，我が国の伝統音楽に見られる様々な音と音とのかかわり合いなどについて指導することが考えられる。

　　「強弱」に関連する学習では，ふさわしい強弱の設定，強弱を保ったり様々に変化させたりすること，強弱のb対比，音楽の全体や部分における強弱の変化などについて指導することが考えられる。なお，物理的な音量は小さいけれども強さを感じさせる音などを扱うことも考えられる。

　　「形式」に関連する学習では，二部形式，三部形式，cロンド形式，我が国や諸外国の音楽に見られる様々な楽曲形式などについて指導することが考えられる。なお，我が国の伝統音楽に見られるd間，e音頭一同形式などを扱うことも考えられる。

	a	b	c	d	e
①	×	×	×	○	○
②	×	○	○	×	×
③	×	○	×	×	○
④	○	○	×	×	×
⑤	○	×	○	○	×

(☆☆☆○○○)

【2】中学校学習指導要領解説音楽編(平成20年文部科学省)「第1章 総説」「3 音楽科改訂の要点」について，問2～問3に答えなさい。

問2 次の文中の(a)～(e)に当てはまる語句の正しい組合せを，あとの①～⑤から一つ選びなさい。

(1) 目標の改善

「音楽文化についての理解を深め」ることを教科目標の中に規定した。

音楽科では，例えば，(a)に応じた発声や和楽器で表現すること，音楽をその背景となる文化・歴史と関連付けて鑑賞することなど，生徒が音楽文化について理解を深めていくことにつながる学習が行われる。また，(b)によるコミュニケーションを基盤とする音楽活動は，本来，音楽文化そのものを対象にした学習と言える。今回の改訂では，こうした音楽科の性格を明らかにした。

(2) 内容の改善

ア 内容の構成の改善

従前と同様に「A表現」及び「B鑑賞」の二つの領域で構成しつつ，表現及び鑑賞に関する能力を育成する上で共通に必要となる〔共通事項〕を新たに設けた。また，「A表現」については，歌唱，器楽，創作ごとに事項を示した。これらによって，指導のねらいや手立てが明確になるようにした。

イ 歌唱共通教材の提示

我が国のよき音楽文化を世代を超えて受け継がれるようにする

観点から，「赤とんぼ」，「荒城の月」，「早春賦」，「夏の思い出」，「花」，「花の街」，「浜辺の歌」を歌唱共通教材として示し，各学年ごとに(c)曲以上を含めることとした。

ウ　我が国の伝統的な歌唱の充実

伝統や文化の教育を充実する観点から，「民謡，長唄などの我が国の伝統的な歌唱のうち，地域や学校，生徒の実態を考慮して，伝統的な(d)の特徴を感じ取れるもの」を歌唱教材選択の観点として新たに示した。

エ　和楽器を取り扱う趣旨の明確化

従前の「和楽器については，3学年間を通じて1種類以上の楽器を用いること」を踏襲しつつ，伝統や文化の教育を充実する観点から，「(e)を通して，生徒が我が国や郷土の伝統音楽のよさを味わうことができるよう工夫すること」を新たに示し，器楽の指導において和楽器を用いる趣旨を明らかにした。

	a	b	c	d	e
①	曲種	音	1	声	表現活動
②	曲種	音	1	節	鑑賞活動
③	曲想	音	1	節	鑑賞活動
④	曲想	言葉	2	節	鑑賞活動
⑤	曲種	言葉	2	声	表現活動

問3　次の文中の(A)～(D)に当てはまる語句の正しい組合せを，あとの①～⑤から一つ選びなさい。

(2)　内容の改善

オ　創作の指導内容の焦点化・明確化

創作の指導内容の焦点を絞り，具体的かつ明確にするため，事項アでは「(A)などの特徴」を手掛かりにして「旋律をつくる」こと，事項イでは「(B)の特徴」を生かして「反復，変化，対照などの(C)」を工夫してつくることとした。また，「創作の指導については，即興的に音を出しながら音のつながり方を試すなど，音を音楽へと構成していく体験を重視する」よう

配慮することを新たに示した。

カ　鑑賞領域の改善

　音楽科の学習の特質に即して言葉の活用を図る観点から，「言葉で説明する」，「根拠をもって批評する」などして音楽の（　D　）を味わうこととし，音楽の構造などを根拠として述べつつ，感じ取ったことや考えたことなどを言葉を用いて表す主体的な活動を重視した。

	A	B	C	D
①	リズムや構成音	リズム	構成	よさや楽しさ
②	言葉や音階	音素材	構成	よさや美しさ
③	リズムや構成音	リズム	創作技法	よさや楽しさ
④	言葉や音階	音素材	創作技法	よさや美しさ
⑤	言葉や音階	リズム	構成	よさや美しさ

（☆☆☆◎◎◎）

【3】中学校学習指導要領解説音楽編(平成20年文部科学省)「第4章　指導計画の作成と内容の取扱い」について，問4〜問6に答えなさい。

問4　次の文は，「1　指導計画作成上の配慮事項」の一部を抜粋したものである。文中の（　ア　）〜（　エ　）に当てはまる語句の正しい組合せを，あとの①〜⑤から一つ選びなさい。ただし，同じ記号には同じ語句が入る。

1　指導計画の作成に当たっては，次の事項に配慮するものとする。

　　ここでは，各学校において指導計画を作成する際に配慮すべきことを示している。音楽科の指導計画には，3学年間を見通した指導計画，年間指導計画，各題材の指導計画，各授業の指導計画などがある。これらの指導計画を作成する際は，それぞれの（　ア　）に配慮するとともに，（　イ　）を含めて作成する必要がある。

(1)　第2の各学年の内容の〔共通事項〕は表現及び鑑賞に関する能力を育成する上で共通に必要となるものであり，表現及び鑑賞の各活動において（　ウ　）指導が行われるよう工夫すること。

279

〔共通事項〕は表現及び鑑賞に関する能力を育成する上で共通に必要となるものであり，指導計画の作成に当たっては，表現及び鑑賞の各活動において（　ウ　）指導が行われるよう配慮することを示している。

〔共通事項〕は，今回の改訂で新たに示したものであり，(略)。歌唱，器楽，創作，鑑賞の各活動を行うための（　エ　）となるものであることから，〔共通事項〕の内容を，表現及び鑑賞の各活動と切り離して単独に指導するものではないことに留意する必要がある。

	ア	イ	ウ	エ
①	特質	評価計画	計画的な	規準
②	関連	評価計画	十分な	規準
③	特質	題材配列	計画的な	支え
④	関連	題材配列	計画的な	支え
⑤	関連	評価計画	十分な	支え

問5　次の文は，「2　内容の取扱いと指導上の配慮事項」の一部を抜粋したものである。文中の（　ア　）～（　オ　）に当てはまる語句の正しい組合せを，あとの①～⑤から一つ選びなさい。ただし，同じ記号には同じ語句が入る。

(4)　読譜の指導については，小学校における学習を踏まえ，♯や♭の調号としての意味を（　ア　）させるとともに，3学年間を通じて，（　イ　），（　ウ　）程度をもった調号の楽譜の視唱や視奏に慣れさせるようにすること。

読譜の指導について示している。

小学校の音楽科における「範唱を聴いたり，（　エ　）及び（　オ　）の楽譜を見たりして歌うこと」，「範奏を聴いたり，（　エ　）及び（　オ　）の楽譜を見たりして演奏すること」の学習の上に立ち，中学校では，♯や♭の調号としての意味を（　ア　）させ，（　イ　），（　ウ　）程度をもった調号の楽譜の視唱や視奏に慣れさせるよう配慮するとしている。

	ア	イ	ウ	エ	オ
①	理解	2♯	2♭	ヘ長調	ニ短調
②	理解	1♯	1♭	ヘ長調	ニ短調
③	理解	1♯	1♭	ハ長調	イ短調
④	考え	2♯	2♭	ハ長調	イ短調
⑤	考え	1♯	1♭	ヘ長調	ニ短調

問6　「2　内容の取扱いと指導上の配慮事項(8)」では，「各学年の〔共通事項〕のイの用語や記号などは，小学校学習指導要領第2章第6節音楽の第3の2の(6)に示すものに加え，生徒の学習状況を考慮して，次に示すものを取り扱うこと」として中学校で新たに加わる用語や記号などが示されている。

　ここで示されている中学校で新たに加わる用語や記号などの組合せで誤っているものを，次の①〜⑤から一つ選びなさい。

①	▬（全休符）	Moderato	pp	序破急	⁊（十六分休符）
②	Andante	Allegro	音階	間	▬（二分休符）
③	ff	accel.	D.C.	D.S.	dim.
④	⌐（テヌート）	⌒（フェルマータ）	♪（スラー）	legato	rit.
⑤	拍	拍子	フレーズ	調	和音

（☆☆◇○○）

【４】「評価規準の作成，評価方法等の工夫改善のための参考資料(中学校音楽)」(平成23年国立教育政策研究所教育課程研究センター)について，問7～問8に答えなさい。

問7　次の文は，「第1編　総説」「第1章　学習評価の在り方について」「1　新学習指導要領の趣旨を反映した学習評価の基本的な考え方」の一部を抜粋したものである。

　　　文中の(ア)～(オ)に当てはまる語句の正しい組合せを，下の①～⑤から一つ選びなさい。

(略)

　　　新学習指導要領の下での学習評価については，生徒の(ア)の育成をめざし，生徒一人一人の(イ)や(ウ)をより確かに育むようにするため，学習指導要領に示す目標に照らしてその実現状況をみる評価を着実に実施し，生徒一人一人の(エ)の状況や教科の目標の実現状況を的確に把握し，学習指導の(オ)に生かすことが重要であるとともに，学習指導要領に示す内容が確実に身に付いたかどうかの評価を行うことが重要である。

	ア	イ	ウ	エ	オ
①	「生きる力」	資質	能力	進歩	改善
②	「確かな学力」	資質	能力	達成	改善
③	「生きる力」	資質	能力	達成	工夫
④	「確かな学力」	思考力	判断力	達成	改善
⑤	「生きる力」	思考力	判断力	進歩	工夫

問8　次の表は，「第2編　評価規準に盛り込むべき事項等」「第1　教科目標，評価の観点及びその趣旨等」「2　評価の観点及びその趣旨」の一部を抜粋したものである。

　　　表中の(ア)～(オ)に当てはまる語句の正しい組合せを，あとの①～⑤から一つ選びなさい。ただし，同じ記号には同じ語句が入る。

	（ ア ）	（ イ ）	音楽表現の技能	鑑賞の能力
	音楽に親しみ，音や音楽に対する関心をもち，主体的に音楽表現や鑑賞の学習に取り組もうとする。	音楽を形づくっている要素を知覚し，それらの（ ウ ）が生み出す特質や雰囲気を感受しながら，音楽表現を工夫し，どのように表すかについて思いや意図をもっている。	創意工夫を生かした音楽表現をするための技能を身に付け，歌唱，器楽，創作で表している。	音楽を形づくっている要素を知覚し，それらの（ ウ ）が生み出す特質や雰囲気を感受しながら，（ エ ）したり（ オ ）を考えたりして，よさや美しさを味わって聴いている。

	ア	イ	ウ	エ	オ
①	音楽への関心・意欲・態度	音楽の感受と表現の工夫	関連	解釈	根拠
②	音楽への関心・意欲・態度	音楽表現の創意工夫	働き	解釈	価値
③	音楽への興味・関心・意欲	音楽表現の創意工夫	関連	解釈	価値
④	音楽への興味・関心・意欲	音楽の感受と表現の工夫	関連	説明	価値
⑤	音楽への関心・意欲・態度	音楽表現の創意工夫	働き	説明	根拠

（☆☆☆☆◎◎◎）

【5】問9〜問12について答えなさい。

問9　次のア〜エの各文は，ポピュラー音楽について述べたものである。それぞれ何について説明したものか。正しい組合せを，あとの①〜⑤から一つ選びなさい。

ア　19世紀末ごろ，ニューオーリンズを中心にブルース，マーチ，スピリチュアル(霊歌)など，さまざまな音楽が結びついて生まれた。

イ　中南米発祥の音楽を指し，キューバに代表されるカリブ諸国のルンバ，マンボ，チャ・チャ・チャ，ブラジルのサンバ，ボサ・

　　ノヴァ，アルゼンチンのタンゴなどが知られ，それぞれにダンス
　　と結びついたリズムが特徴である。
　ウ　1950年代半ばに，黒人のR＆Bと白人のカントリー・アンド・
　　ウエスタンから生まれた。
　エ　19世紀後半に，アメリカ南部の黒人の人々が，その過酷な生活
　　や日常の憂うつを歌ったことから生まれた音楽である。

	ア	イ	ウ	エ
①	Gospel	Jazz	Rock	Country
②	Gospel	Jazz	Folk	Country
③	Jazz	Latin	Rock	Blues
④	Jazz	Latin	Rock	Country
⑤	Gospel	Latin	Folk	Blues

問10　3拍子の舞曲を，語群a～lから選んだときの正しい組合せを，下
　　の①～⑤から一つ選びなさい。

　　《語群》
　　a　シャコンヌ　　　b　シチリアーナ　　　c　メヌエット
　　d　ハバネラ　　　　e　サラバンド　　　　f　ポルカ
　　g　ワルツ　　　　　h　ポロネーズ　　　　zi　マズルカ
　　j　タランテラ　　　k　ギャロップ　　　　l　リゴドン

①	b　e　f　g　j　k
②	a　c　d　f　h　l
③	b　c　d　e　g　l
④	a　c　e　g　h　i
⑤	a　b　c　e　g　j

問11　次の和音のコード・ネームの記号，読み方，意味の正しい組合
　　せを，あとの①～⑤から一つ選びなさい。

	記号	読み方	意味
①	F♯m₆	エフシャープマイナーシックス	短三和音＋根音から短6度
②	DM₇	ディーマイナーセブンス	長三和音＋根音から短7度
③	DM₇	ディーメジャーセブンス	長三和音＋根音から短7度
④	F♯m₆	エフシャープマイナーシックス	長三和音＋根音から長6度
⑤	DM₇	ディーメジャーセブンス	長三和音＋根音から長7度

問12　次のア〜カの各文は，20世紀に活躍した作曲家について述べた
ものである。正しい内容であるものの組合せを，下の①〜⑤から一
つ選びなさい。

ア　バルトークは，ハンガリーの作曲家で，「ミクロコスモス」を
作曲した。

イ　イベールは，フランスの作曲家で，管弦楽組曲「寄港地」を作
曲した。

ウ　ヒンデミットは，スイスの作曲家で，オペラ「画家マティス」
を作曲した。

エ　ブリテンは，イギリスの作曲家で，「青少年の管弦楽入門」を
作曲した。

オ　ケージは，アメリカの作曲家で，「4分33秒」を作曲した。

カ　メシアンは，イタリアの作曲家で，「月に憑かれたピエロ」を
作曲した。

①	ア，イ，エ，オ
②	ア，ウ，オ，カ
③	ア，イ，ウ，オ
④	イ，ウ，エ，カ
⑤	ウ，エ，オ，カ

(☆☆☆○○○)

【6】日本の音楽について，問13〜問16に答えなさい。

問13　次のア〜オの各文は，箏と三味線に関する用語や奏法について
述べたものである。正しい内容であるものの組合せを，あとの①〜⑤

から一つ選びなさい。

ア　サワリとは，三味線の上駒に乗っている三の糸がわずかに触れることによって「ビーン」という独特な響きを生じる，倍音を生み出す音響現象。

イ　スクイ爪とは，箏の奏法で，親指の爪裏で手前にはじきあげる。

ウ　押し手とは，箏の奏法で，柱の左側部分を人さし指と中指で押し，音を下げる。

エ　勘所とは，三味線の糸を押さえるときの正しい位置で，「かんどころ」と読む。

オ　二挺三枚とは，二人の三味線奏者と，三人の太鼓担当者の編成を示す。

①	ア，オ
②	ア，ウ
③	イ，ウ
④	イ，エ
⑤	エ，オ

問14　越天楽を教材曲として用い，音楽を形づくっている要素に関連する学習指導をする場合，最適であると考えられるものを，次の①～⑤から一つ選びなさい。

①	旋律	舞と旋律とのかかわりを捉えさせる。
②	速度	曲の速度が次第に速くなる序破急と同時に，舞の動きも華やかになることを捉えさせる。
③	リズム	終始同じ間で奏される鞨鼓のリズムと，旋律楽器とのかかわりを捉えさせる。
④	テクスチュア	各楽器の旋律の重なりによる演奏の効果(各楽器の微少なズレや旋律楽器の音の動き方)を感じ取らせる。
⑤	音色	鞨鼓や小鼓などの打楽器の音色を聴き取らせる。

問15　次のア～オの各文は，雅楽について述べたものである。正しい内容であるものの組合せを，あとの①～⑤から一つ選びなさい。

ア　越天楽は，管絃の曲で，中国系の唐楽の曲である。

イ　越天楽では，篳篥は主旋律を，笙は和音を，琵琶や竜笛は主旋

律を担当する。

ウ　右舞の伴奏には，朝鮮半島系の高麗楽が用いられる。

エ　雅楽から生まれた言葉に「千秋楽」「打ち合わせ」「十八番」が
ある。

オ　平安時代に新しくつくられた歌に「催馬楽」や「朗詠」などが
ある。

①	ア，イ，ウ
②	ア，ウ，オ
③	ア，エ，オ
④	イ，ウ，エ
⑤	イ，エ，オ

問16　次のア～ウは，日本の民謡の一部を示したものである。曲名と
地方が正しい組合せを，下の①～⑤から一つ選びなさい。

①	ア	エイサー節(沖縄)	イ	こきりこ(富山)	ウ	ソーラン節(佐渡)
②	ア	谷茶前(沖縄)	イ	こきりこ(富山)	ウ	ソーラン節(北海道)
③	ア	谷茶前(沖縄)	イ	斉太郎節(宮城)	ウ	ソーラン節(北海道)
④	ア	谷茶前(鹿児島)	イ	斉太郎節(富山)	ウ	ちゃっきり節(静岡)
⑤	ア	エイサー節(沖縄)	イ	斉太郎節(宮城)	ウ	ちゃっきり節(静岡)

(☆☆☆◎◎◎)

【7】問17〜問18について答えなさい。

問17　次のア〜オは，楽曲の速度を示すものである。左から遅い順に正しく配列したものを，下の①〜⑤から一つ選びなさい。

ア　Lento　　イ　Largo　　ウ　Adagio　　エ　Presto
オ　Vivace

①	イ→ウ→ア→オ→エ
②	ア→ウ→イ→エ→オ
③	ア→イ→ウ→オ→エ
④	イ→ア→ウ→エ→オ
⑤	ウ→イ→ア→オ→エ

問18　次のア〜オが示す演奏記号(付加語)はどれか。正しい組合せを，下の①〜⑤から一つ選びなさい。

ア　きわめて，非常に
イ　常に
ウ　…をしないで
エ　すぐに，直ちに
オ　同様に

	ア	イ	ウ	エ	オ
①	assai	simile	subito	senza	sempre
②	senza	simile	subito	assai	sempre
③	assai	sempre	senza	subito	simile
④	senza	sempre	subito	assai	simile
⑤	assai	simile	senza	subito	sempre

(☆☆☆☆◎◎◎)

【8】問19〜問22について答えなさい。

問19　「八木節様式」と「追分様式」のそれぞれの特徴について簡単に説明しなさい。

問20　歌唱の学習指導においては，適宜，移動ド唱法を用いることとあるが，中学校学習指導要領解説音楽編(平成20年文部科学省)が示す理由のうち，二つを答えなさい。

問21　竜笛と能管の外見はよく似ているが，用いられる音楽，楽器の構造や音響効果に大きな違いがある。それぞれの楽器の違いについて簡単に説明しなさい。

問22　三味線の「二の糸」の音(基音)が次の楽譜の場合，本調子，二上り，三下り，それぞれの調弦を示した音を答えなさい(記譜しなさい)。

（☆☆☆◎◎◎）

【9】次の楽譜を見て，問23～問25に答えなさい。

(四季より冬の第2楽章 "Largo")

問23　楽譜中の点線の四角の部分を，①～⑤に指定された楽器の楽譜に移調しなさい。その際，それぞれの楽器に使われる音部記号も記すこと。

289

① Violino solo　→　「小クラリネット(in E♭)」

② Violino　1　→　「クラリネット(in B♭)」

③ Violino　2　→　「アルトサクソフォン」

④ Viola　→　「ホルン(in F)」

⑤ Violloncello　→　「バス・クラリネット(in B♭)」

問24　次の文は，この曲について述べたものである。文中の（　ア　）～（　ウ　）に当てはまる語句を答えなさい。

　　この曲の作曲者名は（　ア　）で，（　イ　）音楽の再評価のきっかけを作った作曲家として広く知られており，（　ウ　）の父と呼ばれている。

問25　楽譜中のPizz.は奏法の記号です。その読み方と，どのように演奏するのかを説明しなさい。

(☆☆☆☆◎◎◎◎)

解答・解説

【中学校】

【1】問1　③

〈解説〉設問の文章は，学習指導要領解説の「共通事項」の指導事項についての内容である。学習指導要領の改訂では，小・中学校で，表現と鑑賞の活動の支えとなる指導内容を「共通事項」として示し，音や音楽を知覚し，そのよさや特質を感じ取り，思考・判断する力の育成を一層重視することとなった。設問の「ア」の指導事項の文言にある「音楽を形づくっている要素」とは「音色・リズム・速度・旋律・テクスチュア・強弱・形式・構成など」のことである。学習指導要領解説には，これらの各要素の意味や，各要素に関連する学習例が示されている。「共通事項」については頻出ととらえ，いずれの要素も説明できるようにしておきたい。また，「ア」の文言のうち，「知覚」「感

受」「特質」などの語句の意味も，学習指導要領解説を参考に説明できるようにしておこう。

【2】問2　①　　問3　②

〈解説〉学習指導要領解説の「音楽科改訂の要点」からの出題である。学習指導要領についての学習では，まずこの改訂の要点を読み，変更点をつかんだうえで詳細を学習していくと理解しやすいだろう。音楽科の目標は暗記すること。また，「第1学年」「第2学年及び第3学年」の目標，各学年の「A表現・歌唱」「A表現・器楽」「A表現・創作」「B鑑賞」「共通事項」の指導事項は，学年ごとの違いに目を向けて大筋の内容をとらえておこう。

【3】問4　⑤　　問5　③　　問6　④

〈解説〉問4～問6は，いずれも学習指導要領解説の「指導計画の作成と内容の取扱い」についての設問である。　問4　「1 指導計画作成上の配慮事項」は4項目あり，そのうち，1つめの配慮事項の内容が出題されている。ほかの3項目についても確認しておこう。　問5　「2 内容の取扱いと指導上の配慮事項」は全部で8項目あり，そのうちの1つである「読譜」に関する問いである。小学校では「範唱を聴いたり，ハ長調及びイ短調の楽譜を見たりして歌うこと」や「範奏を聴いたり，ハ長調及びイ短調の楽譜を見たりして演奏する」ことが読譜の指導として示されており，中学校では「♯や♭の調号としての意味を理解させ，1♯，1♭程度をもった調号の楽譜の視唱や視奏に慣れさせるよう配慮する」となっている。　問6　用語や記号などは，中学校では多くの種類を扱う。本問の用語や記号の中で，中学校で扱われないのは「スラー」だけである。スラーやタイ，スタッカート，アクセント，反復記号など，小学校で学習する用語や記号も確認しておきたい。

【4】問7　①　　問8　②

〈解説〉本資料は，評価規準の作成や評価を行ううえで参考になるもので

ある。とくに，「評価規準に盛り込むべき事項」「評価規準の設定例」
については，評価の観点とともによく確認しておこう。　問7　学習
指導要領の改訂を受けて，「学習評価」についての基本的な考え方が
示されている。アの「生きる力」を正しいものとして選べれば，①と
③と⑤に絞ることができるが，選択肢は類似した語句が多くここから
絞り込むのが難しい。「目標を立て，評価により状況を把握し，改善
する」までを一続きの流れとして理解しておきたい。なお，2002年の
学習指導要領の改訂において理念とされたのは「生きる力を育むこと」
である。「生きる力」とは「豊かな人間性」「確かな学力」「健康・体
力」の，「知・徳・体」のバランスのとれた力のことを指す。

問8　「評価の観点」のアとイは，知らなくてはならないものである。
ウは，「共通事項」の指導の内容が頭に入っていればすぐにわかるだ
ろう。

【5】問9　③　　問10　④　　問11　⑤　　問12　①
〈解説〉問9　アは「ニューオーリンズ」がJazz(ジャズ)の発生の地である
　ことから判断できる。イは「中南米の音楽(ブラジル，アルゼンチン，
　チリ，ペルーなど)」をヒントに，Latin(ラテン)と判断できる。ラテン
　音楽はかつては中南米の音楽の総称として使われたが，最近ではキュ
　ーバ，ジャマイカ，メキシコなどの地域の音楽をも指すようになって
　いる。ウのRock(ロック)は黒人のリズム＆ブルースと，アメリカ南部
　の白人のカントリー・アンド・ウエスタンが影響し合って生まれたも
　のである。エはBlues(ブルース)の説明である。このブルースやジャズ，
　黒人霊歌などの影響を受けて，20世紀前半にアメリカの黒人教会から
　生まれた福音歌がGospel(ゴスペル)である。　問10　正答のうち，シ
　ャコンヌとサラバンドは緩やかな速さ，メヌエットとポロネーズは中
　くらいの速さ，ワルツは急な速さと表現される。シャコンヌは，バロ
　ック音楽の17〜18世紀に流行した3拍子の舞踏形式で，変奏曲の一種
　である。　問11　正答は⑤の「DM_7」で「$Dmaj_7$」とも表記される。③
　にも「DM_7」があるが，根音から短7度が誤りで，短7度なら「D_7」に

なってしまう。　問12　ウは「スイス」が誤りで，ヒンデミットはドイツの作曲家である。なお，「画家マティス」はオペラでもあるが，改編されて交響曲(3楽章もの)になった。カは「イタリア」「月に憑かれたピエロ」が誤りである。メシアンはフランスの作曲家であり，「月に憑かれたピエロ」はシェーンベルクの連作歌曲である。

【6】問13　④　　問14　④　　問15　②　　問16　②
〈解説〉問13　各文のうち正しいのはイ，エである。　ア　三味線は，一の糸を上駒に乗せないで，棹の一部に少し触れる程度になるように工夫されている。これにより，糸と棹が触れ合い，ビーンとした独特の音色が出る。「サワリ」とは，この響きのこと(またはこの仕掛けのこと)をいう。　ウ「押し手」とは箏の奏法の1つで，左手で弦を押して，もとの弦より音を上げる(高める)ものである。　オ「二挺三枚(にちょうさんまい)」とは，三人の太鼓担当者ではなく，二人の三味線奏者と太夫(唄方)の三人の編成を指す。　問14　「音楽を形づくっている要素」についての問題である。①・②は，どちらの説明にもある「舞」が不適である。「越天楽」は管絃であり「舞」はつかない。器楽曲として演奏するものである。③は，鞨鼓のリズムはトレモロ奏法を主体としており，旋律楽器とのかかわりとしては不適である。⑤は，雅楽では小鼓は用いないので不適である。　問15　イ　琵琶(楽琵琶)は主旋律ではなく，リズムを担当する。　エ「千秋楽」は雅楽の唐楽(舞のないもの)の曲名に由来しているが，「打ち合わせ」は地歌・箏曲の演奏用語であり，「2つの楽器が似た旋律をずらして重奏すること」を意味する。「十八番」は歌舞伎の7世市川団十郎が演目(得意芸)に与えた呼称である。
問16　日本の民謡の楽譜で，アは沖縄本島の踊り歌「谷茶目(たんちゃめ)」である。イは富山県の「こきりこ」(こきりこ節)で，日本に古くから伝わる民謡で，田植えや稲刈りのときに歌われたという。ウは北海道の「ソーラン節」で，にしん漁のときに歌われた歌である。なお，民謡に関しては，日本地図で指し示せるようにしておきたい。

【7】問17　①　　　問18　③

〈解説〉問17　ア～オの速度用語を遅い順に正しく配列する問いであるが,
ア～ウの3つの順位をつけるのは難しい。文部科学省編「教育用音楽
用語」によると, 正答とされるLargoは「幅広くゆるやかに」の意味で
あり, AdagioとLentoはともに「ゆるやかに」の意味であるが, それら
を速さで区別する用い方はされていないためである。　問18　ア～オ
の付加語(補助的な用語)を選ぶ設問である。楽語は集中的に復習しよう。
例えば「Allegro assai(非常に速く)…ベートーヴェン：ピアノソナタ
『熱情』第1楽章」のように連結する形で覚えると効率よく頭に入る。

【8】問19　・八木節様式は, 明確な拍をもったリズム様式。追分様式は,
歌詞の各音節が自由な音価でうたわれるリズム様式。　問20　・相対
的な音程感覚を育てる。　・読譜力を伸ばす。　・フレーズなどを意
識して表現を工夫する能力を養う。(以上から2つ)
問21　〈竜笛〉・用いられる音楽…雅楽　　・楽器の構造…竹製で, 歌
口(吹口)と7個の指孔がある。　・音響効果…旋律には装飾的な音型や
装飾音がいたるところに出てくる。　〈能管〉・用いられる音楽…能楽
・楽器の構造…歌口とよばれる, 息を吹き込む孔と指孔の間に, 「喉」
というもう1つの管がはめ込まれている。　・音響効果…ヒシギとい
う鋭く高い音が複雑に響く効果があったり, 孤高の音色を出すことが
できる。
問22　・本調子　　　　　　　　・二上り

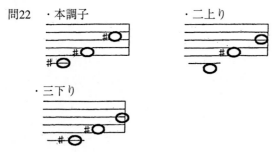

〈解説〉問19　日本の民謡には規則正しい拍のあるリズムのもの(八木節
様式)と, 規則性のない自由な無拍のリズムのもの(追分様式)とがある。

「拍」についての学習では，八木節(群馬県・栃木県地方民謡)と追分(長野県追分宿)を聞き比べることが多い。　問20　解答の3つの理由は，学習指導要領解説の「指導計画の作成と内容の取扱い」の内容の取扱いと指導上の配慮事項(1)の「ウ相対的な音程感覚などを育てるために，適宜，移動ド唱法を用いること」の中で示されている。　問21「竜笛」は横笛(おうてき)ともいい，雅楽に用いられる。全長約40cmで7つの指孔をもつ。「能管」は竹製などの点で竜笛に似るが，歌口と指孔の間の管内に，ノドという短い竹がさしてあり，ヒシギなど独特の音律，音色が得られる。　問22　それぞれ，3音と調号の2つが合って正答となる。三味線は絶対音高の楽器ではない。調弦は「本調子」が一の糸と二の糸が完全4度，二の糸と三の糸が完全5度の音程である。「二上り」では二の糸を長2度上げる。「三下り」は本調子の三の糸を長2度下げたものである。この問いでは，二の糸の音高が指定されているため，Fis音からそれぞれの音程をつくって記譜したい。

【9】問23　①　小クラリネット(in E♭)

②　クラリネット(in B♭)

③　アルトサクソフォン

④　ホルン(in F)

⑤　バス・クラリネット(in B♭)

問24　ア　ヴィヴァルディ　イ　バロック　ウ　協奏曲

問25　・読み方…ピチカート(ピッツィカート)　　・どのように演奏するのか…弦楽器において，弓でひく代わりに，ギターやハープのように指ではじく奏法。

〈解説〉問23　示された総譜は，ヴィヴァルディの協奏曲集「和声と創意への試み」(全12曲)の「四季」より，「冬」の第2楽章である。移調楽器の出題が全国的に増えているのでよく理解しておきたい。①～⑤の移調管楽器では，「B♭管では記譜を実音の長2度上に移調する」「E♭管では記譜を実音の長6度上に移調する」「F管では記譜を完全5度上に移調する」こととし，次の点に留意する。①の「小クラリネットE♭管」は1オクターヴ下に記譜する。③の「アルトサクソフォン」もE♭管である。実音の長6度上に記譜する。②の「クラリネットB♭管」は長2度上に移調する。また，⑤の「バス・クラリネットB♭管」は1オクターヴ上(長9度上)に記譜する。④の「ホルンF管」はアルト記号に留意して，完全5度上に移調する。　問24　イタリアの作曲家ヴィヴァルディ(1678～1741年)は，バロック音楽においてコレッリ(1653～1713年)やトレッリ(1658～1709年)らが創始した合奏協奏曲を発展させ，バロックの独奏協奏曲の様式を完成させた。

2012年度　　実施問題

【中高共通】

【1】問11～問16について答えなさい。

問11　次のa～eは，出発の調から目的の調までの転調経過を示したものである。（　ア　）～（　オ　）に当てはまる語句の正しい組合せを，下の①～⑤から一つ選びなさい。

a（　ア　）→　平行調　→　下属調　→　同主調　＝　変ホ長調

b　嬰ヘ長調　→　同主調　→（　イ　）→　下属調　＝　ニ長調

c　ト短調　→　属調　→　同主調　→　平行調　＝（　ウ　）

d　嬰ハ短調　→（　エ　）→　平行調　→　属調　＝　ホ長調

e　ホ短調　→　平行調　→　下属調　→（　オ　）＝　ハ短調

	ア	イ	ウ	エ	オ
①	変ロ長調	平行調	ロ長調	下属調	同主調
②	変ニ長調	属調	ロ短調	同主調	属調
③	変ロ長調	属調	変ニ長調	同主調	下属調
④	変ニ長調	平行調	ロ短調	下属調	同主調
⑤	変ロ長調	平行調	変ニ長調	属調	下属調

問12　次の文中の（　ア　）～（　ウ　）に当てはまる語句の正しい組合せを，下の①～⑤から一つ選びなさい。

"Cor Anglais"と同じ音源の構造で音を出す楽器は（　ア　）で，（　イ　）と同じ調性である。また，"Cor Anglais"は（　ウ　）楽器に分類される。

	ア	イ	ウ
①	Cornet	Horn(in F)	木管
②	Saxophone	Clarinet(in B♭)	金管
③	Bassoon	Horn(in F)	木管
④	Piccolo	Clarinet(in B♭)	木管
⑤	Hautbois	Horn(in F)	金管

問13　次のア〜オと対照的な意味を表す音楽用語の正しい組合せを，下の①〜⑤から一つ選びなさい。

ア	tempestoso
イ	allargando
ウ	senza
エ	leggiero
オ	poco

	ア	イ	ウ	エ	オ
①	morendo	pesante	più	amoroso	meno
②	calmato	morendo	con	pesante	tanto
③	morendo	calmato	più	pesante	tanto
④	calmato	pesante	con	amoroso	tanto
⑤	pesante	morendo	più	amoroso	meno

問14　次のa〜eの各文は，作曲家について述べたものである。誤っているものを，下の①〜⑤から一つ選びなさい。

a　中田喜直，團伊玖磨，芥川也寸志，黛敏郎は，1920年代に生まれた。

b　中田喜直は「夏の思い出」の他に，童謡「めだかの学校」も作曲した。

c　黛敏郎の代表作品には，オペラ「金閣寺」，「涅槃交響曲」などがある。

d　團伊玖磨は，生涯に多くの作品を残したが，童謡「ぞうさん」も彼の作品である。

e　武満徹が作曲した「ノヴェンバー・ステップス」は，尺八と箏とオーケストラのための曲である。

①	a
②	b
③	c
④	d
⑤	e

問15 次の文は，日本の伝統音楽について述べたものである。文中の
(ア)～(オ)に当てはまる語句の正しい組合せを，下の①～
⑤から一つ選びなさい。

8世紀頃の奈良時代には，インドから中国を経由し，現在も奈良
の東大寺に伝わる(ア)があった。

平安時代には，雅楽の一種で舞をともなった神楽や，地方の風俗
歌に雅楽器の伴奏をつけて歌うことから始まった(イ)などが起
こった。

鎌倉・室町時代には，奈良時代に中国より伝来した盲僧琵琶など
の影響を受けて(ウ)が起こった。一方，農民の田植の神事から
田楽が起こり，物まね芸能として猿楽が起こった。その後，猿楽に
歌舞的要素が加わり(エ)となった。

江戸時代には，庶民の音楽として三味線音楽や(オ)を楽しん
でいた。

	ア	イ	ウ	エ	オ
①	声明	催馬楽	平曲	能楽	箏曲
②	催馬楽	声明	語り物	地歌	尺八音楽
③	声明	催馬楽	語り物	能楽	尺八音楽
④	声明	催馬楽	語り物	地歌	箏曲
⑤	催馬楽	声明	平曲	能楽	尺八音楽

問16 次の文は，我が国や諸外国の様々な楽器について述べたもので
ある。文中の(ア)～(カ)に当てはまる語句の正しい組合せ
を，あとの①～⑤から一つ選びなさい。

[弦鳴楽器]

北インドの代表的な撥弦楽器で，ドローン弦や共鳴弦がつけられ
ている(ア)が有名である。また，朝鮮半島には日本の箏と同じ
ように柱を動かすことで調弦し，雅楽と民族音楽など伝統音楽に使
用される撥弦楽器の(イ)が有名である。

[(ウ)楽器]

トルコの(エ)と日本の篳篥は，ともに(オ)を音源として

音を出す楽器である。また，インドシナ半島には，笙の一種である
（　カ　）がある。

	ア	イ	ウ	エ	オ	カ
①	チャランゴ	カヤグム	管鳴	チャルメラ	2枚のリード	アンクルン
②	シタール	アジェン	気鳴	チャルメラ	口の振動	ピーパー
③	チャランゴ	アジェン	管鳴	ズルナ	2枚のリード	アンクルン
④	シタール	カヤグム	気鳴	ズルナ	2枚のリード	ケーン
⑤	シタール	アジェン	気鳴	ズルナ	口の振動	ケーン

（☆☆☆◎◎◎）

【2】次の文は，ある器楽曲の種類について説明したものである。下の問
17〜問18に答えなさい。

　音楽において19世紀初めに器楽曲の表題に適用された。決まった形
式はなく，楽器や演奏形態が特定されることもない。自由な幻想曲(叙
事詩的，英雄的，愛国的な色調の幻想曲)であり，「狂詩曲」ともいう。

問17　どの器楽曲の種類について説明したものかを，次①〜⑤から一
　　つ選びなさい。

①	ラプソディー
②	カプリッチォ
③	ノクターン
④	スケルツォ
⑤	インヴェンション

問18　次の楽譜①〜⑤のうち，この種類の器楽曲にあたるものを一つ
　　選びなさい。

①

②

(☆☆☆◎◎◎)

【3】次の文は，ある声楽曲の種類について説明したものである。次の問
19～問20に答えなさい。

　劇的，叙述的，省察的要素を具えた宗教的歌詞を持つ長大な楽曲で
あり，ヘンデルの「メサイア」はその代表的なものである。

問19　どの声楽曲の種類について説明したものかを，次の①～⑤から
　　一つ選びなさい。

①	アリア
②	オラトリオ
③	カンタータ
④	リート
⑤	レチタティーヴォ

問20　次の楽譜①～⑤のうち，この種類の声楽曲にあたるものを一つ
　　選びなさい。

(☆☆◎◎◎)

【４】次の問21～問30に答えなさい。

問21　次の音列の調を答えなさい。ただし，第1音は主音を示しているとは限らない。

問22　次の楽譜は，バリトンサクソフォンの楽譜である。この楽譜をテナーサクソフォンの楽譜に書き直しなさい。

問23　8分の9拍子で522小節，付点四分音符＝116の曲の演奏時間を答えなさい。

問24　次の音階を何音階というか答えなさい。

いずれの音を起点としても構成することができ，半音階と同様に調性感はなく，無調の音階。

問25　A durの音階とes moll和声的短音階に共通な音を音階の第Ⅲ音とする短調の曲が下属調に転調した。何調になったか答えなさい。

問26　次の楽譜は，歌唱曲の終わりの部分である。空白の部分を記譜しなさい。

問27　次の語句について簡単に説明しなさい。

① 三業一体

② ソナタ形式

③ アーティキュレーション

問28　能楽における「四拍子」について簡単に説明しなさい。

問29　次の用語の違いを簡単に説明しなさい。

「タイ」と「スラー」

問30　次の用語の違いを簡単に説明しなさい。

「移調」と「転調」

(☆☆☆◎◎◎)

【中学校】

【1】中学校学習指導要領解説音楽編(平成20年文部科学省)「第2章　音楽科の目標及び内容」について，問1〜問2に答えなさい。

問1　次の各文は，「第2節　音楽科の内容」「2　各領域及び〔共通事項〕の内容」の一部を抜粋したものである。文中の（　ア　）〜（　エ　）に当てはまる語句の正しい組合せを，あとの①〜⑤から一つ選びなさい。ただし，同じ記号には同じ語句が入る。

○　表現領域の学習は，歌詞の内容や（　ア　），楽器の特徴，言葉や音階の特徴などをとらえ，イメージをもって曲にふさわしい表現や構成を工夫すること，表現をするために必要な（　イ　）を身に付けること，音楽の背景となる（　ウ　）などに目を向けること，これらが相互に関連し合うことが大切である。なお，これらの学習を支えるものとして〔共通事項〕が位置付けられる。

○　鑑賞領域の学習は，音楽を形づくっている要素や構造と（　ア　）とのかかわりを感じ取ること，感じ取ったことや理由などを言葉で表すこと，音楽の特徴をその背景となる（　ウ　）・歴史や他の芸術と関連付けて（　エ　）すること，様々な音楽の特徴

303

から音楽の多様性を(エ)すること，これらが相互に関連し合うことが大切である。なお，これらの学習を支えるものとして〔共通事項〕が位置付けられる。

	ア	イ	ウ	エ
①	曲想	技能	文化	理解
②	曲想	知識	時代	感受
③	音楽の構造	知識	時代	理解
④	音楽の構造	技能	時代	理解
⑤	曲想	技能	文化	感受

問2　次の(1)～(5)の各文は，「第2節　音楽科の内容」「2　各領域及び〔共通事項〕の内容」「(3)〔共通事項〕の内容」の一部を抜粋したものである。文中の(ア)～(オ)に当てはまる語句を語群a～jから選んだとき，正しい組合せを，あとの①～⑤から一つ選びなさい。ただし，同じ記号には同じ語句が入る。

(1)　音と音とが同じ時間軸上で垂直的にかかわったり，時間の流れの中で水平的にかかわったりして，織物の縦糸と横糸のような様相で様々な音の織りなす状態が生まれる。これを(ア)という。

(2)　反復，変化，対照などの音楽を(イ)する原理においては，多様な音楽に共通するものや，(ウ)などによって様々な特徴をもつものがある。

(3)　今回の改訂では，小学校の音楽科における反復，問いと答え，変化などの学習との系統性を図る観点からも，音楽を形づくっている要素の一つとして「(イ)」を示した。

(4)　音を媒体とした(エ)が音楽の本質と言える。

(5)　適切な用語や記号などを用いて音楽の内容について解釈や(オ)をしたり，五線譜のような楽譜を書いて表したりそれを読み解いたりすることは，音楽を他者と共有するための基盤となり，結果として，一人一人の音楽に対する理解を深めていく。

《語群》

a　楽典　　b　テクスチュア　　c　装飾

d　構成　　e　歴史や文化　　f　時代や民族

g コミュニケーション　　h　知識理解　　　i　批評
j　説明

	ア	イ	ウ	エ	オ
①	a	c	e	g	i
②	a	c	f	g	j
③	b	c	e	h	i
④	b	d	f	g	j
⑤	b	d	e	h	j

(☆☆☆◎◎◎◎)

【2】中学校学習指導要領解説音楽編(平成20年文部科学省)「第3章　各学年の目標及び内容」について，問3に答えなさい。

問3　次の文は，「第1節　第1学年の目標と内容」「2　内容」「(3)〔共通事項〕」の一部を抜粋したものである。文中の(ア)～(エ)に当てはまる語句の正しい組合せを，下の①～⑤から一つ選びなさい。ただし，同じ記号には同じ語句が入る。

「(ア)」は，聴覚を中心とした感覚器官を通して音や音楽を判別し，意識することであり，「(イ)」は，音や音楽の特質や雰囲気などを感じ，受け入れることである。本来，(ア)と(イ)は(ウ)な関係にあると言えるが，指導に当たっては，音楽を形づくっている要素のうちどのような要素を(ア)したのかということと，その要素の働きによってどのような特質や雰囲気を(イ)したのかということを，それぞれ確認しながら(エ)いくことが重要となる。

	ア	イ	ウ	エ
①	知覚	感受	一体的	表現して
②	認識	感受	対照的	結び付けて
③	知覚	感受	一体的	結び付けて
④	認識	理解	対照的	結び付けて
⑤	知覚	理解	対照的	表現して

(☆☆☆◎◎◎◎)

【３】中学校学習指導要領(平成20年告示)及び中学校学習指導要領解説音楽編(平成20年文部科学省)について，問4〜問5に答えなさい。

　問4　次の文は，中学校学習指導要領(平成20年告示)「第2章　各教科」「第5節　音楽」「第3　指導計画の作成と内容の取扱い」の一部を抜粋したものである。文中の（　ア　）〜（　エ　）に当てはまる語句の正しい組合せを，下の①〜⑤から一つ選びなさい。

　　(略)　各学年の内容については，生徒がより（　ア　）を生かした音楽活動を展開できるようにするため，表現方法や（　イ　）を選択できるようにするなど，学校や（　ウ　）に応じ，（　エ　）な指導ができるよう工夫すること。

	ア	イ	ウ	エ
①	思いや意図	表現楽器	生徒の発達段階	効果的
②	思いや意図	表現楽器	生徒の実態	有機的
③	思いや意図	表現形態	生徒の発達段階	有機的
④	個性	表現形態	生徒の発達段階	効果的
⑤	個性	表現形態	生徒の実態	効果的

　問5　次の文は，中学校学習指導要領解説音楽編(平成20年文部科学省)「第4章　指導計画の作成と内容の取扱い」「1　指導計画作成上の配慮事項」の一部を抜粋したものである。文中の（　ア　）〜（　オ　）に当てはまる語句の正しい組合せを，あとの①〜⑤から一つ選びなさい。

　　音楽を愛好する心情や音楽に対する（　ア　）は，美しいものや崇高なものを尊重することにつながるものである。また，音楽による豊かな情操は，道徳性の（　イ　）を養うものである。

　　なお，音楽の共通教材は，我が国の自然や四季の美しさを感じ取れるもの，我が国の（　ウ　）や（　エ　）のもつ美しさを味わえるものなどを含んでおり，（　オ　）の育成に資するものである。

	ア	イ	ウ	エ	オ
①	感性	基盤	伝統音楽	旋律	道徳的心情
②	感性	基盤	文化	日本語	道徳的心情
③	理解	基盤	文化	日本語	道徳的心情
④	理解	実践意欲	伝統音楽	旋律	道徳的習慣
⑤	感性	実践意欲	伝統音楽	旋律	道徳的習慣

(☆☆☆◎◎◎◎)

【高等学校】

【1】高等学校学習指導要領(平成21年告示)「第2章　各学科に共通する各教科」「第7節　芸術」について問6〜問7に答えなさい。

問6　次の文は,「第2款　各科目」のうち,「第1　音楽Ⅰ」及び「第2　音楽Ⅱ」それぞれの目標を抜粋したものである。文中の(ア)〜(オ)に当てはまる語句の正しい組合せを, 下の①〜⑤から一つ選びなさい。

音楽Ⅰ	音楽Ⅱ
音楽の(ア)を通して, 生涯にわたり音楽を愛好する心情を育てるとともに, 感性を高め, (イ)な表現と鑑賞の能力を伸ばし, 音楽文化についての理解を深める。	音楽の(ウ)を通して, 生涯にわたり音楽を愛好する心情を育てるとともに, 感性を高め, (エ)な表現の能力と(オ)な鑑賞の能力を伸ばし, 音楽文化についての理解を深める。

	ア	イ	ウ	エ	オ
①	諸活動	創造的	幅広い活動	個性豊か	主体的
②	幅広い活動	創造的	諸活動	個性豊か	積極的
③	幅広い活動	個性豊か	諸活動	創造的	積極的
④	幅広い活動	創造的	諸活動	個性豊か	主体的
⑤	諸活動	個性豊か	幅広い活動	創造的	積極的

問7　次の文は,「第2款　各科目」のうち,「第1　音楽Ⅰ」及び「第2　音楽Ⅱ」それぞれの「2　内容」「A　表現」「(1)　歌唱」の一部を抜粋したものである。文中の(A)〜(D)に当てはまる語句の正しい組合せを, あとの①〜⑤から一つ選びなさい。ただし, 同じ記号には同じ語句が入る。

	音楽Ⅰ	音楽Ⅱ
	ア　曲想を歌詞の内容や楽曲の背景とかかわらせて(A)，(B)をもって歌うこと。 イ　曲種に応じた発声の特徴を生かし，表現を工夫して歌うこと。 ウ　様々な表現形態による歌唱の特徴を生かし，表現を工夫して歌うこと。	ア　曲想を歌詞の内容や楽曲の背景とかかわらせて(C)，(B)をもって歌うこと。 イ　曲種に応じた発声の特徴と(D)との関わりを(C)，表現を工夫して歌うこと。 ウ　様々な表現形態による歌唱の特徴と(D)とのかかわりを(C)，表現を工夫して歌うこと。

	A	B	C	D
①	考察し	イメージ	感受し	表現上の効果
②	考察し	表情	感受し	演奏の技能
③	考察し	イメージ	理解し	演奏の技能
④	感じ取り	表情	感受し	表現上の効果
⑤	感じ取り	イメージ	理解し	表現上の効果

(☆☆☆◎◎◎)

【2】高等学校学習指導要領解説芸術編(平成21年文部科学省)「第1部　芸術編」について，問8〜問10に答えなさい。

問8　次の各文は，「第1章　総説」「第1節　改訂の趣旨」「2　芸術科改訂の趣旨」の一部を抜粋したものである。文中の(ア)〜(エ)に当てはまる語句の正しい組合せを，あとの①〜⑤から一つ選びなさい。ただし，同じ記号には同じ語句が入る。

○　音楽科，芸術科(音楽)については，その課題を踏まえ，音楽のよさや楽しさを感じるとともに，思いや意図をもって表現したり味わって聴いたりする力を育成すること，音楽と生活とのかかわりに関心をもって，生涯にわたり音楽文化に親しむ態度をはぐくむことなどを重視する。

○　このため，子どもの(ア)に応じて，各学校段階の内容の連続性に配慮し，歌唱，器楽，創作，鑑賞ごとに(イ)を示すと

308

ともに，小・中学校においては，音楽に関する用語や記号を音楽活動と関連付けながら理解することなど表現と鑑賞の活動の支えとなる(イ)を〔共通事項〕として示し，音や音楽を(ウ)し，そのよさや特質を感じ取り，(エ)する力の育成を一層重視する。

	ア	イ	ウ	エ
①	興味・関心	指導目標	工夫	思考・判断
②	発達の段階	指導内容	知覚	思考・判断
③	発達の段階	指導内容	工夫	創造・表現
④	興味・関心	指導内容	知覚	創造・表現
⑤	発達の段階	指導目標	知覚	創造・表現

問9　次の文は，「第3章　各科目にわたる指導計画の作成と内容の取扱い」「1　指導計画の作成と内容の取扱いについての事項」の一部を抜粋したものである。文中の(ア)～(オ)に当てはまる語句の正しい組合せを，あとの①～⑤から一つ選びなさい。

(2) (ア)な学習態度を育てるため，生徒の(イ)等を考慮し，適切な課題を設定して学習することができる機会を設けるよう留意すること。

(略)

指導に当たっては，このような学習活動を年間指導計画とどう関連させ，どう進めていくのかについての見通しと工夫が必要である。具体的には，

① 生徒の(ウ)に応じて，適切な時期に学習活動を設定
② 生徒の興味・関心，能力等に応じた適切な課題を設定する際の指導・助言
③ 学習活動を充実させる工夫
　・課題に応じた(エ)
　・学級全体としての課題を設定し，相互に役割を分担する
　・互いの(オ)を発表し合う
　等が重要である。

	ア	イ	ウ	エ	オ
①	積極的	志向	興味・関心等	個別学習	学習成果
②	主体的	特性	興味・関心等	個別学習	学習成果
③	主体的	特性	学習状況等	グループ学習	学習成果
④	積極的	志向	学習状況等	グループ学習	表現
⑤	積極的	特性	興味・関心等	グループ学習	表現

問10　次の文は,「第3章　各科目にわたる指導計画の作成と内容の取扱い」「2　総則に関連する事項」の一部を抜粋したものである。文中の(　ア　)～(　エ　)に当てはまる語句の正しい組合せを,下の①～⑤から一つ選びなさい。ただし,同じ記号には同じ語句が入る。

　知識・技能を習得するのも,これらを活用し課題を解決するために思考し,判断し,表現するのもその多くが言語によって行われるものであり,これらの学習活動の基盤となるのは,(　ア　)である。さらに,言語は論理的な思考だけでなく,コミュニケーションや(　イ　)の基盤でもあり,(　ウ　)をはぐくむ上でも,(　ア　)を高めていくことが求められている。したがって,今回の改訂においては,(　ア　)の育成を重視し,各教科・科目等において(　エ　)を充実することとしている。

	ア	イ	ウ	エ
①	言語に関する能力	表現力	豊かな感性	言語の活用
②	言語に関する能力	表現力	豊かな心	言語の活用
③	言語を活用する能力	感性・情緒	豊かな心	言語活動
④	言語を活用する能力	表現力	豊かな感性	言語活動
⑤	言語に関する能力	感性・情緒	豊かな心	言語活動

(☆☆☆◎◎)

解答・解説

【中高共通】

【1】問11　④　　　問12　③　　　問13　②　　　問14　⑤　　　問15　①
問16　④

〈解説〉問11　楽典の近親調を答える設問で，やや分かりにくいので注意を要する。aについて，Es durの同主調はes mollであり，es mollを下属調とするのはB moll(変ロ短調)で，その平行調はDes durである。bについて，Fis durの同主調はfis moll，そしてD durを下属調とするのはA durであり，A durとfis mollは平行調である。cについて，G mollの属調はD moll，その同主調はD durであり，そして，D durの平行調はh mollである。dについて，E durを属調とするのはA dur，その平行調はfis moll，そしてCis mollの下属調がfis mollである。eについて，e mollの平行調はG dur，その下属調はC durであり，c mollと同主調関係である。
問12　Cor Anglais(コーラングレ)はイングリッシュ・ホルンとも言い，ダブルリードのオーボエ属の楽器。バスーン(ファゴット)もダブルリードである。オーボエより完全5度低いF管(ホルンと同じ)で，木管楽器である。　問13　あまり使われない音楽用語が入っているので，エのleggiero(軽く)に対してpesante(重々しく)，オのpoco(少し)に対してtanto(より多く)，ウのSenza(…なしに)に対してcon(…と共に，…を持って)のように意味の分かる音楽用語から解答していきたい。アのtempestosoは「嵐のような，荒れ狂う」の意で，対照語のcalmatoは「静かに」の意味。イのallargndoは「だんだん遅くそしてだんだん強く」で，対照語のmorendoは「だんだん遅くそしてだんだん弱く」である。
問14　尺八と「箏」ではなく，尺八と「琵琶」が正しい。
問15　ヒントは，ウの平曲(平家琵琶)とオの箏である。　問16　アの北インドの古典音楽に用いるシタールはよく知られる。イのカヤグム(伽耶琴)は12弦の箏で爪をはめずに素手で弾く。エのズルナはトルコやアラブのオーボエの仲間で気鳴楽器。カのケーンはラオスやタイの

311

筊の仲間である。

【２】問17　①　　問18　⑤

〈解説〉問17　説明の文はラプソディ(狂詩曲)のこと。リスト，ブラーム
　　ス，ラフマニノフ(パガニーニの主題による狂詩曲)，ガーシュイン(ラ
　　プソディ・イン・ブルー)などの作品が有名。　問18　正答である⑤は
　　リスト作曲「ハンガリー狂詩曲第2番」(P曲)である。①はビゼーの
　　「アルルの女」第2組曲の第3曲「メヌエット」，②はリムスキー・コル
　　サコフの「スペイン奇想曲」の冒頭テーマ，③はベートーヴェンの第
　　5交響曲「運命」第3楽章，④はショパンの「ノクターン第2番」であ
　　る。

【３】問19　②　　問20　②

〈解説〉問19　ヘンデルの「メサイア」はオラトリオのもっとも有名なも
　　ので，12月には各地で演奏される。ハイドンの「天地創造」もよく知
　　られる。　問20　②がオラトリオ「メサイア」の第2部終曲「ハレル
　　ヤ」である。①の楽譜はシューベルト作曲「セレナード」，歌曲集
　　「白鳥の歌」の第4曲，③はJ.S.バッハのカンタータ第147番「心と口に
　　行いを生活で」(全10曲)の第6曲「主よ人の望みの喜びを」のコラール
　　が有名，④はドヴォルザークの第9交響曲「新世界より」の第2楽章の
　　有名なテーマ，⑤はプッチーニのオペラ「蝶々夫人」のアリア「ある
　　晴れた日に」である。

【４】問21　嬰ト短調(gis moll)
　　問22

　　問23　13分30秒　　問24　全音音階(ホールトーンスケール)

問25　ホ短調(e moll)

問26

［　］も可。

問27　①　太夫・三味線・人形の三つの役割が一体となって物語を展開していくこと。　②　主題や動機をもとに，提示部・展開部・再現部(＋コーダ)で構成されたもの。　③　さまざまな音の切り方，つなぎ方のこと。　問28　能の用語で，能の囃子に使われる「小鼓」「大鼓」「太鼓」「能管(笛)」の4種類の総称。　問29　「タイ」は，同じ高さの音をむすぶ弧線であるが，「スラー」は，2つまたはそれ以上の音符につける弧線である。　問30　「移調」は，楽曲全体を上または下の音程に移して音域を変えることであるが，「転調」は，曲の途中で，その曲の調が変化することである。

〈解説〉問21　音列にダブルシャープが付いている音は，和声短音階の導音(第7音)であることが多い。これもその例で，gis moll(嬰ト短調)である。　問22　バリトンサクソフォンはEb管であり，Eb管は実音の長6度上に記譜するので，楽譜を長6度下げると実音となる。テナーサクソフォンはBb管であり，実音の長2度上に記譜するので，実音階(変ロ短調)を長2度上げたハ短調が正答となる。　問23　$\frac{9}{8}$拍子では1小節に8分音符が9つあるが，付点4分音符では3つとなる。522小節×3＝1566　$\frac{60}{116}$×1566＝810秒(13分30秒)となる。　問24　設問文の中に「半音階と同様に……」や「無調の音階」とあることに留意し，全音音階(6つの全音からなる音階)と答えたい。　問25　五線にA durとes mollの和声短音階を書くのが確実で，共通の音とはD音である。D音を

第Ⅲ音とするmollとはh mollであり，その下属調とはe mollである。

問26　①「早春賦」，②「荒城の月」，③「浜辺の歌」の共通教材曲の記譜は，「弾き歌い」を十分にやっていれば正答できるだろう。

問27　①　人形浄瑠璃・文楽で，太夫(語り手)，三味線，人形遣いの3種の役柄が一体となることを指す。　③　アーティキュレーションの奏法表示としてよく用いられる記号では，レガート(スラー)，テヌート，スタッカートなど，1フレーズ内をより小さな単位において使われる。

問28　この設問の「四拍子」は「しびょうし」と読む。能の囃子(伴奏)に使われる4種類の楽器を指す。　問29　「タイ」と「スラー」は小学校学習指導要領の共通事項の指導事項としてあげられている。

【中学校】

【1】問1　①　　問2　④

〈解説〉問1・問2とも学習指導要領解説からの出題であり，きちんと把握していれば正答できるので，必ず学習してほしい。問1は，①と⑤が類似しているので，誤りやすいと思われる。目標や内容は頻出事項なので，必ず確認すること。　問2　新設された〔共通事項〕からの出題である。ヒントは(4)のコミュニケーションで，時間芸術として音楽やその活動を端的にあらわしている。福岡県では重要な箇所をおさえていれば，正答できる解答形式になっているが，全文把握しておくことが確実なのはいうまでもない。

【2】③

〈解説〉「知覚し」「感受する」は問題文の中でも重要な語句なので，おさえておくこと。本問では，語句を丁寧に把握することが正答への近道であろう。

【3】問4　⑤　　問5　②

〈解説〉問4　正答によく似ている④と間違えぬよう注意したい。

問5　解説では道徳教育と音楽科の目標との関連を意識し，適切な指

導を行う必要があるとした上で，本問の全文が述べられている。

【高等学校】

【1】問6　④　　問7　⑤

〈解説〉問6　音楽Ⅰと音楽Ⅱを対照させて理解しておくことが重要で，今後の学習の参考になるだろう。例えば(ア)について，音楽Ⅰが「幅広い活動」としているのに対し，音楽Ⅱでは「諸活動」となっている。問7　音楽Ⅱのイやウの例について，（　C　）（　D　）のように，「表現上の効果」とのかかわりを「理解し」表現を工夫して歌うこと，と音楽Ⅰに比べて深い指導事項が示されていることを確認しておこう。

【2】問8　②　　問9　③　　問10　⑤

〈解説〉問8　問題文は小学校音楽から，高校芸術科・音楽科目までの改善の基本方針の一部(抜粋)であり，視野を広げて文章を読みたいもの。学習指導要領は必ず学習し，どのような出題形式でも正答できるようにしてほしい。　問9　各科目とは音楽Ⅰ，Ⅱ，Ⅲのほか，美術Ⅰ～Ⅲ，工芸Ⅰ～Ⅲ，書道Ⅰ～Ⅲも含まれる。アの「主体的」な学習態度，エの「グループ学習」を読み取るのが正答へのカギとなる。

問10　問9に続いて「総則に関連する事項」では，(1)道徳教育との関連，(2)学校設定科目，そして本問の(3)言語活動の充実がある。

2011年度　実施問題

【中学校】

【1】中学校学習指導要領解説音楽編(平成20年文部科学省)「第1章　総説」について，問1に答えなさい。

問1　次の文は，音楽科改訂の趣旨の中で述べられている平成20年1月の中央教育審議会の答申で示された「改善の基本方針」及び「改善の具体的事項」の一部を抜粋したものである。文中(a)～(e)に当てはまる語句の正しい組合せを，あとの①～⑤から一つ選びなさい。

○　音楽科，芸術科(音楽)については，その課題を踏まえ，音楽の(a)を感じるとともに，思いや(b)をもって表現したり味わって聴いたりする力を育成すること，音楽と生活とのかかわりに関心をもって，生涯にわたり音楽文化に親しむ態度をはぐくむことなどを重視する。

○　我が国の伝統文化に関する学習を充実する観点から，和楽器については，簡単な曲の表現を通して，伝統音楽のよさを一層味わうことができるようにするとともに，我が国の伝統的な歌唱の指導も重視するようにする。

　　また，我が国の音楽文化に親しみ一層の愛着をもつ観点から，我が国の自然や四季，文化，日本語のもつ美しさなどを味わうことのできる(c)を更に取り上げるようにする。

○　合唱や合奏など全員で一つの音楽をつくっていく体験を通して，表現したいイメージを伝え合ったり，(d)する喜びを感じたりする指導を重視する。学習全体を通じて，音楽文化の多様性を理解する力の育成を図るとともに，(e)への関心を高めたり，音や音楽が生活に果たす役割を考えたりするなど，音楽と生活や社会とのかかわりを実感できるように指導するようにする。

	a	b	c	d	e
①	よさや楽しさ	意　図	歌　曲	協　同	音環境
②	よさや多様性	意　図	旋　律	表　現	音素材
③	美しさや楽しさ	願　い	鑑賞曲	協　同	音　楽
④	よさや楽しさ	意　図	歌　曲	表　現	音環境
⑤	美しさや楽しさ	願　い	鑑賞曲	協　同	音素材

(☆☆☆○○○)

【2】新しい中学校学習指導要領(平成20年告示)「第2章　各教科」「第5節　音楽」及び中学校学習指導要領解説音楽編(平成20年文部科学省)「第2章　音楽科の目標及び内容」について，問2～問5に答えなさい。

問2　次の文は，音楽科の目標について述べたものである。文中（　a　）～（　c　）に当てはまる語句の正しい組合せを，下の①～⑤から一つ選びなさい。

表現及び鑑賞の（　a　）を通して，音楽を愛好する心情を育てるとともに，音楽に対するる感性を豊かにし，音楽活動の（　b　）を伸ばし，音楽文化についての理解を深め，豊かな（　c　）を養う。

	a	b	c
①	幅広い活動	基礎的な技能	心
②	関連した活動	基本的な力	心
③	関連した活動	基礎的な能力	情操
④	意図的な活動	基礎的な技能	心
⑤	幅広い活動	基礎的な能力	情操

問3　次の文は，学年の目標について述べたものである。文中（　a　）～（　d　）に当てはまる語句の正しい組み合せを，あとの①～⑤から一つ選びなさい。ただし，同じ記号には同じ語句が入る。

317

	第1学年	第2学年及び第3学年
	(1) 音楽活動の（ a ）を体験することを通して，音や音楽への興味・関心を養い，音楽によって生活を明るく豊かなものにする態度を育てる。	(1) 音楽活動の（ a ）を体験することを通して，音や音楽への興味・関心を高め，音楽によって生活を明るく豊かなものにし，生涯にわたって音楽に（ b ）態度を育てる。
	(2) 多様な音楽表現の豊かさや美しさを感じ取り，基礎的な表現の技能を身に付け，創意工夫して表現する能力を育てる。	(2) 多様な音楽表現の豊かさや美しさを感じ取り，表現の技能を伸ばし，創意工夫して表現する能力を（ c ）。
	(3) 多様な音楽のよさや美しさを味わい，幅広く（ d ）に鑑賞する能力を育てる。	(3) 多様な音楽に対する理解を深め，幅広く（ d ）に鑑賞する能力を（ c ）。

	a	b	c	d
①	楽しさ	親しんでいく	高める	主体的
②	喜 び	親しんでいく	育てる	積極的
③	楽しさ	かかわっていく	育てる	主体的
④	楽しさ	かかわっていく	高める	客観的
⑤	喜 び	親しんでいく	高める	積極的

問4　次の文は，鑑賞領域の内容について述べたものである。文中（ a ）～（ d ）に当てはまる語句の正しい組合せを，あとの①～⑤から一つ選びなさい。

　鑑賞領域の学習は，音楽を形づくっている要素や（ a ）と曲想とのかかわりを感じ取ること，感じ取ったことや（ b ）などを（ c ）で表すこと，音楽の特徴をその背景となる文化・歴史や他の芸術と関連付けて理解すること，様々な音楽の特徴から音楽の（ d ）を理解すること，これらが相互に関連し合うことが大切である。

318

	a	b	c	d
①	構　造	気付いたこと	絵　画	客観性
②	構　造	理　由	言　葉	多様性
③	構　成	気付いたこと	絵　画	普遍性
④	構　成	理　由	言　葉	普遍性
⑤	構　成	理　由	楽　曲	客観性

問5　次の文は，〔共通事項〕の内容について述べたものである。文中
（　a　）～（　e　）に当てはまる語句の正しい組合せを，下の①～⑤か
ら一つ選びなさい。

〔共通事項〕の学習は，音楽がどのように形づくられているかについ
て，要素や要素同士の関連を（　a　）すること，それらの働きが生み
出す（　b　）や（　c　）を感受すること，音楽を形づくっている要素と
それらの働きを表す（　d　）などについて（　e　）を通して理解するこ
と，これらが一連のものとして行われることが大切である。

	a	b	c	d	e
①	知　覚	曲　想	雰囲気	仕組み	音楽活動
②	感　受	特　質	曲　想	仕組み	楽　曲
③	感　受	曲　想	雰囲気	用語や記号	楽　曲
④	知　覚	特　質	雰囲気	用語や記号	音楽活動
⑤	知　覚	雰囲気	曲　想	仕組み	表　現

(☆☆☆◎◎◎)

【3】新しい中学校学習指導要領(平成20年告示)「第2章　各教科」「第5
節　音楽」「第3　指導計画の作成と内容の取扱い」について，問6～
問7に答えなさい。

問6　次の文は，創作の指導について述べたものである。文中（　a　）
～（　e　）に当てはまる語句の正しい組合せを，あとの①～⑤から一
つ選びなさい。

創作の指導については，（　a　）に音を出しながら音のつながり方
を試すなど，音を（　b　）へと構成していく（　c　）を重視すること。
その際，（　d　）に偏らないようにするとともに，必要に応じて作品
を（　e　）する方法を工夫させること。

319

	a	b	c	d	e
①	創造的	楽曲	過程	楽典	表現
②	即興的	音楽	体験	理論	記録
③	即興的	楽曲	過程	記譜	記録
④	創造的	音楽	体験	楽典	表現
⑤	創造的	音環境	過程	理論	記録

問7　次のア～ウの各文は，「A表現」及び「B鑑賞」の指導について述べたものである。文中(a)～(e)に当てはまる語句の正しい組合せを，下の①～⑤から一つ選びなさい。

ア　生徒が自己のイメージや(a)を伝え合ったり，他者の(b)に共感したりできるようにするなどコミュニケーションを図る指導を工夫すること。

イ　適宜，自然音や環境音などについても取り扱い，音環境への関心を高めたり，音や音楽が生活に果たす役割を考えさせたりするなど，生徒が音や音楽と生活や社会とのかかわりを(c)できるような指導を工夫すること。また，(d)や教育機器の活用も工夫すること。

ウ　音楽に関する(e)について，必要に応じて触れるようにすること。

	a	b	c	d	e
①	思い	表現	理解	コンピュータ	用語
②	表現	意図	認識	コンピュータ	楽典
③	考え	表現	実感	伝統楽器	知的財産権
④	意欲	思い	認識	伝統楽器	理論
⑤	思い	意図	実感	コンピュータ	知的財産権

(☆☆☆◎◎◎)

【4】問8～問17について答えなさい。

問8　次の楽譜の5音が含まれる音階を，あとの①～⑤から一つ選びなさい。

320

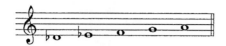

① b-moll旋律的短音階上行形

② b-moll和声的短音階

③ f-moll旋律的短音階上行形

④ es-moll旋律的短音階上行形

⑤ es-moll和声的短音階

問9　トランペット(B♭管)が調号♯3個の長調の楽譜を演奏している。次のa〜dの楽器を使って実音が同じ旋律を演奏しようとするとき，それぞれ何調で書かれた楽譜を使えばよいか，正しい組合せを，下の①〜⑤から一つ選びなさい。

a　フルート(C管)　　b　アルトサキソフォン　　c　ホルン(F管)
d　トロンボーン

	a	b	c	d
①	ト長調	ホ長調	ニ長調	ト長調
②	ホ長調	ヘ長調	ニ長調	ハ長調
③	ト長調	ト長調	ハ長調	ニ長調
④	ヘ長調	ニ長調	ホ長調	ホ長調
⑤	ハ長調	ホ長調	ヘ長調	ト長調

問10　次のア〜エの各文は，日本音楽史について述べたものである。左から古い順に正しく配列したものを，あとの①〜⑤から一つ選びなさい。

ア　外来文化の影響がほとんどなくなり，自国文化の熟成が続いた。文化の担い手は町人となり，三味線音楽が特に発展した。

イ　朝鮮半島・中国大陸などの様々な音楽が伝えられた。外来音楽と在来の音楽の教習・演奏のために，雅楽寮が設置された。

ウ　猿楽能が，将軍の庇護のもと観阿弥・世阿弥父子によって芸術的に高められ，武家社会で愛好されるようになった。

エ　声明が，真言宗と天台宗の2系統のもとで発展し，日本語による和讃，講式，論義が生まれた。

①	ウ → エ → ア → イ
②	イ → エ → ウ → ア
③	イ → ウ → ア → エ
④	エ → イ → ア → ウ
⑤	ウ → イ → ア → エ

問11　次の表は，組曲名とその中の楽曲名を示したものであるが，それぞれ1曲だけ違う組曲のものが含まれている。違うものだけを抜き出した組合せのうち正しいものを，下の①～⑤から一つ選びなさい。

組曲名	楽曲名
「管弦楽組曲第2番」	(a)サラバンド (b)ブーレ (c)ファランドール (d)ポロネーズ
バレエ組曲「ガイーヌ」第1組曲	(a)王女たちのロンド　(b)剣の舞 (c)子守歌　　　　　(d)バラの娘たちの踊り
「ペールギュント」第1組曲	(a)オーゼの死　　　(b)キエフの大門 (c)アニトラの踊り　(d)朝の気分
バレエ組曲「くるみ割り人形」	(a)天王星 (b)トレパック (d)葦笛の踊り

	「管弦楽組曲第2番」	バレエ組曲「ガイーヌ」第1組曲	「ペールギュント」第1組曲	バレエ組曲「くるみ割り人形」
①	d	a	c	b
②	b	d	a	d
③	a	b	d	b
④	c	a	b	a
⑤	d	c	c	a

問12　次のア～オはどの地方の民謡か。正しい組合せを，あとの①～⑤から一つ選びなさい。

ア	かりぼし切り歌
イ	こきりこ節
ウ	江差追分
エ	南部牛追い歌
オ	安来節

	ア	イ	ウ	エ	オ
①	山口県	富山県	北海道	山形県	島根県
②	宮崎県	富山県	北海道	岩手県	島根県
③	宮崎県	岩手県	秋田県	山形県	岡山県
④	佐賀県	宮崎県	北海道	岩手県	島根県
⑤	山口県	岩手県	山形県	鹿児島県	岡山県

問13　次のア〜オの各文は，世界各地の民族音楽について述べたもの
　　である。それぞれ何について説明したものか。正しい組合せを，下
　　の①〜⑤から一つ選びなさい。

　　ア　モンゴルの唱法の一つで，一人が同時に二種類の声を出して歌
　　　う。

　　イ　ブラジルのサンバにジャズの要素を取り入れた音楽で，1960年
　　　代に世界中に広まった。

　　ウ　インドネシアの器楽合奏。確定した音高をもつ金属性の打楽器
　　　と太鼓を用い，その編成は地域により異なる。

　　エ　スイスのアルプス地方やオーストリアのチロル地方で歌われる
　　　独特の民謡。地声と裏声を素早く交替させながら歌うのが特徴で
　　　ある。

　　オ　韓国の人々に愛好されている民俗芸能である。両面太鼓の伴奏
　　　で，一人の歌手が物語を劇的に歌う。

	ア	イ	ウ	エ	オ
①	アルフー	サルサ	ンゴマ	フォルクローレ	パンソリ
②	グリオ	ボサ・ノヴァ	ウード	ヨーデル	アリラン
③	ホーミー	ボサ・ノヴァ	ガムラン	ヨーデル	パンソリ
④	アルフー	ルンバ	ウード	ヨーデル	アリラン
⑤	ホーミー	ルンバ	ガムラン	フォルクローレ	パンソリ

問14　次の文は，箏についての説明である。文中(a)〜(e)に当
　　てはまる語句の正しい組合せを，あとの①〜⑤から一つ選びなさい。
　　ただし，同じ記号には同じ語句が入る。

　　　　箏は，(a)時代に(b)から我が国に伝来した。一般的に
　　よく演奏される「さくらさくら」は，(c)とよばれる調弦法を

用いている。丸爪を使うのは(d)である。楽器の数を数える
ときには，1(e)，2(e)と数える。

	a	b	c	d	e
①	室　町	モンゴル	平均率	山田流	本
②	大　正	インドネシア	三下がり	生田流	盤
③	奈　良	中　国	平調子	山田流	面
④	平　安	韓　国	本調子	生田流	弦
⑤	室　町	台　湾	開放弦	山田流	竿

問15　次のア～オの楽譜は，それぞれある作曲家の代表作の一つであ
る。左から作曲家の生誕順に早いほうから並べたものとして正しい
組合せを，あとの①～⑤から一つ選びなさい。

①	イ → ア → オ → エ → ウ
②	エ → オ → イ → ウ → ア
③	ウ → エ → ア → オ → イ
④	ア → ウ → エ → イ → オ
⑤	イ → エ → ア → オ → ウ

問16　次のア～オは，雅楽について述べた文である。誤っているもの
　　を，下の①～⑤から一つ選びなさい。

　ア　雅楽は，大陸から伝来した舞とその伴奏音楽，日本古来から伝
　　わっている儀式用の歌と舞，平安時代に新しくつくられた歌の3
　　つに分類される。

　イ　雅楽は現在，宮内庁をはじめとして，奈良の春日大社や大阪の
　　四天王寺などで伝承されている。

　ウ　大陸から伝来した舞とその伴奏音楽のことを催馬楽という。

　エ　管絃の演奏において，鞨鼓の奏者が，合奏での指揮者の役割も
　　果たし，全体をリードする。

　オ　「越天楽」を演奏する時に使われる管楽器には，笙，篳篥，龍
　　笛(竜笛)がある。

①	ア
②	イ
③	ウ
④	エ
⑤	オ

問17　次の文は，調号と調について述べたものである。文中(a)～
　　(f)に当てはまる語句の正しい組合せを，あとの①～⑤から一つ
　　選びなさい。

　　調号のシャープが一つ増えると，主音は(a)度上，または
　　(b)度下の音になり，調号のフラットが一つ増えると，主音は
　　(c)度上，または(d)度下の音になる。シャープが増えていく
　　場合には，一つ増える前の調における音階の(e)番目の音に，フ
　　ラットが増えていく場合には，一つ増える前の調における音階の
　　(f)番目の音に，それぞれ追加されていく。

	a	b	c	d	e	f
①	4	5	5	4	5	7
②	5	4	4	5	4	7
③	4	5	5	5	7	4
④	4	5	5	4	5	4
⑤	5	5	4	5	4	5

(☆☆☆◎◎◎)

【5】問18～問20について答えなさい。

問18　次のa～eは，和楽器の奏法の名称である。この中から管楽器の
　　　奏法について表しているものを，下の①～⑤から一つ選びなさい。

　　　a　スクイ　　b　ウチ　　c　押し手　　d　カリ　　e　スリ

①	a
②	b
③	c
④	d
⑤	e

問19　次の楽譜の2音間の音程を，正しく表しているものを，①～⑤
　　　から一つ選びなさい。

①	長3度
②	完全4度
③	増4度
④	減4度
⑤	短3度

問20　次のア～エについて，適切に言い表しているものの正しい組合
　　　せを，あとの①～⑤から一つ選びなさい。

ア	ディミニッシュ・セブンス・コード
イ	オーグメント・コード
ウ	メイジャー・コード
エ	マイナー・セブンス・コード

	ア	イ	ウ	エ
①	減七の和音	増三和音	長三和音	短七の和音
②	属七の和音	短三和音	増三和音	短七の和音
③	増七の和音	短三和音	長三和音	長七の和音
④	減七の和音	減三和音	長三和音	属七の和音
⑤	短七の和音	増三和音	短三和音	長七の和音

問21　新しい中学校学習指導要領(平成20年告示)「第2章　各教科」「第5節　音楽」「第2　各学年の目標及び内容」には，第1学年の歌唱の活動を通して行う指導事項として「歌詞の内容や曲想を感じ取り，表現を工夫して歌うこと。」と示されています。どのような指導を心がければよいか答えなさい。

問22　次の語句について簡単に説明しなさい。

　　①　下座音楽　　②　音頭一同形式　　③　通作歌曲　　④　ツレ

問23　次の楽譜は，歌唱曲のはじめの部分です。空白の部分を記譜しなさい。

①

②

③

(☆☆☆○○○)

解答・解説

【中学校】

【1】問1　①

〈解説〉出典が中学校学習指導要領ではなく，中央教育審議会の答申であるため，戸惑ったかもしれないが，内容的にはほぼ変わらないといってよいだろう。本問であげられている言葉はどれも特徴的かつ重要なものである。空欄補充問題であっても，確実に正答できるようにしておきたい。

【2】問2　⑤　　問3　①　　問4　②　　問5　④

〈解説〉問2　音楽科の目標は試験対策だけでなく，教員としての基本的な考え方にもつながる。したがって，全文暗唱するだけでなく，その意味も理解しながら学習を進めるべきであろう。　問3　目標の(3)の文言について，第1学年では「能力を育てる」であるが，第2・3学年では「能力を高める」に変化している。そのような点にも注意して読んでおこう。　問4　特にbの「理由」やcの「言葉」など，改訂によって新たに付け加えられた文言は注意して覚えておく必要がある。問5　共通事項は今改訂から新設された領域である。今後も出題される可能性は高いので，しっかりおさえておくこと。

【3】問6　②　　問7　⑤

〈解説〉問6　本問では「体験の重視」がキーワードになる。ぜひ憶えておこう。　問7　「知的財産権」についての記述は，新たに盛り込まれた文言である。最近は，音楽の創造的価値が注目されていることから，知的財産権に関する問題が多くなることが予想される。

【4】 問8 ①　　問9 ①　　問10 ②　　問11 ④　　問12 ②

　　　問13 ③　　問14 ③　　問15 ⑤　　問16 ③　　問17 ②

〈解説〉問8　旋律的短音階では第6・7音が半音上がることを理解していれ
ば，正答できるだろう。　問9　シャープが三つであることから，記
譜はイ長調で書かれていることがわかる。B♭管のトランペットは記
譜音の長2度下が実音であるので，この楽曲は実音ではト長調である
ことがわかる。なお，トロンボーンは実音で記譜されるのが一般的で
ある。　問10　アは江戸時代，イは飛鳥・奈良時代，ウは室町時代，
エは平安時代の出来事である。　問11　示されている楽曲の作曲者は
それぞれ，管弦楽組曲第2番はバッハ，バレエ組曲「ガイーヌ」はハ
チャトゥリアン，ペールギュントはグリーグ，バレエ組曲「くるみ割
り人形」はチャイコフスキーが作曲したものである。　問12　民謡は
人々の生活の中から生まれてきたものであるので，地域と密接な結び
つきがある。したがって，題名に地名がある場合は，その地名から連
想して解答する方法もあるだろう。　問13　民族音楽については，最
低限，教科書で取りあげられている民族音楽や民族楽器を覚えておく
必要があるだろう。　問14　箏についての歴史を知らなくても，数え
方を知っていれば正答できるので，それほど難しくないと思われる。
問15　譜面を読む力と音楽史の2つが問われるが，譜面はどれも教科
書に取り上げられている比較的有名な楽曲である。アはシューベルト
作曲「魔王」，イはヴィヴァルディ作曲「春」，ウはシベリウス作曲
「フィンランディア」，エはモーツァルト作曲「アイネ・クライネ・ナ
ハトムジーク」，オはショパン作曲「別れの曲」である。　問16　催
馬楽は，和歌に雅楽風の旋律を付した謡物であり。ウは，左舞とも呼
ばれる唐楽の説明である。　問17　一般に五度圏と呼ばれる関係調に
ついての設問である。楽典の知識があれば，正答はそれほど難しくな
いだろう。

【5】問18　④　　問19　②　　問20　①　　問21　歌詞の持つ雰囲気と旋律が表す曲想を一体のものとして感じ取らせるために，歌詞が表現したい思いや情景を想像させるとともに，音楽を形づくっている要素や構造の働きを捉えることで，直感的に感じ取ったその音楽固有の表情や味わいを再度とらえ直すようにすることが大切である。その上で，表現したい思いや意図を持ち，要素の働かせ方を試行錯誤してよりよい表現の方法を見出して歌うように学習活動を進めていくのである。楽譜上に付された様々な記号については，その意味を理解して歌うだけでなく，その記号がそこに書かれた理由を考えさせることで曲に対する理解が深まり，技能の向上をともなって，より創造的に表現することができるようになる。　　問22　①　歌舞伎の効果音楽。通常舞台の上手もしくは下手の黒御簾の中で演奏されるもの。　　②　民謡などで，独唱者と合唱者が掛け合いで歌うこと。　　③　詩節の始めから終わりまでを通して作曲している歌曲のこと。　　④　能におけるシテやワキの随伴者のこと。

問23　①

〈解説〉問18　カリは尺八などに用いられる奏法で，音程を僅かに上げることである。　　問19　音部記号はハ音記号であるので，下の音は階名でファ，上の音はシ♭である。　　問20　コードネームについての設問である。名称と実際の音程関係を理解しておくことが望ましい。
　　問21　学習指導要領の内容を踏また指導方法については，筆記試験だ

330

けなく口頭試験や模擬授業などにも反映されると思われる。したがって，自分なりの授業構想を日頃から考えておくことが望ましい。

問22　音楽に対する幅広い知識が求められる問題である。①の下座音楽は黒御簾音楽とも呼ばれる。また③の通作歌曲の対義語は有節歌曲である。　問23　旋律の流れを意識し，適切な和声付けの中で旋律を作ることが望ましい。

●書籍内容の訂正等について

弊社では教員採用試験対策シリーズ（参考書，過去問，全国まるごと過去問題集），公務員試験対策シリーズ，公立幼稚園・保育士試験対策シリーズ，会社別就職試験対策シリーズについて，正誤表をホームページ（https://www.kyodo-s.jp）に掲載いたします。内容に訂正等，疑問点がございましたら，まずホームページをご確認ください。もし，正誤表に掲載されていない訂正等，疑問点がございましたら，下記項目をご記入の上，以下の送付先までお送りいただくようお願いいたします。

> ① **書籍名，都道府県（学校）名，年度**
> （例：教員採用試験過去問シリーズ　小学校教諭 過去問　2025 年度版）
> ② **ページ数**（書籍に記載されているページ数をご記入ください。）
> ③ **訂正等，疑問点**（内容は具体的にご記入ください。）
> （例：問題文では"ア～オの中から選べ"とあるが，選択肢はエまでしかない）

〔ご注意〕

○ 電話での質問や相談等につきましては，受付けておりません。ご注意ください。

○ 正誤表の更新は適宜行います。

○ いただいた疑問点につきましては，当社編集制作部で検討の上，正誤表への反映を決定させていただきます（個別回答は，原則行いませんのであしからずご了承ください）。

●情報提供のお願い

協同教育研究会では，これから教員採用試験を受験される方々に，より正確な問題を，より多くご提供できるよう情報の収集を行っております。つきましては，教員採用試験に関する次の項目の情報を，以下の送付先までお送りいただけますと幸いでございます。お送りいただきました方には謝礼を差し上げます。

（情報量があまりに少ない場合は，謝礼をご用意できかねる場合があります）。

◆あなたの受験された面接試験，論作文試験の実施方法や質問内容

◆教員採用試験の受験体験記

- -

送付先
○電子メール：edit@kyodo-s.jp
○FAX：03-3233-1233（協同出版株式会社　編集制作部 行）
○郵送：〒101-0054　東京都千代田区神田錦町2-5
　　　　　　　　協同出版株式会社　編集制作部 行
○HP：https://kyodo-s.jp/provision（右記のQRコードからもアクセスできます）

※謝礼をお送りする関係から，いずれの方法でお送りいただく際にも，「お名前」「ご住所」は，必ず明記いただきますよう，よろしくお願い申し上げます。

教員採用試験「過去問」シリーズ

福岡県・福岡市・北九州市の
音楽科 過去問

編　集	Ⓒ 協同教育研究会
発　行	令和6年2月25日
発行者	小貫　輝雄
発行所	協同出版株式会社
	〒101-0054　東京都千代田区神田錦町2‐5
	電話　03−3295−1341
	振替　東京00190−4−94061
印刷所	協同出版・POD工場

落丁・乱丁はお取り替えいたします。